高等院校"十三五"规划应用型特色教材

会计学基础

主　编　申仁柏

副主编　陆荣清　杨艳霞　韦绪任

西南交通大学出版社
·成都·

内容简介

本书注重理论与实际相结合，深入浅出地介绍了会计及会计核算的基础知识，并结合经济业务实例重点对会计专业及相关经济管理类专业人员所必须具备的基本技能——设置账户和会计科目、运用复式记账、填制审核会计凭证、登记会计账簿和编制会计报表进行讲授。

本书由凯里学院经济管理学院多年从事教学、经验丰富的一线教师，根据近年来会计学领域的最新研究成果，在汲取会计本科教学和实践经验的基础上，共同编写而成。本书具有较强的理论性、应用性和适用性，尤其突出了会计核算基础实务和方法操作技能的阐释，采用大量的图表，系统设计，分步开发，从而使读者对会计形成一个全面、系统的认识，使之在循序渐进中掌握会计学的基础知识和实务操作。

本书可作为普通高等学校会计学、财务管理、审计学等各类经济管理专业以及高职高专职业学院相关专业的教材，也可作为从事经济管理工作的非会计人员的学习参考书。

图书在版编目（CIP）数据

会计学基础／申仁柏主编. —成都：西南交通大学出版社，2015.1（2019.8 重印）
ISBN 978-7-5643-3665-3

Ⅰ. ①会… Ⅱ. ①申… Ⅲ. ①会计学－高等学校－教材 Ⅳ. ①F230

中国版本图书馆 CIP 数据核字（2015）第 005814 号

会计学基础

主编　申仁柏	责任编辑	罗爱林
	特邀编辑	罗　旋
	封面设计	米迦设计工作室

印张	20.25	字数　496千	
成品尺寸	185 mm × 260 mm		
版本	2015年1月第1版		
印次	2019年8月第3次		
印刷	四川煤田地质制图印刷厂		
书号	ISBN 978-7-5643-3665-3		

出版 发行　西南交通大学出版社
网址　http://www.xnjdcbs.com
地址　（四川省成都市二环路北一段111号　西南交通大学创新大厦21楼）
邮政编码　610031
发行部电话　028-87600564　028-87600533

定价：48.00元

课件咨询电话：028-87600533
图书如有印装质量问题　本社负责退换
版权所有　盗版必究　举报电话：028-87600562

凯里学院规划教材编委会

主　任　张雪梅
副主任　郑茂刚　廖雨　龙文明
委　员（按姓氏笔画排名）
　　　　丁光军　刘玉林　李丽红
　　　　李　斌　肖育军　吴永忠
　　　　张锦华　陈洪波　范连生
　　　　罗永常　岳　莉　赵　萍
　　　　唐文华　黄平波　粟　燕
　　　　曾梦宇　谢贵华
办公室主任　廖　雨
办公室成员　吴　华　吴　芳

总 序

　　教材建设是高校教学内涵建设的一项重要工作，是体现教学内容和教学方法的知识载体，是提高人才培养质量的重要条件。凯里学院2006年升本以来，十分重视教材建设工作，在教材选用上明确要求"本科教材必须使用国家规划教材、教育部推荐教材和面向21世纪课程教材"，从而保证了教材质量，为提高教学质量、规范教学管理奠定了良好基础。但在使用的过程中逐渐发现，这类适用于研究型本科院校使用的系列教材，多数内容较深、难度较大，不一定适合我校的学生使用，与应用型人才培养目标也不完全切合，从而制约了应用型人才的培养质量。因此，探索和建设适合应用型人才培养体系的校本教材、特色教材成为我校教材建设的迫切任务。自2008年起，学校开始了校本特色教材开发的探索与尝试，首批资助出版了11本原生态民族文化特色课程丛书，主要有《黔东南州情》《苗侗文化概论》《苗族法制史》《苗族民间诗歌》《黔东南民族民间体育》《黔东南民族民间音乐概论》《黔东南方言学导论》《苗侗民间工艺美术》《苗侗服饰及蜡染艺术》等。该校本特色教材丛书的出版，弥补了我校在校本教材建设上的空白，为深入开展校本教材建设积累了经验，并对探索保护、传承、弘扬与开发利用原生态民族文化，推进民族民间文化进课堂做出了积极贡献，对我校教学、科研和人才培养起到了积极的推动作用，并荣获贵州省高等教育教学成果一等奖。

　　当前，随着高等教育大众化、国际化的迅猛发展和地方本科院校转型发展的深入推进，越来越多的地方本科高校在明确应用型人才培养目标、办学特色、教学内容和课程体系的框架下，积极探索和建设适用于应用型人才培养的系列教材。在此背景下，根据我校人才培养方案和"十二五"教材建设规划，结合服务地方社会经济发展、民族文化传承需要，我们又启动了第二批校本教材的立项研究工作，通过申报、论证、评审、立项等环节确定了教材建设的选题范围，第二套校本教材建设项目分为基础课类、应用技术类、素质课类、教材教法等四类，在凯里学院教材建设专家委员会的组织、指导和教材编著者们的辛勤编撰下，目前，15 本教材的编撰工作已基本完成，即将正式出版。这套教材丛书既是近年来我校教学内容和课程体系改革的最新成果，反映了学校教学改革的基本方向，也是学校由"重视规模发展"转向"内涵式发展"的一项重大举措。

凯里学院校本规划教材丛书的编辑出版，集中体现了学校探索应用型人才培养的教学建设努力，倾注了编著教师团队成员的大量心血，将有助于推动地方院校提高应用型人才培养质量。然而，由于编写时间紧，加之编著者理论和实践能力水平有限，书中难免存在一些不足和错漏。我们期待在教材使用过程中获得批评意见、改进建议和专家指导，以使之日臻完善。

凯里学院规划教材编委会
2014 年 12 月

前　言

科学发展，转型发展，给高校课程的教学改革提出了新的课题，宽基础、重实践、重技能的培养方向已经成为人们的共识。随着我国市场经济的快速发展，经济管理急需应用型人才的培养。为了稳步推动我国经济的发展，国家财政部颁布和实施了新的《企业会计准则》，促使我国会计理论与实践发生了重大变革。会计规章管理制度是企业合法经营的基本保障，《企业会计准则》与财务管理制度在发展经济、改善民生、构建和谐社会等方面发挥着极其重要的作用，财会政策体现了国家经济发展的主导线。

"会计学基础"也称"基础会计学"或"会计学原理"。它既是会计专业各层次学生学习与掌握会计基本理论、会计基本核算方法和会计基本操作技能的一门核心主干课程，也是经济与管理类学生以及从事相关经济管理工作人士了解会计基础知识的途径之一。

本教材以财政部颁布的新《企业会计准则》及其应用指南为依据，主要阐述了会计核算的基本理论、基本方法和基本技能，制造业主要经济业务核算的确认、记录、计量和报告的基本原理和方法及这些理论和方法在实际工作中的运用，以易于会计初学者掌握。在会计基本理论部分，我们吸收了一些经典教材的理论阐述。本书所阐述的基本内容同时也是实际从事会计工作所必须掌握的基本技能。

本书具有以下几个方面的特点：

（1）新颖性。以新《企业会计准则》以及应用指南为主线，按新的企业会计制度与相关会计准则的要求编写。

（2）基础性。通过理论联系实际的教学示范和实务练习，为学生奠定较为扎实的会计理论基础和实际操作技能。

（3）实用性。按照会计教学的基本规律安排教材的结构和内容，由浅入深，简明扼要，通俗易懂，实用性强。

本书共有十一章。第一章总论；第二章会计要素与会计等式；第三章账户与复式记账；第四章制造业主要经济业务核算；第五章账户的分类；第六章会计凭证；第七章会计账簿；第八章财产清查；第九章财务会计报告；第十章会计账务处理程序；第十一章会计工作的组织。

　　本书由凯里学院教授申仁柏担任主编，陆荣清（凯里学院副教授）、杨艳霞（凯里学院副教授）、韦绪任（凯里学院副教授）担任副主编。其中，第一章和第七章由申仁柏编写，第二章和第三章由陆荣清编写，第四章和第十章由韦绪任编写，第五章和第六章由杨艳霞编写，第八章和第九章由张莉萍（凯里学院讲师）编写，第十一章由向昌莲（凯里学院讲师）编写。杨艳霞、韦绪任、陆荣清、张莉萍、向昌莲参与全书的校对，本书最后由申仁柏修改并定稿。

　　本书在编写过程中，参考了大量国内外有关专家、学者的论著、教材和文章，吸收了一些最新的研究成果，在此表示衷心的感谢！

　　由于作者水平有限，在编写的过程中，书中难免有疏漏及不足之处，敬请各位专家、学者及广大读者给予批评指正，以便日后修改补正。当然，对于书中所涉及的知识产权责任及所有可能发生的错误，均由作者本人承担。

　　本书于2019年4月，根据2019年增值税改革进行了修改，在附录部分增加了附录D，即《财政部　税务总局　海关总署公告》。

申仁柏

2019年4月

目　录

第一章　总论 ··· 1

　　第一节　会计概述 ··· 1

　　第二节　会计对象和目标 ·· 7

　　第三节　会计基本假设与会计基础 ··· 10

　　第四节　会计信息质量要求 ··· 12

　　第五节　会计核算的方法 ·· 15

第二章　会计要素和会计等式 ··· 21

　　第一节　会计要素 ··· 22

　　第二节　会计等式 ··· 28

第三章　账户与复式记账 ·· 39

　　第一节　会计科目 ··· 39

　　第二节　账户 ·· 44

　　第三节　复式记账 ··· 45

　　第四节　总分类账户与明细分类账户 ······································ 57

第四章　制造企业主要经济业务核算 ······································ 71

　　第一节　筹资业务的核算 ·· 71

　　第二节　供应过程业务的核算 ·· 77

　　第三节　生产过程业务的核算 ·· 87

　　第四节　销售过程业务的核算 ·· 96

　　第五节　财务成果形成与分配业务的核算 ······························· 103

第五章 账户的分类 ... 117

第一节　账户分类的意义 ... 117

第二节　账户按经济内容的分类 ... 119

第三节　账户按用途和结构的分类 ... 123

第六章 会计凭证 ... 135

第一节　会计凭证的意义和种类 ... 135

第二节　原始凭证的填制和审核 ... 145

第三节　记账凭证的填制和审核 ... 148

第四节　会计凭证的传递和保管 ... 156

第七章 会计账簿 ... 163

第一节　会计账簿的意义和种类 ... 163

第二节　会计账簿的设置与登记 ... 168

第三节　账簿启用、登记和错账更正规则 ... 179

第四节　对账和结账 ... 183

第五节　账簿的更换与保管 ... 185

第八章 财产清查 ... 189

第一节　财产清查概述 ... 189

第二节　财产清查的方法 ... 193

第三节　财产清查结果的会计处理 ... 198

第九章 财务会计报告 ... 207

第一节　财务会计报告概述 ... 207

第二节　资产负债表 ... 211

第三节　利润表 ... 219

第四节　现金流量表 ... 223

第五节　所有者权益变动表 ... 229

第六节　附注 ... 232

第十章 会计账务处理程序 ... 239

第一节　会计账务处理程序概述 ... 239

第二节 记账凭证账务处理程序 ………………………………………… 240

第三节 科目汇总表账务处理程序 ………………………………………… 261

第四节 汇总记账凭证账务处理程序 ……………………………………… 263

第十一章 会计工作的组织 ……………………………………………… 270

第一节 会计工作组织概述 ………………………………………………… 270

第二节 会计法规体系 ……………………………………………………… 273

第三节 会计机构和会计人员 ……………………………………………… 275

第四节 会计档案 …………………………………………………………… 276

附录 A …………………………………………………………………… 281

附录 B …………………………………………………………………… 287

附录 C …………………………………………………………………… 300

附录 D …………………………………………………………………… 307

参考文献 ………………………………………………………………… 311

第一章 总　论

【学习目标】

通过本章的学习，学生应掌握会计的含义、会计基本职能、会计的对象和目标、会计假设和会计基础、会计信息质量要求等基本内容，并对会计的产生和发展以及会计方法体系有一个全面的认识。

【学习重点与难点】

重点掌握会计的含义、会计的基本职能和目标、会计基本假设和会计核算方法的内容；难点要理解会计信息质量要求的具体内容及意义。

【引言】

会计职业

会计职业一般是指会计从业人员所从事的职业。会计职业由来已久，是一个传统的职业，可追溯至1854年苏格兰爱丁堡会计师公会的成立。会计职业的发展伴随着经济的发展而发展。按照会计岗位工作目标和作用的不同，会计职业分为单位会计和公共会计两类，前者是指企业、政府机关、社会团体等单位的会计；后者是指为社会各界服务的会计，主要是指注册会计师。

目前，会计职业是社会最受人尊敬的职业之一。

第一节　会计概述

一、会计的产生和发展

会计的产生和发展经历了漫长的历史时期，它是伴随着人们的生产实践和管理需要而产生、发展并不断完善的。

（一）会计是基于经济管理的需要而产生的

在人类社会，物质生产是最基本的实践活动，也是人类赖以生存和发展的基础，它决定着人类所进行的其他一切活动。在漫长的演进过程中，人类要生存，社会要发展，就必须依靠生产活动来创造衣食住行所需要的物质生产资料。如果生产的物品在消耗后仍有剩余，人类便可以扩大生产规模，创造出更多的物质生活资料，社会也可不断地向前发展。因此，人类在从事创造物质生活资料的生产活动过程中，必须要关心自己的生产成果和劳动耗费，并对它们进行比较，力求以最少的劳动耗费来取得最大的劳动成果，提高经济效益。为了达到这一目的，人们除了采用新工具、新技术、新工艺外，还必须加强经济管理，于是产生了原始的计量、计算和记录行为。这种原始的计量、计算、记录行为中有会计思想、会计行为的萌芽。

会计在其产生的初期只是生产职能的附加部分，人们在生产过程中抽出一部分时间附带地进行计量和记录，当时会计还不是一项独立的工作。这时的记录方式主要是生产者凭借大脑的记忆或是简单的记录，如刻石记事等。后来，随着生产规模的扩大和生产过程的复杂化，需要记录的生产成果和劳动耗费逐渐增多，会计逐渐从生产职能中分离出来，成为一种独立的、特殊的、由专门人员从事的工作。可见，会计是适应生产活动的发展和基于经济管理的需要而产生的。这也是会计产生的根本原因。

（二）会计是社会生产活动发展到一定阶段的产物

社会生产活动的发展是会计产生的前提条件。如果没有生产活动的发生，便不会有会计思想、会计行为的产生。随着生产力的发展，人类的劳动成果在满足其基本生存后出现剩余时，原始的计量、记录行为才具备了生产的条件，会计也因此进入了萌芽时期。早期的会计与现代会计相比是极其简单的，只是局限于对财务收支进行实务数量的记录与计算。随着社会生产的日益发展和生产规模的日益社会化，会计经历了一个由简单到复杂、由低级到高级、由不完善到完善的发展过程，从早期的实务数量的简单记录、计算逐步发展成为连续、系统、完善地记录和监督经济活动的过程。在此过程中，会计的技术和方法也逐渐完善和丰富起来。经过数千年的发展历程，会计大致经历了以下几个发展阶段：

1. 古代会计阶段

早先的会计仅仅是一种极其简单的计量、记录行为，无论在中国还是国外很早就产生了。物质资料的生产是人类社会赖以生存和发展的基础，在生产活动中，为了获得一定的劳动成果，必然要耗费一定的人力、财力和物力。人们一方面关心劳动成果的数量，另一方面也重视劳动耗费的大小。在人类社会的早期，人们只是凭借头脑来记忆经济活动过程中的所得与耗费。随着生产活动的日益复杂，单凭大脑记忆已经无法满足生产经营的需要，人们开始利用简单的符号进行记录。我国原始社会末期的"结绳记事""刻契记数"，古巴比伦的泥板，埃及的刻石，伊拉克的算板，都是原始的经济计算和记录活动，这些是会计的锥形。但是，最初的会计只是作为生产职能的附带部分。只有当社会生产力发展到一定水平，出现剩余产品之后，它才逐渐从生产职能中分离出来，成为一种独立的职能，并逐步出现了专门从事这一工作的专职人员。马克思在对印度古代历史的研究中发现，原始社会末期在印度太古的共同体里，在农业上已经有了记账员，主要是为了记录共同体内共同劳动的过程和结果，是为整个氏族公社利益服务的，这说明会计已成为一项独立的活动。

在我国西周时期就出现了"会计"一词。这一时期，由于生产力的发展，西周王朝还设立了专门管理钱粮税负的官职——"司会"和独立的会计部门，掌管国家与地方的财产物资，即官厅会计，进行月计岁会。会计在当时的基本含义是"零星算之为计，总合算之为会"。唐、宋两代是我国会计全面发展的时期。这个阶段，官厅会计有了比较健全的组织机构，如宋代的"会计司"；还有了比较严格的财计制度，如记账制度、审计制度、财物保管制度、出纳制度；会计账簿和会计报表的设置也日益完备，由流水账（日记账）和誊清账（总清账）组成的账簿体系已经初步形成。特别重要的是创建和运用了"四柱结算法"。所谓四柱是指旧管、新收、开除、实在四项数字，它们之间的数量关系是"旧管＋新收－开除＝实在"，大致相当于现代会计的"期初余额＋本期收入－本期支出＝期末余额"。在宋代，官府中的官吏报销钱粮或办理移交手续时，一般都运用"四柱结算法"，编制会计报表称为"四柱清册"。这是我国古代会计的一个杰出成就，它为在我国通行多年的收付记账法奠定了理论基础。

2. 近代会计阶段

随着工业化进程的推进，会计的演进发展经历了由单式记账法向复式记账法转化的过程，这是社会经济发展的客观要求。单式记账法是对经济活动过程的收支只做单方面记录的一种简单会计方法，它与自然经济占主导地位的简单商品生产发展阶段相适应；复式记账法是对每一项经济业务都必须在两个或者两个以上的账户中相互联系地记录和反映的一种会计方法，是生产力发展到一定程度的产物。复式记账法在欧洲始于13～15世纪，主要流行于意大利地中海沿岸的一些城市。这一时期，商品经济有了一定程度的发展，社会经济活动变得日益复杂而且频繁，以往简单的记账方法已经不能适应经济发展的需要，于是，与复杂的商品生产过程相适应的科学的会计记账方法——复式记账法便应运而生。一般认为，从单式记账法过渡到复式记账法是近代会计形成的标志，即1494年意大利数学家卢卡·帕乔利有关复式记账论著《算术·几何·比及比例概要》的问世，标志着近代会计的开端。该书专门用一个章节应用数学理论系统地阐述了借贷复式记账法的基本原理。从此使世界会计史揭开了新的一页，确立了复式记账法的地位，这被会计界公认为会计发展史上的第一个里程碑。随后，借贷记账法便相继传至世界各地，并在实践中不断发展和完善，直至今日仍为世界绝大多数国家所采用。1854年，世界上第一个会计师协会——英国爱丁堡会计师协会成立，诞生了注册会计师这一职业，拉开了社会审计的序幕，被认为是近代会计发展史上第二个重要的里程碑。

我国会计从单式记账法向复式记账法的过渡是在明代。明末清初，山西帮商人傅山在"四柱清册"记账方法的基础上，设计出一种适合于民间商业的会计核算方法——"龙门账"，把全部经济业务划分为"进""缴""存""该"四大类。所谓"进"是指全部收入，"缴"是指全部支出，"存"指全部资产，"该"指全部负债。四者之间的关系可用会计方程式表示为"进－缴＝存－该"。每到年终结账时，一方面，可以根据有关"进"与"缴"两类账目的记录编制"进缴表"，计算差额，决定盈亏；另一方面，还应根据有关"存"与"该"两类账目的记录编制"存该表"，计算差额，决定盈亏。两方面计算决定的盈亏数额应该相等。这种双轨计算盈亏并核对账目的方法被称为"合龙门"，"龙门账"因此而得名。"龙门账"中的"进缴表"相当于近代会计中的"损益表"，"存该表"相当于近代会计中的"资产负债表"。随着商品货币经济的进一步发展，资本主义经济关系开始萌芽，在民间商业界出现了"四脚账"，又称"天地合"。这种账要求对日常发生的一切账项，既要登记它的来账方面，又要登记它的去账方面，以全面反映同一账项的来龙去脉，这标志着中国的会计已由单式记账法向复式记账法过渡。清朝末期，由于西式簿记的传入，以新式银行为先驱的民间会计，开始走上改良会计的道路。民国时期，国民政府实施了相对统一的会计制度，新式会计人才取代了旧式账房先生。

3. 现代会计阶段

随着社会经济的发展、人类社会的进步和对管理活动要求的不断提高，会计所计算和考核的内容、范围以及所要达到的目的和要求，都在不断发展和变化，这使会计的目标、会计所应用的原则以及会计信息披露的内容、范围等随之日益完善。这种变化不仅体现为会计有了更多、更快地取得信息、披露信息的手段，也表现为会计可进一步利用取得的信息更好地为管理服务。这样，就逐步形成了比较完善的现代会计。

成本会计出现并不断完善，在此基础上管理会计的形成并与财务会计相分离，是现代会计的开端。现代会计阶段实现了由簿记到会计的转变。一般认为，现代会计是从20世纪30年代开始，更确切地讲是从1939年第一份美国的"公认会计原则"的"会计研究公报"的出现开始的。当时，股份公司这一经济组织形式得到快速发展。股份公司以资本的所有权和经营管理权相分离为特征，为保护那些不参与企业经营管理的所有者的需要，逐渐形成了以对外提供财务信息为主，接受"公认会计原则"约束的会计，即财务会计。另外，为了在瞬息万变的外部市场环境下得以自下而上的发展，企业管理当局对会计信息提出了新的要求，以便具有灵活反应的适应能力和高瞻远瞩的预见能力。基于管理当局的这一需求，管理会计逐渐同传统会计相分离，并形成了一个与财务会计相对独立的领域。

管理会计的产生与发展，是会计发展史上的一次伟大变革，从此，现代会计形成了财务会计和管理会计两大分支。随着现代化生产的迅速发展，经济管理水平的提高，电子计算机技术广泛应用于会计核算，使会计信息的搜集、分类、处理、反馈等操作程序摆脱了传统的手工操作，极大地提高了工作效率，实现了会计科学的根本变革。

新中国成立后，财政部先后多次制定统一的会计制度，指导全国的会计工作。1981年，我国建立了注册会计师制度，1985年颁布了新中国会计工作的第一部根本大法——《中华人民共和国会计法》（简称《会计法》）。从此，我国会计工作进入了法治阶段。为适应社会主义市场经济的发展需要，随着我国改革开放的不断深入，世界经济一体化进程的加快，电子计算机技术的飞速发展，我国现代会计的发展和变革也越来越快。国家加快对会计法规、制度的建设和完善，不断规范会计核算工作，提高会计信息质量保障。2006年3月，我国颁布了企业会计新准则，要求上市公司2007年1月1日起实施，同时鼓励其他企业执行。这标志着我国企业会计准则体系已经建立并确定。从此，我国会计工作进入了一个崭新的发展时期。

【知识拓展】

20世纪中国十大会计名家

1. 中国第一位会计师谢霖（1885—1969年）。
2. 立信会计鼻祖、"中国会计之父"的潘序伦（1893—1985年）。
3. 替上海交易所设计会计制度的徐永祚（1891—1959年）。
4. 现代政府会计制度的设计者雍家源（1898—1975年）。

5. 敢于挑战洋会计师的奚玉书（1902—1982年）。
6. 最早介绍西方现代会计理论的赵锡禹（1901—1970年）。
7. 移植苏联国营会计方法的余肇池（1892—1968年）。
8. 主管全国会计事务的首席官员安绍芸（1900—1976年）。
9. 自学成才的会计专家顾准（1915—1974年）。
10. 为中国会计准则绞尽脑汁的杨纪琬（1917—1999年）。

二、会计的职能和特征

（一）会计的职能

会计的职能是指会计固有的功能，是会计本质的体现。所谓会计的职能是指会计在经济管理中客观上所具有的功能。马克思在《资本论》中曾把会计的基本职能概括为对"过程的控制和观念总结"。所谓过程控制，可以理解为对经济活动全过程进行的监督，主要体现在会计对经济活动的合法性、合理性和真实性进行有效控制和指导，使企业的经济活动按照一定的目的和要求运行，并达到预期目标；所谓观念总结，可以理解为反映经济活动，通过观察、计量、记录和报告等手段来完成。在这里，马克思指明了会计的基本职能有两个：一是反映；二是监督。我国《会计法》将会计的基本职能界定为核算和监督，即进行会计核算和实行会计监督。

1. 会计核算职能

会计的核算职能是指会计通过确认、计量、记录、报告，从数量上反映企业和行政事业单位已经发生或完成的经济活动，为经营管理提供经济信息的功能。核算职能是会计的最基本职能。核算职能的特点表现在如下三个方面：

（1）会计的核算主要是从价值量上反映各经济主体的经济活动状况，也就是说，主要利用货币计量来反映各单位的经济活动情况，提供经济信息。在商品经济条件下，会计可以通过三种经济量度来综合反映经济活动的过程和结果，即货币量度、实物量度和劳动量量度。随着社会生产力的发展，经营活动复杂程度的不断加大，人们不可能仅仅从实物或劳动量方面来考察主体的经济活动过程和结果，而必须获得按一定程序进行加工处理后的以价值量表现为会计信息，才能从全过程掌握经济活动的运行。也就是说，会计核算以价值量量度为主，而实物量度和劳动量量度只是辅助量度。

（2）会计核算应对各单位经济活动的全过程进行反映，即对各主体的经济活动进行事前、事中和事后的全过程的反映，不仅记录已经发生的经济业务，还要面向未来，为经营决策和管理控制提供依据。会计核算的基础工作是对事后发生的事项进行核算和分析，但随着经济活动的不断复杂及市场竞争的日趋激烈，事前的预测和分析已经占有越来越重要的地位。

（3）会计核算具有连续性、系统性和完整性。会计核算的连续性，是指会计核算要对会计对象进行连续的计量、记录和报告；会计核算的系统性，是指会计核算应采用科学的程序和方法，以保证所提供的会计信息及数据资料能成为一个有机的整体，从而揭示经济活动的客观规律；会计核算的完整性，是指会计应对所有的会计对象进行计量、记录和报告。

（4）会计核算随着物质条件的改善而进一步演化，逐步改变其表现方式。这里主要指的是电子计算机技术在会计反映中的应用。

2. 会计监督职能

会计监督职能，是指会计具有按照一定的目的和要求，利用会计核算职能所提供的经济信息，对企业和行政事业单位的经济活动进行控制，使之达到预期目标的功能。会计的监督职能主要具有以下特点：

（1）会计监督主要是通过价值量指标来进行监督工作的。会计核算的主要依据是价值量指标，会计监督同样要依据这些价值量指标。企业的大部分经济活动，都会伴随着价值量的增减变化及价值形态的转化，因此，会计监督以价值量为主要监督依据，以更加全面、及时、有效地监督和控制企业的各项经济活动。

（2）会计监督同样也包括事前、事中和事后全过程的监督。事前监督是指在经济活动开始前进行的监督和审查，主要包括对经济可行性的审查以及对经济事项是否合法合规的审查；事中监督是指对正在进行中的经济活动进行监督，以纠正活动过程中的失误和偏差，使经济活动按预定的目标进行；事后监督是指对已经发生的经济事项进行监督、审核和分析，以总结经济活动的规律，发现及改正存在的问题。

会计监督的依据有合法性和合理性两种。合法性的依据是国家的各项法令及法规，合理性的依据是经济活动的客观规律及企业自身在经营管理方面的要求。

会计核算与会计监督两个职能的关系是相互作用、相辅相成的。会计核算是会计监督的基础，只有正确地进行会计核算，会计监督才能有真实可靠的依据；而会计监督是会计核算质量的保证，是会计核算的继续，如果只有会计核算而不进行严格的监督，会计核算所提供的信息质量就难以保证，甚至会变得毫无意义。因此，会计核算和会计监督两个职能贯穿于会计工作的始终，只有将两者有机地结合起来，才能充分发挥会计在经济管理中的作用。

（二）会计的概念

从会计产生和发展的历史来看，会计是随着社会经济环境的变化和管理的要求而不断变化的，它的内涵和外延十分丰富。因此，我们认为，现代会计是经济管理的重要组成部分，它以货币为主要计量单位，以真实合法的凭证为依据，采用一系列专门方法和程序，对特定主体的经济活动进行全面、连续、系统、综合的核算和监督，生产出可靠、相关的信息，以满足信息使用者经济决策需要的一项管理活动。

（三）会计的特征

会计是一项经济管理活动，但不是一般的经济管理活动。从会计概念的表述中可以看出，现代会计具有以下四个特征：

1. 以货币作为主要计量单位

会计对经济活动进行计量和记录时，可以采用实物、劳动和货币三种计量单位。其中，实物计量单位可以为经济管理提供必需的实物量指标，但无法进行综合计量；劳动计量单位可以为经济管理提供劳动消耗量指标，但现阶段同样不具有综合性；唯一具有综合性的就是货币计量单位，因为货币是一切商品共同的等价形式，它可以将复杂的不同质的经济活动加以计量和综合，以取得各种总括的价值指标。对经济活动实施价值管理，是会计与其他经济管理活动最主要的区别。

2. 对经济活动进行综合、连续、系统、全面的核算和监督

综合是指以货币作为统一的计量单位，将大量零星、分散的数据加以分类、汇总；连续是指按照活动发生的时间顺序逐笔、逐日记录，不允许中断和间断；系统是指对各种经济活动的记录要采用一系列专门的方法，遵循一定的处理程序，分门别类、科学有序地进行登记；全面是指对各种经济活动都要反映其来龙去脉、不可任意取舍，不能遗漏。

3. 以合法凭证为依据

企业等经济组织发生的任何经济活动都会留下自己的痕迹，而会计就是以这些痕迹即交易或事项发生或完成的书面凭证为依据进行核算和监督的。为了保证会计信息的可靠性，对于取得或填制的书面凭证，必须经过审核并确认无误后方能作为核算和监督的依据。因此，会计提供的信息具有可验证性。

4. 有一套完整的方法体系

会计方法是由各种相互联系、相互区别而又相互制约的专门技术方法组成的一个完整的方法体系。在这个方法体系中，各种方法从不同的侧面对企业等经济组织发生的经济活动进行核算和监督。这些方法是经过长期会计实践活动总结出来的，在其他管理活动领域不用或很少采用。具体的会计方法内容将在本章第五节介绍。

第二节　会计对象和目标

一、会计对象

会计对象是指会计所要核算和监督的内容，即会计的客体。会计以货币为主要计量单位，对特定主体的经济活动进行连续、系统、全面、综合地核算和监督。因此，凡是特定主体能够以货币表现的经济活动，都是会计所要核算和监督的内容，即会计的对象。而对那些不能用货币表现的经济活动，则不能成为会计的对象。我们通常将各单位以货币表现的经济活动称为价值运动或资金运动。由于各单位经济活动的内容不同，因此，会计具体对象并不完全相同，下面以企业中最具代表性的制造业企业为例，说明企业会计的对象，即企业资金活动的过程及其资金运动。

制造业企业的资金运动通常表现为资金的投入活动、资金的运用活动和资金的退出活动。

（一）资金的投入活动

资金的投入（资金进入）是指企业先通过一定的渠道来筹集相应的资金，以满足生产经营的需要。企业筹集的资金包括所有者投入的资金和向债权人借入的资金两部分，前者属于企业所有者权益，后者属于企业债权人权益即企业负债。企业从各种渠道筹集的资金，首先主要表现为货币资金。

（二）资金的运用活动

在制造业的经营过程中，企业资金的运用分为供应、生产、销售三个过程。在供应过程中，企业用现金或银行存款等货币资金建造厂房、购买机器设备和各种材料物资，为进行生产准备必要的生产资料，这时资金就由货币资金形态转化为固定资金形态和储备资金形态。生产过程既是产品的生产过程，又是各种物化劳动和活劳动的消费过程。在生产过程中，劳动者借助劳动手段作用于劳动对象之上，创造出新的产品。在这一过程中，企业要发生各种材料消耗、工资支付、固定资产损耗、水电动力费用的支付等业务。这些费用都需要按照产品的种类进行归集和分配，计算产品的生产成本。这时资金就从固定资金、储备资金转化为生产资金状态。随着产品制成和验收入库，资金又从生产资金形态转化为成品资金形态。销售过程是企业将自己生产出来的产品作为商品投放市场，获得货币资金的过程。在销售过程中，企业将产品销售给购买单位，要收取货款，这时成品资金又转化为货币资金。同时，企业又要支付包装、运输、广告等销售费用，还要根据税法的规定缴纳各种税金。在供应、生产、销售三个过程中，企业的资金从货币资金开始，依次转化为固定资金、储备资金、生产资金、成品资金，最后又回到货币资金的过程，称为资金循环。这种周而复始的资金循环，称为资金周转。

（三）资金的退出活动

企业利用资金的周转在一定会计期间产生收入的同时，发生必要的耗费并取得或实现经营成果，即利润。对于实现的利润，应按国家规定的分配程序进行分配；对于发生的亏损，还要进行弥补。在企业所交纳所得税后，一部分利润作为留存收益形成盈余公积，继续参与资金的循环与周转；另一部分利润按投资比例分配给企业的投资者，资金退出企业。

上述资金运动过程，如图1.1所示。

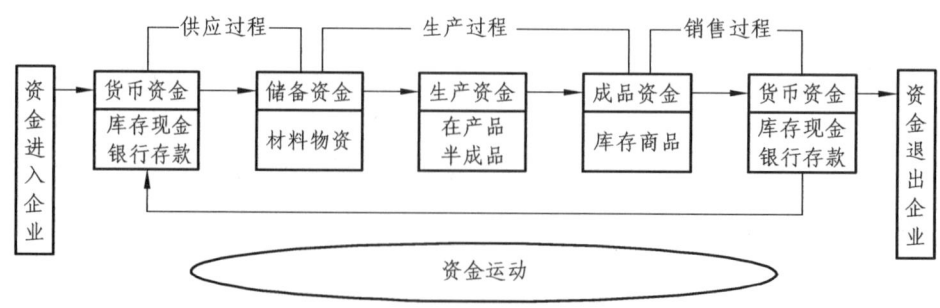

图1.1　企业资金运动过程

在企业的资金投入（资金进入）、资金运用、资金退出活动中，由于资金的取得、运用和退出等经济活动而引起的各项财产物资的增减变动，各项生产费用的支出和产品成本的形成，以及销售收入的取得和利润的形成与分配，共同构成了制造业企业会计的具体对象。

一般而言，会计的对象就是社会再生产过程中的资金运动。需要注意的是：资金是指社会再生产过程中各种财产物资的价值（包括货币本身）表现。

二、会计目标

会计目标是指在一定的社会经济环境下，人们通过会计实践活动所要期望达到的目的。它由会计的本质所决定的，制约着会计系统的构造、运行程序及其方法。在我国的会计准则中，会计的目标是向财务报告使用者提供与企业财务状况、经营成果和现金流量等有关的会计信息，反映企业管理层受托责任履行情况，有助于财务会计报告使用者作出决策。具体来讲，会计的目标主要包括以下两个方面。

1. 向财务报告使用者提供决策有用的信息

会计作为一项管理活动，其目的是为了满足财务报告使用者的信息要求，有助于财务报告使用者作出经济决策。因此，向财务报告使用者提供决策有用的信息是会计的基本目标。财务报告使用者包括投资者、债权人、政府及其有关部门和社会公众等。根据这一目标的要求，财务报告所提供的会计信息应当如实地反映企业的各项收入、费用、利得和损失的金额及其变动情况；如实反映企业各项经营活动、投资活动和筹资活动等所形成的现金流入和现金流出情况等，从而有助于现在的或者潜在的投资者、债权人以及其他使用者正确、合理地评价企业的资产质量、偿债能力、赢利能力和营运效率等；有助于使用者根据相关会计信息作出理性的投资和信贷决策，有助于使用者评估与信贷有关的未来现金流量的金额、时间和风险等。

2. 反映企业管理层受托责任的履行情况

随着企业所有权与经营权的分离，企业管理层受人之托经营管理企业及其各项资产，因而负有受托责任。即企业经营管理的企业各项资产基本上均由投资者投入的资本（或者留存收益作为再投资）或者向债权借入的资金所形成，企业管理层有责任妥善保管并合理、有效运用这些资金。企业投资者和债权人等也需要及时或者经常性地了解企业管理层保管、使用资产的情况，以便于评价企业管理层的责任情况和业绩情况，并决定是否需要调整投资或者信贷政策，是否需要加强企业内部控制和其他责任制度建设，是否需要更换管理层等。因此，财务报告应当反映企业管理层受托责任的履行情况，以有助于外部投资者和债权人等评价企业的经营管理责任和资源使用的有效性。

第三节　会计基本假设与会计基础

一、会计基本假设

会计要对特定主体发生的各种经济活动进行有效的核算和监督，就必须对会计领域中的一些未知因素作出合理的假设。所谓会计假设又称为会计假定，是指那些未经确切认识或无法正面论证的经济事物和会计现象，根据客观的正常情况或趋势所作出的合乎逻辑的推断，是日常会计处理的前提或必要条件。会计基本假设是企业会计确认、计量和报告的前提。根据我国颁布的《企业会计准则》，会计基本假设包括会计主体、持续经营、会计分期和货币计量。

（一）会计主体假设

会计主体，又称会计个体，是指会计为其服务的特定单位或组织。它规定了会计确认、计量和报告的空间范围，明确了会计人员为谁核算、核算谁的经济业务。为了向财务报告使用者反映企业财务状况、经营成果和现金流量，提供与其决策有用的信息，会计核算和财务报告的编制应当集中反映特定对象的活动，并将其与其他经济实体区别开来，从而实现财务报告的目标。在会计主体假设下，企业应当对其本身发生的交易或事项进行会计确认、计量和报告，反映企业本身所从事的各项生产经营活动。明确界定会计主体是开展会计确认、计量和报告工作的重要前提。

首先，明确会计主体，才能划分会计所要处理的各项交易或事项的空间范围（即经济业务范围）。在会计工作中，只有那些影响企业本身经济利益的各项交易或事项才能加以确认、计量和报告。会计核算中涉及的资产、负债的确认，以及收入的实现、费用的发生等，都是针对特定会计主体而言的。其次，明确会计主体，才能将会计主体的交易或事项与会计主体所有者的交易或事项以及其他会计主体交易或事项区分开来。例如，企业所有者的经济交易或者事项是属于企业所有者所发生的，不应纳入企业会计核算的范围，但是企业所有者投入到企业的资本或者企业向所有者分配的利润，则属于企业主体所发生的交易或者事项，应纳入企业会计核算的范围。

需要注意的是，会计主体不同于法律主体。一般来说，法律主体必然是会计主体。例如，一个企业作为一个法律主体，应当建立财务会计系统，独立反映企业财务状况、经营成果和现金流量。但是，会计主体不一定是法律主体。会计主体包含的范围更广。例如，我们可以将一个法人企业作为一个会计主体，可以将一个集团的子公司作为会计主体，也可将一个总公司的分公司甚至一个部门作为会计主体；而法律主体必须是一个法人企业或法人单位，而分公司、企业内部各部门不是法律主体。因此，我们说一个法律主体必然是一个会计主体，而一个会计主体不一定是一个法律主体。

（二）持续经营假设

持续经营是指会计主体在可以预见的未来，按当前的规模和状况经营下去，不会停业，也不会大规模地削减业务。在持续经营前提下，会计确认、计量和报告应当以会计主体持续、正常的生产经营活动为前提。持续经营是从时间上对会计核算范围进行的有效界定。明确这一假设，就意味着会计主体将按照既定的用途使用资产，按照既定的合约条件清偿债务，会计人员则可以在此基础上选择会计政策和估计方法。

当然，在市场经济环境下，任何企业都存在破产、清算的风险。也就是说，企业不能持续经营的可能性总是存在。因此，需要企业定期对其持续经营基本前提作出分析和判断。如果可以判断企业不能持续经营，就应当改变会计核算的原则和方法，并在企业财务报告中做出相应的披露。如果一个企业在不能持续经营时还是假定企业能够进行持续经营，并仍按照持续经营的基本假设选择会计核算的原则和方法，则不能客观地反映企业的财务状况、经营成果和现金流量，以致误导财务报告使用者进行经济决策。

（三）会计分期假设

会计分期是指将一个会计主体持续经营的生产经营活动划分为若干相等的会计期间。会计分期的目的，在于通过会计期间的划分，将持续经营的生产经营活动划分为连续、相等的期间，据以结算盈亏，按期编制财务报告，从而及时向财务报告使用者提供会计信息。

根据持续经营假设，一个会计主体将按当前的规模和状态持续经营下去。要想最终确定会计主体的生产经营成果，只能等到会计主体在若干年后歇业时核算一次盈亏。但是，无论是会计主体的生产经营决策还是投资者、债权人等的决策都需要及时的信息，都需要将会计主体持续的生产经营活动划分为若干连续的、长短相同的期间，分期确认、计量和报告会计主体的财务状况、经营成果和现金流量。而且由于会计分期，才产生了当期与以前期间、以后期间的差别，出现了权责发生制与收付现实制的区别，才使不同类型的会计主体有了记账的基准，进而出现了折旧、摊销等会计处理方法。

在会计分期假设下，会计主体应当划分会计期间，分期结算账目和编制财务报告。会计期间通常分年度和中期，均按公历起讫确认。中期短于一个完整的会计年度和报告期间。

根据我国《企业会计准则》的规定，会计期间分为年度、半年度、季度和月度。年度、半年度、季度和月度均按公历起讫确定，以每年1月1日至12月31日作为一个会计年度，它是最重要的会计期间。短于一年的会计期间统称为会计中期。

（四）货币计量假设

货币计量是指会计主体在会计核算过程中以货币作为计量单位，反映会计主体的生产经营活动。货币是商品一般等价物，是衡量一般商品价值的共同尺度，具有价值尺度、流通手段、储藏手段和支付手段等特点。其他计量单位，如重量、长度、容积、台、件等，都只能从一个侧面反映会计主体的生产经营情况，无法在量上进行汇总和比较，不便于会计计量和经营管理。因此，会计核算就选择了货币作为计量单位。

在我国，会计核算以人民币作为记账本位币。业务收支以人民币以外的货币为主的企业，也可选择人民币以外的一种货币作为记账本位币，但编制的财务会计报告应当折算为人民币反映。在境外设立的中国企业向国内报送的财务会计报告，应当折算为人民币。

二、会计基础：权责发生制

权责发生制是指凡是当期已经实现的收入和已经发生或应当担负的费用，不论款项是否收付，都应当作为当期的收入和费用，计入利润表；凡是不属于当期的收入和费用，即使款项已在当期收付，也不应当作为当期的收入和费用。企业会计的确认、计量和报告应当以权责发生制为基础。

在实务中，企业交易或者事项的发生时间与相关货币的收支时间有时并不完全一致。例如，款项已经收到，但销售并未实现；或者款项已经支付，但并不是为本期生产经营活动而发生的。为了更加真实、公允地反映特定会计期间的财务状况和经营成果，基本准则明确规定，企业在会计确认、计量和报告中应当以权责发生制为基础。

收付实现制是与权责发生制相对应的一种会计基础，收付实现制以收到或支付现金作为收入和费用的依据。目前，我国的行政单位会计采用收付实现制；事业单位会计除经营业务可以采用权责发生制外，其他业务均采用收付实现制。

第四节　会计信息质量要求

会计信息质量要求是对企业财务报告中为信息使用者所提供的财务状况、经营成果和现金流量等相关会计信息，对投资者等使用者决策有用应具备的基本特征。新《企业会计准则》对会计信息质量的要求包括客观性、相关性、明晰性、可比性、实质重于形式、重要性、谨慎性和及时性等八项原则。

一、客观性

客观性也称真实性或可靠性。

客观性是指企业应当以实际发生的交易或者事项为依据进行确认、计量和报告，如实反映企业的财务状况、经营成果和现金流量，客观上要求做到内容真实、数字准确、项目完整、资料可靠。

客观性是对会计核算及会计工作的基本要求。在会计核算工作中坚持客观性原则，就是要求在会计核算时，客观地反映企业财务状况、经营成果和现金流量，保证会计信息的真实性；坚持客观性原则，就是要求在进行会计核算时正确运用会计的原则和方法，准确反映企业的实际情况；坚持客观性原则，就是要求所提供的会计信息具有可验证性，以核实其是否真实。

二、相关性

相关性原则也称有用性原则。

相关性是指企业所提供的会计信息应当与财务报告使用者的经济决策需要相关，有助于投资者等财务报告使用者对企业的过去、现在或未来的情况作出评价或者预测。

在会计核算工作中，会计信息是否有用、是否具有价值，关键是看其与使用者的决策需要是否相关，是否有助于决策或者提高决策水平，相关的会计信息应当能够有助于使用者评价企业过去的决策，证实或者修正过去的有关预测，因而具有反馈价值。相关的会计信息还应当具有预测价值，有助于使用者根据财务报告所提供的会计信息预测企业未来的财务状况、经营成果和现金流量。

坚持会计信息质量的相关性原则，就是要求在收集、加工、处理和提供会计信息的过程中，充分考虑会计信息使用者的需求，尽可能地加以满足。

三、明晰性

明晰性也称可理解性。

明晰性是指企业提供的会计信息应当清晰明了，便于投资者等财务报告使用者理解和使用。

企业编制财务报告、提供会计信息的目的在于使用，而要使用者有效使用会计信息，应当能让其了解会计信息的内涵，弄懂会计信息的内容，这就要求财务报告所提供的会计信息应当清晰明了，易于理解。只有这样，才能提供会计信息的有用性，实现财务报告的目标，满足向投资者等财务报告使用者提供有用信息的要求。

四、可比性

可比性是指企业提供的会计信息应当具有可比性。其特点是：要求企业的会计核算应当按规定的会计处理方法进行，不同企业在处理相同的会计事项时应当口径一致，相互可比。可比性主要包括两层含义。

1. 同一企业的会计信息不同时期可比（纵向可比）

为了便于投资者等财务报告使用者了解企业财务状况、经营成果和现金流量的变化趋势，应比较企业在不同时期的财务报告信息，全面、客观地评价过去、预测未来，从而作出决策。会计信息质量的可比性要求同一企业不同时期发生的相同或者相似的交易或者事项，应当采用一致的会计政策，不得随意变更。但是，满足会计信息可比性的要求，并非表明企业不得变更会计政策。如果按照规定或者在会计政策变更后可以提供更可靠、更相关的会计信息，则可以变更会计政策。有关会计政策变更的情况，应当在附注中予以说明。

2. 不同企业的会计信息相同会计期间可比（横向可比）

为了便于投资者等财务报告使用者评价不同企业的财务状况、经营成果和现金流量及其变动情况,会计信息质量的可行性要求不同企业同一会计期间发生的相同或者相似的交易或者事项,应当采用规定的会计政策,确保会计信息口径一致、相互可比,以使不同企业按照一致的确认、计量和报告要求提供有关会计信息。

五、实质重于形式

实质重于形式是指企业应当按照交易或者事项的经济实质进行会计确认、计量和报告,不仅仅以交易或者事项的法律形式为依据。

企业发生的交易或者事项在多数情况下的经济实质和法律形式是一致的,但在有些情况下也会不一致。例如,企业以融资租赁方式租入固定资产。这时,会计人员在进行会计处理时,就必须依据经济业务的经济实质,而不能仅根据其法律形式进行核算和反映。

六、重要性

重要性是指企业提供的会计信息应当反映与企业财务状况、经营成果和现金流量有关的所有重要交易或者事项。

在会计核算中,如果财务报告提供的会计信息的详略或者错误报告影响投资者等使用者据此作出决策的,该信息则具有重要性。重要性的应用需要依赖职业判断,企业应当根据其所处环境和实际情况,从项目的性质和金额的大小两个方面加以判断。

重要性原则体现了会计核算中的成本效益原则。

七、谨慎性

谨慎性原则又称稳健性原则。

谨慎性是指企业对交易或者事项进行会计确认、计量和报告时,应当保持应有的谨慎,不应高估资产或收益、低估负债和费用。

在市场经济环境下,企业的经营活动充满着风险和不确定因素,如企业的应收款项的可收回性、固定资产的使用寿命、无形资产的使用寿命、售出存货可能发生的退货或者返修等。会计信息质量的谨慎性要求,需要企业在面临不确定性因素的情况下作出职业判断时,应当保持应有的谨慎,充分估计各种风险和损失,既不高估资产和收益,又不低估负债和费用。例如,要求企业对售出商品所提供的质量保证确认一项预计负债,则体现了会计信息质量的谨慎性要求。

谨慎性的应用也不允许企业设置秘密准备,如果企业故意低估资产或者收入,或者故意高估负债或者费用,将不符合会计信息可靠性的相关要求,损害会计信息质量,扭曲企业实际财务状况和实际经营成果,从而对使用者的决策产生误导,这是会计准则所不允许的。

八、及时性

及时性是指企业对已经发生的交易或者事项，应当及时进行确认、计量和报告，不得提前或者延后。

会计信息的价值在于帮助所有者或者其他方面做出经济决策，具有时效性。即使是可靠的、相关的会计信息，如果不及时提供，也将失去时效性，对于使用者的效用也将大大降低，甚至不再具有意义。在会计核算中坚持及时性原则，一是要及时收集会计信息，即在经济业务发生后，及时收集整理经济业务的各种原始单据或者凭证；二是及时处理会计信息，即在国家统一的会计制度规定的时限内，及时进行会计处理和编制财务会计报告；三是及时传递会计信息，即在国家统一的会计制度规定的时限内，及时将编制的会计报表传递给会计信息使用者，便于及时使用和决策。

第五节 会计核算的方法

会计方法是指为了实现会计目标，对会计对象进行核算和监督所使用的一系列手段的总称，是会计的重要组成部分。会计方法包括会计核算方法、会计监督方法、会计预测方法、会计决策方法、会计分析方法和会计检查方法等。其中，会计核算方法是最基本、最主要的方法，是会计的基本环节，其他会计方法都是在会计核算的基础上，利用会计核算提供的资料进行的。本章主要介绍会计核算方法，其他会计方法将在后续相关课程中叙述。

会计核算方法是以货币为主要计量单位，对各单位已发生的交易或事项进行确认、计量和报告的一系列专门方法。一般包括设置会计科目和账户、复式记账、填制和审核会计凭证、登记账簿、成本计算、财产清查和编制会计报表七种专门方法。

一、设置会计科目和账户

会计科目是对会计要素的进一步分类核算的项目。账户是根据会计科目开设的，具有一定的结构，用来分类地、连续地记录经济业务的场所。设置会计科目及账户就是根据会计对象具体内容的特点和经济管理的要求，选择一定的标准进行分类，形成分类核算的项目，然后根据各项目在账簿中开设相应的账户，序时、分类地记录各项经济业务，从而取得经营管理所需要的各种会计指标。

二、复式记账

复式记账是对每一项经济业务，都要在两个或两个以上相互联系的账户中以相等的金额同时进行全面记录（登记）的会计记账方法。即每项经济业务涉及的两个或两个以上的账户之间产生一种平衡关系，可以了解和掌握经济业务的内容，检查会计记录的正确性，能够全面、系统地反映各项经济业务之间的联系，以及经济活动的全貌。

三、填制和审核会计凭证

会计凭证是用来记录经济业务、明确经济责任的书面证明，也是登记账簿的依据。会计凭证分为原始凭证和记账凭证。对于已经发生的任何一项经济业务，都必须取得或填制原始凭证，并经过会计部门和其他有关部门审核并认为是正确无误后，才能作为填制记账凭证和登记账簿的依据。填制和审核凭证，是会计核算工作程序的第一个环节，也是保证会计资料真实和可靠的有效手段。

四、登记账簿

账簿是会计账簿的简称，是由具有专门格式、相互联系的账页所组成的，用来序时地、分类地记录各项经济业务的簿籍，也是保存会计资料的重要工具。登记账簿就是根据审核无误的会计凭证，将每项经济业务序时、分类地记入在会计账簿中开设的相应账户内。这样，就完成了将会计凭证中分散记录的经济业务原始数据转换为系统的会计数据，从而为编制财务报表提供完整而系统的会计信息。因此，登记账簿是会计核算的主要方法。

五、成本计算

成本计算是指按照一定的成本计算对象，对生产经营过程中发生的各项费用进行归集和分配，以计算该对象的总成本和单位成本的一种会计核算方法。通过成本计算可以正确地对会计核算对象进行计价，可以考核经济活动过程中物化劳动和活化劳动的耗费程度，为在经营管理中正确计算盈亏提供数据资料。

六、财产清查

财产清查是指对企业各项财产物资、货币资金及债权、债务的核对，查明各项资产、负债和所有者权益实有数额，以保证账实相符的一种会计核算方法。在财产清查中发现财产物资和货币资金账面数额与实存数额不符时，应及时查明原因，明确责任，再通过一定的审批手续，调整账簿记录，使账存数与实存数保持一致，以保证会计核算资料的真实性和正确性；当发现积压和残损物资以及往来账款中的呆账、坏账时，要及时进行清理。财产清查是保证会计核算资料真实性和正确性的一种手段。

七、编制会计报表

会计报表是根据账簿记录定期编制的,用来总括反映企业某一特定日期财务状况和某一会计期间经营成果、现金流量情况的书面文件。编制财务会计报表,是在账簿记录的基础上对会计核算资料的进一步加工整理,即在日常账簿记录的数据资料的基础上,采用一定的表格形式,概括、综合地反映各单位在一定时期内经济活动的过程和结果。财务会计报表提供的资料是进行会计监督、会计分析、会计预测、会计检查的重要依据。

在会计核算方法体系中,就其工作程序和过程来说,主要有三个环节:填制和审核会计凭证是起始环节,登记会计账簿是中心环节,编制会计报表是最终环节。在一个会计期间所发生的经济业务,都要依次经过这三个环节,即填制和审核会计凭证→登记会计账簿→编制会计报表,进行相应的会计处理。会计上,将经济业务从会计凭证到会计账簿到会计报表的这一转换过程,称为会计循环。

会计核算的各种方法相互联系、密切配合,构成了一个完整的会计核算方法体系,缺一不可。这种相互联系表现为:当经济发生后,要取得或填制原始凭证,经会计人员审核整理后,按照设置的会计科目,运用复式记账法编制记账凭证,并据以登记账簿,同时还要对财产物资进行成本计算;对于账簿记录的结果,要通过财产清查加以核实,保证账簿记录的正确性;在保证账实相符的基础上,根据账簿资料编制财务会计报表。各种会计核算方法之间的联系可用图 1.2 来表示。

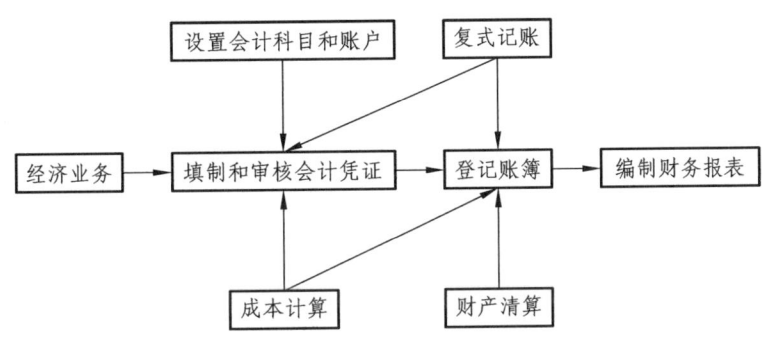

图 1.2 各种会计核算方法之间的联系

本章小结

会计是以货币为主要计量单位,采用专门的方法和程序,对企业的经济活动进行完整、连续、系统的反映和监督,旨在为会计信息使用者提供会计信息、提高经济效益的一种经济管理活动。会计是随着社会生产发展和加强经济管理、提高经济效益的要求而产生,并随着社会经济特别是市场经济的发展和科学技术的进步而不断完善、提高和发展的,其发展大致经过了古代会计、近代会计、现代会计三个阶段,形成了财务会计和管理会计两大分支。

会计的职能是指会计在经济管理工作中所具有的功能,包括进行会计反映和实施会计监督两个方面,两者是相辅相成、辩证统一的关系。会计反映是会计监督的基础,而会计监督又是会计反映质量的保障。

会计对象是各单位以货币表现的经济活动，即资金运动。工业企业在资金筹集、资金运用、资金分配活动中，由于资金的取得、运用和分配等经济活动而引起的各项财产物资的增减变动，各项生产费用的支出和产品成本的形成，以及销售收入的取得和利润的形成与分配，共同构成了工业企业会计的具体对象。

会计的目标是向财务报告使用者提供与企业财务状况、经营成果和现金流量等有关的会计信息，反映企业管理层受托责任履行情况，有助于财务会计报告使用者作出决策。

会计基本假设是指那些未经确切认识或无法正面论证的经济事物和会计现象，根据客观的正常情况或趋势所作出的合乎逻辑的推断，是日常会计处理的前提或必要条件。会计基本假设包括会计主体、持续经营、会计分期和货币计量。企业会计的确认、计量和报告应当以权责发生制为基础。

会计信息质量要求是对企业财务报告中所提供会计信息质量的基本要求，是使财务会计报告中所提供会计信息对投资者等使用者决策有用应具备的基本特征，它包括可靠性、相关性、可理解性、可比性、实质重于形式、重要性、谨慎性和及时性等。

会计核算方法主要包括设置会计科目和账户、复式记账、填制和审核会计凭证、登记账簿、成本计算、财产清查和编制会计报表七种专门方法。

本章习题

一、思考题

1．简述会计的基本职能。
2．简述会计的对象和目标？如何理解工业企业会计对象的具体内容？
3．什么是会计基本假设？会计有那些基本假设？如何理解这些会计假设的具体含义？
4．会计信息应当具备哪些质量要求？这些质量要求的具体含义是什么？
5．简述会计核算的方法。它们之间的关系如何？
6．简述会计的特征。

二、单项选择题

1．我国《企业会计准则》规定，企业的会计核算应当以（　　）为基础。
　　A．权责发生制　　　B．实地盘存制　　　C．永续盘存制　　　D．收付实现制
2．将企业以融资租赁方式租入的资产视为企业自有资产是基于（　　）原则。
　　A．重要性　　　　　B．实质重于形式　　C．权责发生制　　　D．谨慎性
3．确定会计核算空间范围的基本假设是（　　）。
　　A．持续经营　　　　B．会计主体　　　　C．货币计量　　　　D．会计分期
4．企业应当以实际发生的交易或者事项为依据进行会计确认、计量和报告，如实反映符合确认和计量要求的各项会计要素及其他相关信息，保证会计信息真实可靠、内容完整。这体现了会计核算质量要求的（　　）。
　　A．及时性　　　　　B．可理解性　　　　C．相关性　　　　　D．可靠性

5. 企业提供的会计信息应有助于财务会计报告使用者对企业过去、现在或者未来的情况作出评价或者预测，这体现了会计核算质量要求的（ ）。
   A. 相关性　　　　B. 可靠性　　　　C. 可理解性　　　　D. 可比性
6. 企业将劳动资料划分为固定资产和低值易耗品，是基于（ ）的会计核算质量要求。
   A. 重要性　　　　B. 可比性　　　　C. 谨慎性　　　　D. 可理解性
7. 某企业将预收的货款记入"预收账款"科目，在收到款项的当期不确认收入，而在实际发出商品时确定收入，主要体现的会计基本假设是（ ）。
   A. 会计主体　　　B. 持续经营　　　C. 会计分期　　　D. 货币计量

三、多项选择题

1. 会计核算的基本前提包括（ ）。
   A. 持续经营　　　B. 会计主体　　　C. 货币计量　　　D. 会计分期
2. 下列事项中，体现实质重于形式会计核算质量要求的是（ ）。
   A. 将低值易耗品作为存货核算
   B. 售后回购销售方式下不确认收入（该交易不是按公允价值达成的）
   C. 售后租回业务方式下不确认收入（该交易不是按公允价值达成的）
   D. 融资租入固定资产的核算
3. 相关性要求所提供的会计信息（ ）。
   A. 满足企业内部加强经营管理的需求
   B. 满足国家宏观经济管理的需要
   C. 满足有关各方面了解企业财务状况和经营成果的需要
   D. 满足提高全民素质的需要
4. 下列做法中，违背会计核算可比性的是（ ）。
   A. 鉴于某项固定资产经改良性能提高，决定延长其折旧年限
   B. 鉴于利润计划完成情况不佳，将固定资产折旧方法由原来的双倍余额递减法改为平均年限法
   C. 鉴于某项专有技术已经陈旧过时，未来不能给企业带来经济利益，将其账面价值一次性核销
   D. 鉴于某被投资企业将发生亏损，将该投资由权益法核算改为成本核算法
5. 在有不确定因素情况下作出判断时，下列事项符合谨慎性的做法是（ ）。
   A. 设置秘密准备　　　　　　　　　　B. 合理估计可能发生的损失和费用
   C. 充分估计可能取得的利益和利润　　D. 不要高估资产和预计收益
6. 下列各种会计处理方法，体现了谨慎性的做法是（ ）。
   A. 固定资产采用加速折旧方法计提折旧
   B. 计提的各项资产减值准备
   C. 在物价持续下跌的情况下，采用先进先出法计价
   D. 企业自行研发无形资产时，研究过程中的费用于发生时计入当期管理费用
7. 下列不属于会计信息质量要求的有（ ）。
   A. 实质重于形式　　　　　　　　　　B. 重要性

C. 划分受益性支出和资本性支出　　D. 配比原则
8. 下列属于中期财务报告的是（　　）。
   A. 年报　　　　B. 半年报　　　　C. 季报　　　　D. 月报
9. 会计信息的使用者包括（　　）。
   A. 债权人　　　　　　　　　　B. 社会公众
   C. 政府及其有关部门　　　　　D. 投资者

四、判断题

1. 按照谨慎性原则，企业可以合理估计可能发生的损失和费用，因此企业可以任意提取各种准备金。（　　）
2. 对于重要的交易或事项，应当单独、详细地反映，对于不重要、不会导致投资者等有关各方决策失误或误解的交易或事项，可以合并、粗略地反映，以节省提供会计信息的成本。（　　）
3. 我国《企业会计准则》规定，所有单位都应以权责发生制为基础进行核算。（　　）
4. 财务会计是对内报告会计，而管理会计是对外报告会计。（　　）
5. 持续经营是产生权责发生制和收付实现制两种不同记账基础的前提。（　　）
6. 法律主体必定是会计主体，会计主体不一定是法律主体。（　　）

五、实务题（案例分析）

QF 公司 2018 年 12 月份发生下列部分经济活动：
1. 销售商品收回货款。
2. 与 NT 公司签订一份销售合同计划。
3. 向希望工程捐款。
4. 经董事会商议，决定 2019 年 1 月购买国债。
5. 采购员出差归来报销差旅费。
6. 生产车间到仓库领用原材料。
7. 购进一台设备，经安装调试已投入使用。
8. 公司 2019 年费用预算顺利通过董事会决议。
9. 从当地人才市场引进一批研究生和大学生。
10. 董事会向生产部门和销售部门下达任务书。
要求：分析上述经济活动，确定哪些属于会计对象？为什么？

第二章 会计要素和会计等式

【学习目标】

通过本章的学习,学生应掌握会计要素的意义和分类;理解会计基本要素的概念及其特征;掌握基本的会计等式;理解经济业务的类型与会计等式的关系等基本内容。

【学习重点与难点】

重点掌握各项会计要素的定义及具体内容;难点是会计基本等式和经济业务的发生引起会计等式的变化。

【引言】

"钱"途自己选择

张×刚从大学酒店管理专业毕业,毕业后决定与高中同学李×创办一家饮食服务公司,从事餐饮服务业务。公司注册资本60 000元,于2013年5月1日正式成立。该公司开业后的5月份发生下列经济业务:

(1)张×和李×各投入现金20 000元,从银行借款20 000元(银行借款年利率为6%),均存入公司开立的银行存款账户。

(2)从银行提取现金1 000元作零星开支备用。

(3)用银行存款购置专用设备40 000元,米、面、油等常备材料5 000元,另向城郊蔬菜公司分五次赊购肉类食品、鲜活产品和各类蔬菜等原料3 000元。

(4)餐饮收入21 000元,兼营小食品零星收入2 000元。

(5)各种餐饮食品的成本8 600元。

(6)支付雇员工资5 000元,各种税金1 200元。

(7)本月应负担的餐饮专用设备的损耗成本500元。

试分析公司5月末资产、负债和所有者权益涉及的项目有哪些?其金额各是多少?假如张×大学毕业后本来可以到一家星级宾馆上班,月薪2 000元,根据你对上面资料所计算的结果,评价张×的创业选择是否合适。

第一节 会计要素

一、会计要素的概念及意义

会计要素是对会计对象按照其经济特征所进行的基本分类,是会计核算对象的具体化。由于企业的经营活动多种多样,而每天发生的经济业务更是数不胜数。为了便于确认、计量、记录和报告,就要利用会计要素形式,使会计对象更加具体化,即经济业务的发生所引起的资金运动又具体表现为会计要素的增减变动。确立会计要素对于设置会计账户、登记账簿、编制会计报表,为会计信息使用者提供各种有用的会计信息具有重要的意义。

二、会计要素的分类及内容

根据我国《企业会计准则》,可将企业会计要素按照其性质分为资产、负债、所有者权益、收入、费用和利润六大类。一是反映企业某一特定日期财务状况的要素,它是资金运动相对静止状态时的表现,包括资产、负债和所有者权益;二是反映企业在一定时期内经营成果的会计要素,它是资金运动显著变动状态的主要体现,包括收入、费用和利润。会计要素的界定和分类可以使财务会计系统更加科学、严密,为投资者及财务报告使用者提供更加有用的信息。

(一) 反映企业财务状况的会计要素

1. 资产

资产是指企业过去的交易或者事项形成的、由企业拥有或者控制的、预期会给企业带来经济利益的资源。

作为一项资产,应具有以下几个基本特征:

(1) 资产应为企业拥有或者控制的资源。

资产作为一项资源,应当由企业拥有或者控制,具体是指企业享有某项资源的所有权,或者不享有某项资源的所有权,但该资源能被企业所控制。资产从本质上来说是一种经济资源,可作为要素投入到生产经营中去。就其存在的形态来看,既有有形的,也有无形的;既可以是货币形式的,也可以是实物形式的。

(2) 资产预期会给企业带来经济利益。

资产预期会给企业带来经济利益,是指资产直接或者间接导致现金和现金等价物流入企业的潜力。这种潜力可以来自于企业日常的生产经营活动,也可以来自于企业非日常活动;给企业带来的经济利益可以是现金或者现金等价物形式,也可以是能转化为现金或者现金等价物的形式，或者是可以减少现金或者现金等价物流出的形式。如果某项物品预期不能为企业带来经济利益，就不能确认为企业的资产。

（3）资产是由企业过去的交易或者事项形成的。

资产应当由企业过去的交易或者事项所形成。过去的交易或者事项包括购买、生产、建造行为或者其他交易事项。换句话说，只有过去的交易或者事项才能产生资产，企业预期在未来发生的交易或者事项不形成资产。例如，企业有购买某存货的意愿或者计划，但是购买行为尚未发生，就不符合资产的定义，不能因此而确认存货资产。

企业的资产按其流动性不同可以分为流动资产和非流动资产。

① 流动资产。

流动资产是指预计可以在一年或者超过一年的一个营业周期内变现或耗用的资产，主要包括货币资金、交易性金融资产、应收及预付款项、存货等。对于制造业企业而言，一个正常营业周期是指从货币资金购买原材料到生产的产品销售出去，并转化为货币资金所需要的时间。

货币资金是企业在生产经营过程中表现为货币形态的资金，包括库存现金、银行存款和其他货币资金。其中，其他货币资金又包括外埠存款、银行汇票存款、银行本票存款、信用卡存款、信用保证金存款和存出投资款等。

交易性金融资产是指对近期内准备出售的金融资产的投资，如企业以赚取差价为目的从二级市场购入的股票、债券、基金等，属于交易性金融资产。

应收及预付款项是指企业在日常生产经营活动中产生的各项债权，包括应收票据、应收账款、预付账款、应收股利、应收利息、其他应收款等。

存货是指企业在日常活动中持有以备出售的产成品、处在生产过程中的在产品、在生产过程或提供劳务过程耗用的材料和物资等。企业的存货一般包括各类原材料、在产品、半成品、产成品、商品及周转材料、包装物、低值易耗品、委托代销商品等。

② 非流动资产。

非流动资产是指除流动资产以外的所有资产项目，主要包括持有至到期投资、长期股权投资、投资性房地产、固定资产、无形资产、其他资产等。

持有至到期投资是指到期日固定、回收金额固定或可确定，且企业有明确意图和能力持有至到期的债权性投资。

长期股权投资是指为获得被投资单位的股权而进行的长期权益性投资，如长期股票投资等。

投资性房地产是指为赚取租金或资本增值，或两者兼有而持有的房地产。

固定资产是指为生产商品、提供劳务、出租或经营管理而持有的、使用寿命超过一个会计年度的有形资产，如房屋及建筑物、机器设备、机械、运输工具等。

无形资产是指企业拥有或者控制的没有实物形态的可辨认非货币性资产，包括专利权、非专利技术、商标权、著作权、特许权、土地使用权等。

其他资产是指除以上各项资产以外的资产，如长期待摊费用。

【例2.1】KX公司2018年10月13日购进一全新的数控机床，以替换原有的旧机床。自新机床投入使用后，旧机床一直未再使用，且不能给公司带来经济利益。目前，新机床已承担全部的生产任务。试问：以前的旧机床是否是现在 KX 公司的固定资产？

分析：由于 KX 公司原有的旧机床已长期闲置不用，不能给公司带来经济利益，因此该旧机床不应确认为该公司的固定资产。

2. 负债

负债是指企业过去的交易或者事项形成的，预期会导致企业经济利益流出企业的现时义务。作为一项负债，应具有以下基本特征：

（1）负债是企业承担的现时义务。

负债必须是企业承担的现实义务，这是负债的一个基本特征。其中，现实义务是指企业在现行条件下已承担的义务。未来发生的交易或者事项形成的义务，不属于现时义务，不应当确认为负债。

（2）负债预期会导致经济利益流出企业。

预期会导致经济利益流出企业也是负债的一个本质特征，只有企业在履行义务时会导致经济利益流出企业的，才符合负债的定义。在履行现时义务清偿负债时，导致经济利益流出企业的形式多种多样。例如，用现金偿还或以实物资产形式偿还，以提供劳务形式偿还，以部分转移资产、部分提供劳务形式偿还，将负债转为资本等。

（3）负债是由企业过去的交易或者事项形成的。

负债指由过去的交易或者事项所形成的，是企业当前承担的一项经济责任。换句话说，只有过去的交易或者事项才形成负债，企业在未来发生的承诺、签订的合同等交易或者事项，不形成负债。

负债按其流动性不同，分为流动负债和非流动负债。

（1）流动负债。流动负债是指在一年或者超过一年的一个营业周期内偿还的债务，主要包括短期借款、应付票据、应付账款、预收账款、应付职工薪酬、应交税费、应付股利、其他应付款等。

（2）非流动负债。非流动负债是指流动负债以外的负债，即偿还期限在一年或者超过一年的一个营业周期以上的债务，主要包括长期借款、应付债券、长期应付款等。

【知识拓展】

股份有限公司发行债券的条件

我国公司法规定，股份有限公司发行债券，必须符合以下条件：（一）公司资产额不低于人民币 3 000 万元；（二）累计债券总额不超过公司净资产额的 40%；（三）最近三年平均可分配利润足以支付公司债券一年的利息；（四）筹集的资金投向符合国家产业政策；（五）债券的利率不得超过国务院限定的利率水平；（六）国务院规定的其他条件。

3. 所有者权益

所有者权益是指企业资产扣除负债后由所有者享有的剩余权益。对于公司来说，所有者权益又称股东权益。所有者权益是所有者对企业资产的剩余索取权,它是企业资产中扣除债权人权益后应由所有者享有的部分,既反映了所有者投入资本的保值增值情况,又体现了保护债权人权益的理念。

所有者权益具有以下几个基本特征:

(1)企业通常不需要偿还所有者权益。所有者投入企业的资本是企业赖以生存、维持经营的基础,通常作为一项永久性投资,在企业经营期内无须返还,除非减资、清算或终止经营。

(2)所有者权益是所有者对企业资产的剩余权益。企业在清算时,要优先清偿负债,而所有者权益只有在清偿所有负债之后才返还给所有者。

(3)所有者凭借所有者权益有权参与企业管理和利润分配。

所有者权益的来源包括所有者投入的资本、直接计入所有者权益的得利和损失、留存收益等。所有者投入的资本是指所有者投入企业的资本部分,它既包括构成企业注册资本或者股本部分的金额,也包括投入资本超过注册资本或者股本部分的金额,即资本溢价或者股本溢价。这部分投入资本被计入了资本公积,并在资产负债表中的资本公积项目下反映;直接计入所有者权益的利得和损失,是指不应计入当期损益、会导致所有者权益发生增减变动的、与所有者投入资本或者与所有者分配利润无关的利得或者损失。其中,利得是指由企业非日常活动所形成的、会导致所有者权益增加的、与所有者投入资本无关的经济利益的流入,包括直接计入所有者权益的利得和直接计入当期利润的利得。损失是指由企业非日常活动所发生的、会导致所有者权益减少的、与向所有者分配利润无关的经济利益的流出,包括直接计入所有者权益的损失和直接计入当期利润的损失。直接计入所有者权益的利得和损失主要包括可供出售金融资产的公允价值变动额、现金流量套期中套期工具公允价值变动额等。留存收益是企业历年实现的净利润留存于企业的部分,主要包括累计计提的盈余公积和未分配利润。

所有者权益一般分为实收资本(或股本)、资本公积(含资本溢价或股本溢价、其他资本公积)、盈余公积和未分配利润。其中,盈余公积和未分配利润又合称留存收益。

(二)反映企业经营成果的会计要素

1. 收入

收入是指企业在日常活动中形成的、会导致所有者权益增加的、与所有者投入资本无关的经济利益的总流入。

收入具有以下几个基本特征:

(1)收入是企业在日常活动中形成的。日常活动是指企业为完成其经营目标所从事的经常性活动以及与之相关的活动。例如,工业企业制造并销售产品、商业企业销售商品、保险公司签发保单、咨询公司提供咨询服务、软件企业为客户开发软件、安装公司提供安装服务、商业银行对外借款、租赁公司出租资产等,均属于企业的日常活动。明确界定日常活动是为了将收入与利得相区分,因为企业非日常活动所形成的经济利益的流入不能确认为收入,而应当计入利得。

(2)收入会导致所有者权益的增加。与收入相关的经济利益的流入应当会导致所有者权益的增加。不会导致所有者权益增加的经济利益的流入不符合收入的定义，不应确认为收入。例如，企业向银行借入款项，尽管也导致企业经济利益的流入，但该流入并不导致所有者权益的增加，反而使企业承担了一项现时义务。企业对于因借入款项所导致的经济利益的增加，不应将其确认为收入，应确认为一项负债。

（3）收入是与所有者投入资本无关的经济利益的总流入。收入应当会导致经济利益的流入，从而导致资产的增加。例如，企业销售商品，应当收到现金或者在未来有权收到现金，才表明该交易符合收入的定义。但是，经济利益的流入有时是所有者投入资本的增加所导致的，所有者投入资本的增加不应当确认为收入，应当将其直接确认为所有者权益。

收入按照企业从事日常活动的性质分，可分为销售商品收入、提供劳务收入、让渡资产使用权收入。按企业经营业务的主次，分为主营业务收入和其他业务收入。

主营业务收入是指企业为完成其经营目标所从事的与经常性活动实现的收入。主营业务收入一般占企业总收入的比重较大，对企业的经济效益会产生较大影响。不同的行业其主营业务收入有所不同。如工业企业的主营业务收入主要包括销售商品、自制半成品、提供工业性劳务等取得的收入。

其他业务收入是指企业为完成其经营目标所从事的与经常性活动相关的活动实现的收入。其他业务收入属于企业日常活动中次要交易实现的收入，一般占企业总收入的比重较小，主要包括技术转让收入、销售材料收入、出租包装物收入等。

值得注意的是：收入有广义和狭义之分。我国《企业会计准则》将收入界定为狭义概念。上面所讲的收入是指狭义的收入，即营业收入。广义的收入还包括直接计入当期损益的利得，即营业外收入。营业外收入是指企业发生的与其生产经营活动无直接关系的各项收入，包括处置固定资产净收益、处置无形资产净收益和罚款收入等。

【例2.2】KX公司2018年10月份分别发生了出售和出租固定资产、无形资产的收入以及出售不需要的材料的收入，请问此收入是否应确认为企业的收入。

分析：出售固定资产、无形资产并非企业的日常活动，这种偶发性的收入不应确认为收入。出租固定资产、无形资产在实质上属于让渡资产使用权，出售不需要的材料的收入属于企业日常活动中的收入，因此应确认为企业的收入，具体确认为其他业务收入。

2. 费用

费用是指企业在日常活动中发生的、会导致所有者权益减少的、与向所有者分配利润无关的经济利益的总流出。

费用具有以下几个特征：

（1）费用是企业在日常活动中形成的。费用必须是企业在其日常活动中所形成的，这些日常活动的界定与收入定义中涉及的日常活动的界定是一致的。因日常活动所产生的费用通常包括销售成本（营业成本）、管理费用等，所以将费用界定为日常活动所形成的，目的是为了将其与损失相区分，企业非日常活动所形成的流出不能确认为费用，而应当计入损失。

（2）费用会导致所有者权益的减少。与费用相关的经济利益的流出应会导致所有者权益的减少，不会导致所有者权益减少的经济利益的流出不符合费用的定义，不应确认为费用。如生产产品耗用材料、负担长期借款利息等。

（3）费用是与向所有者分配利润无关的经济利益的总流出。费用的发生应当会导致经济利益的流出从而导致资产的减少或者负债的增加。其表现形式包括现金或者等价物的流出，存货、固定资产和无形资产等的流出或者消耗等。向所有者分配利润属于企业利润分配的内容，不构成企业的费用。

费用可以按照不同的标准进行分类：

（1）费用按其经济内容可分为外购材料、外购燃料、外购动力、工资薪酬、折旧费、利息支出、税金、其他费用等。

（2）费用按其经济用途可分为直接费用、制造费用和期间费用。

直接费用是指直接为生产产品而发生的各项费用，包括直接材料、直接人工和其他直接费用。

制造费用是指企业为生产产品和提供劳务而发生的各项间接费用，包括生产车间管理人员的工资薪酬、折旧费、修理费、水电费、保险费等。

期间费用是指企业在日常经营活动中发生的、应计入当期损益的费用，包括销售费用、管理费用和财务费用。销售费用是指企业在销售商品和材料、提供劳务等日常经营活动中发生的各项费用以及专设销售机构的各项经费，如展览费、广告宣传费等。管理费用是指企业行政管理部门为组织和管理生产经营活动而发生的各项费用，如由企业统一负担的公司经费、业务招待费、咨询费等。财务费用是指企业为筹集生产经营资金等理财活动而发生的各项费用，如利息支出等。

特别提示：直接费用和制造费用构成制造成本法下产品的生产成本，期间费用不计入成本，而应直接计入当期损益。

值得注意的是：费用有广义和狭义之分。我国《企业会计准则》中将费用界定为狭义费用。广义费用还包括直接计入当期损益的损失，即营业外支出。营业外支出是指企业发生的与其日常活动无直接关系的各项损失，包括非流动资产处置损失、罚款支出、公益性捐赠支出、非常损失、盘亏损失等。

3. 利润

利润是指企业在一定会计期间的经营成果，包括企业在一定会计期间内实现的收入减去费用后的净额、直接计入当期利润的利得和损失等。利润是企业生存和发展的基础，是企业扩大再生产的主要资金来源。它体现了投资者权益，是吸引所有者投资的动力和根源。通常情况下，如果企业实现了利润，表明企业的所有者权益将增加，业绩得到了提升；反之，如果企业发生了亏损（即利润为负数），表明企业的所有者权益将减少，业绩下滑。利润往往是评价企业管理层业绩的一项重要指标，也是投资者等财务报告使用者进行决策的重要参考。

企业利润可以划分为三个层次，即营业利润、利润总额和净利润三种。其中，营业利润是指企业在销售商品、提供劳务等日常活动中所产生的利润，是营业收入扣除营业成本、营业税金及附加、期间费用和资产减值损失加上公允价值变动净收益和投资净收益后的金额。利润总额是指营业利润加上营业外收入，减去营业外支出后的金额。净利润是指利润总额减去所得税费用后的金额。构成企业利润项目可用以下公式表述它们之间的关系：

营业利润＝营业收入－营业成本－营业税金及附加－期间费用(即销售费用、管理费用和财务费用)－资产减值损失＋公允价值变动收益(－公允价值变动损失)＋投资收益(－投资收益损失)

营业收入＝主营业务收入＋其他业务收入

营业成本＝主营业务成本＋其他业务成本

利润总额＝营业利润＋营业外收入－营业外支出

净利润＝利润总额－所得税费用

以上三个要素反映了企业的经营成果。企业通过比较收入与费用，并考虑直接计入当期损益的利得和损失后，才得到利润。因此，若不考虑直接计入当期损益的利得和损失，它们之间的数量关系可以用等式表示如下：

收入－费用＝利润

第二节　会计等式

一、会计等式的意义

会计要素中所包含的资产、负债、所有者权益、收入、费用利润六大要素，反映了资金运动的静态和动态两个方面，具有紧密的相关性，它们在数量上存在着特定的平衡关系。会计等式是反映各会计要素之间平衡关系的计算公式，又称会计恒等式。会计等式是反映各项会计要素之间平衡关系的计算公式，它是设置会计科目、复式记账和编制会计报表等会计核算方法的理论基础。用公式表示如下：

资产＝负债＋所有者权益

这是最基本的会计等式。它反映了企业在某一时点的财务状况，是企业资金运动的静态表现形式，体现了资金运动中有关静态会计要素之间的数量平衡关系；同时，也反映了资金在运动过程中存在分布的形态和资金形成渠道两方面之间的相互依存及相互制约的关系。该等式贯穿于财务会计的始终，也是编制资产负债表的理论依据。

企业从事生产经营活动，必须拥有一定数量的能满足其业务活动需要的经济资源，各种能以货币计量的经济资源即为资产。企业一定数量的资产总有其特定的来源，作为资产的提供者，对这些经济资源享有一种索取权，会计上称这种索取权为权益。资产和权益是同一事物的两个方面，资产表明的是资源的存在和分布状态，即资金占用，而权益则表明了资源取得和形成的渠道，即资金来源。从价值角度上看，资金的占用必然等于资金的来源。即：

资产＝权益

权益一般由两部分组成：一部分是由投资者投入的，形成所有者权益；另一部分是由债权人提供的，形成债权人权益，也就是负债。上述公式可以表示为：

资产＝债权人权益＋所有者权益＝负债＋所有者权益

上述会计等式反映企业在某一特定日期的资产、负债和所有者权益三大会计要素之间的数量关系，反映了企业资产的产权关系，也称为静态会计等式。

企业通过不断地运用各种经济资源生产产品、提供劳务，使现金不断流入企业形成收入。同时，企业为了生产商品或者提供劳务也在不断地消耗各种资源，使资金流出企业，从而形成费用。将收入和费用进行配比，其差额反映了企业在一定期间内的生产经营成果，即利润。这样，生产经营过程中获得的收入、发生的费用和形成的利润之间的关系，可以用如下公式表示：

$$收入 - 费用 = 利润$$

这一等式即为动态会计等式，反映了企业在一个会计期间经营过程的最终结果，是企业资金运动的动态表现形式。

例如，某企业销售 A 产品取得收入 1 000 000 元。企业为生产 A 产品共投入原材料 500 000 元，支付工人工资 100 000 元，支付水电费 30 000 元，发生管理费用 50 000 元，为销售 A 产品支付广告费用 20 000 元。利润计算如下：

收入：销售 A 产品收入	1 000 000 元
减：费用	700 000 元
直接材料费用	500 000 元
直接人工费用	100 000 元
水电费用	30 000 元
管理费用	50 000 元
销售费用	20 000 元
利润：	300 000 元

动态会计等式，反映了收入、费用和利润三大会计要素之间的数量关系，是编制利润表的理论依据。

企业形成的利润，意味着所有者权益的增加。即会计要素中所包含的六大要素之间的关系，则会计等式可以进一步扩展为：

$$资产 = 负债 + 所有者权益 + (收入 - 费用)$$

或者：

$$资产 = 负债 + 所有者权益 + 利润$$

即：

$$资产 + 费用 = 负债 + 所有者权益 + 收入$$

这一等式即为综合会计等式，也称扩展会计等式，反映了企业在营运过程中的增值情况。

二、经济业务发生对会计等式的影响

经济业务是指企业在生产经营过程中发生的、能引起会计要素增减变化的经济活动，也称为会计事项。资产和权益的数量不是静止不变的，经济业务的发生必然会影响资产和权益在数量上变化，但无论怎样变化，都不会破坏会计等式的平衡关系，即：

$$资产 = 负债 + 所有者权益$$

下面举例说明各经济业务的类型及其对会计等式的影响。

【例 2.3】KX 公司 2018 年 11 月 30 日简易资产负债表如表 2.1 所示。

表 2.1 资产负债表

2018 年 11 月 30 日　　　　　　　　　　　　　　单位：元

资　产	金　额	负债及所有者权益	金　额
库存现金	1 000	负债：	
银行存款	400 000	短期借款	100 000
应收账款	120 000	应付账款	10 000
原材料	200 000	应付利润	40 000
库存商品	80 000	预收账款	80 000
固定资产	479 000	长期借款	800 000
		小　计	1 030 000
		所有者权益：	
		实收资本	70 000
		资本公积	100 000
		盈余公积	80 000
		小　计	250 000
资产总计	1 280 000		1 280 000

表 2.1 说明，KX 公司 2018 年 11 月 30 日拥有资产总额 1 280 000 元。这些资产是从不同渠道取得的：即负债 1 030 000 元，其中短期借款 100 000 元，应付账款 10 000 元，应付利润 40 000 元，预收账款 80 000 元，长期借款 800 000 元，所有者权益 250 000 元，其中实收资本 70 000 元，资本公积 100 000 元，盈余公积 80 000 元。该公司从不同渠道取得或形成的这些资产又具体分布和占用在以下几个方面：库存现金 1 000 元，银行存款 400 000 元，应收账款 120 000 元，原材料 200 000 元，库存商品 80 000 元，固定资产 479 000 元。可见，对于 KX 公司来说，在 2018 年 11 月 30 日这一特定时点上，资产和权益总额都是 1 280 000 元，两者保持着平衡关系，即：

$$资产 = 负债 + 所有者权益$$

KX 公司 2018 年 12 月份发生如下经济业务。

（1）12 月 2 日，收到 QL 公司投入资本金 100 000 元，存入公司银行存款户。

该项经济业务的发生，一方面引起公司资产（银行存款）增加 100 000 元，另一方面使所有者权益（实收资本）也增加 100 000 元。这时会计等式关系变为：

$$资产（1\,280\,000 + 100\,000）= 负债（1\,030\,000）+ 所有者权益（250\,000 + 100\,000）$$
$$= 1\,380\,000（元）$$

（2）12 月 4 日，公司用银行存款归还银行短期借款 80 000 元。

该项经济业务的发生，一方面引起资产（银行存款）减少 80 000 元，另一方面又使负债

（银行短期借款）也减少 80 000 元。这时会计等关系变为：

资产(1 380 000 - 80 000) = 负债(1 030 000 - 80 000) + 所有者权益(350 000)
= 1 300 000（元）

（3）12 月 8 日，公司收到 BF 公司前欠货款 10 000 元，当即存入银行。

该项经济业务的发生，一方面引起资产（银行存款）增加 10 000 元，另一方面又同时引起另一项资产（应收账款）减少 10 000 元。这时会计等式关系变为：

资产(1 300 000 + 10 000 - 10 000) = 负债(950 000) + 所有者权益(350 000)
= 1 300 000（元）

（4）12 月 10 日，公司向银行借入短期借款 20 000 元，直接用于归还所欠 NF 公司货款。

该项经济业务的发生，一方面引起负债（银行短期借款）增加 20 000 元，另一方面又同时引起另一项负债（应付账款）减少 20 000 元。这时会计等式关系变为：

资产(1 300 000) = 负债(950 000 + 20 000 - 20 000) + 所有者权益(350 000)
= 1 300 000（元）

（5）12 月 13 日，公司购买不需要安装的机器设备一台，价款 80 000 元，货款暂未支付。

该项经济业务的发生，一方面引起资产（固定资产）增加 80 000 元，另一方面使公司的负债（应付账款）也增加 80 000 元。这时会计等式关系变为：

资产(1 300 000 + 80 000) = 负债(950 000 + 80 000) + 所有者权益(350 000)
= 1 380 000（元）

（6）12 月 26 日，经与 QJ 公司协商，同意将所欠 QJ 公司货款 50 000 元转作对本公司的投资。

该项经济业务的发生，一方面引起负债减少（应付账款）50 000 元，另一方面引起所有者权益（实收资本）增加 50 000 元。这时会计等式关系变为：

资产(1 380 000) = 负债(1 030 000 - 50 000) + 所有者权益(350 000 + 50 000)
= 1 380 000（元）

（7）12 月 29 日，公司用资本公积 50 000 元转增资本。

该项经济业务的发生，一方面引起所有者权益（实收资本）增加 50 000 元，另一方面同时引起另一项所有者权益（资本公积）减少 50 000 元。这时会计等式关系变为：

资产(1 380 000) = 负债(980 000) + 所有者权益(400 000 + 50 000 - 50 000)
= 1 380 000（元）

（8）12 月 31 日，经本公司董事会研究决定，用盈余公积分配利润 40 000 元。

该项经济业务的发生，一方面引起负债（应付利润）增加 40 000 元，另一方面又引起所有者权益（盈余公积）减少 40 000 元。这时会计等式关系变为：

资产(1 380 000) = 负债(980 000 + 40 000) + 所有者权益(400 000 - 40 000)
= 1 380 000（元）

（9）12月31日，本公司按法定程序减资80 000元，用银行存款予以支付。

该项经济业务的发生，一方面引起资产（银行存款）减少80 000元，另一方面同时引起所有者权益（实收资本）也减少80 000元。这时会计等式的平衡关系变为：

资产(1 380 000 − 80 000) = 负债(1 020 000) + 所有者权益(360 000 − 80 000)

= 1 300 000（元）

以上KX公司12月份所发生的九笔经济业务具有典型性，分别代表着九种不同类型的经济业务，即：

（1）资产和所有者权益要素同时增加，增加金额相等，见经济业务（1）。
（2）资产和负债要素同时减少，减少金额相等，见经济业务（2）。
（3）资产要素内部有关项目有增有减，增减金额相等，见经济业务（3）。
（4）负债要素内部有关项目有增有减，增减金额相等，见经济业务（4）。
（5）资产和负债要素同时增加，增加金额相等，见经济业务（5）。
（6）负债要素减少，所有者权益要素增加，增减金额相等，见经济业务（6）。
（7）所有者权益要素内部有关项目有增有减，增减金额相等，见经济业务（7）。
（8）负债要素增加，所有者权益要素减少，增减金额相等，见经济业务（8）。
（9）资产和所有者权益要素同时减少，减少金额相等，见经济业务（9）。

KX公司2018年12月份发生的九笔经济业务所引起的资产和权益的增减变化及其结果如表2.2所示。

表2.2 资产和权益平衡表

2018年12月31日　　　　　　　　　　　　　　　　单位：元

资产	变化前金额	增加金额	减少金额	变化后金额	负债及所有者权益	变化前金额	增加金额	减少金额	变化后金额
库存现金	1 000			1 000	负债：				
银行存款	400 000	110 000	160 000	350 000	短期借款	100 000	20 000	80 000	40 000
应收账款	120 000		10 000	110 000	应付账款	10 000	80 000	70 000	20 000
原材料	200 000			200 000	应付利润	40 000	40 000		80 000
库存商品	80 000			80 000	预收账款	80 000			80 000
固定资产	47 9000	80 000		559 000	长期借款	800 000			800 000
					小计	1 030 000			1 020 000
					所有者权益：				
					实收资本	70 000	200 000	80 000	190 000
					资本公积	100 000		50 000	50 000
					盈余公积	80 000		40 000	40 000
					小计	250 000			280 000
资产总计	1 280 000	190 000	170 000	1 300 000	负债及所有者权益总计	1 280 000	340 000	320 000	1 300 000

尽管企业在生产经营过程中发生的经济业务错综复杂，但归纳起来，不外乎有上述九种类型。通过以上分析可以看出，无论哪一种类型经济业务的发生都不会破坏会计等式的平衡关系。

本章小结

会计要素是对会计对象按照其经济特征所进行的基本分类。企业会计要素分为两大类（见图 2.1）：一是反映企业某一特定日期财务状况的要素，它是资金运动相对静止状态时的表现，包括资产、负债、所有者权益；二是反映企业在一定时期内经营成果的会计要素，它是资金运动显著变动状态时的主要体现，包括收入、费用和利润。

会计等式是反映各项会计要素之间平衡关系的计算公式，它是设置会计科目、复式记账和编制会计报表等会计核算方法的理论基础，在会计核算中起着非常重要的地位。

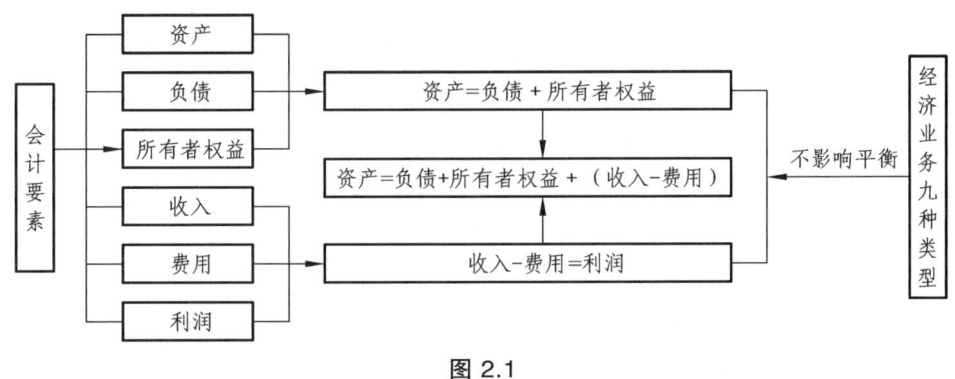

图 2.1

本章习题

一、思考题

1. 什么是会计要素？在我国会计要素是如何划分的？
2. 什么是资产、负债和所有者权益？资产、负债和所有者权益各有哪些特征？其内容又包括哪些？
3. 什么是收入、费用和利润？收入、费用和利润各有哪些特征？其内容又包括哪些？
4. 什么是会计等式？如何表述？
5. 经济业务发生会引起会计要素变化的类型有哪几种？为什么说它们不会破坏会计等式的平衡关系？

二、单项选择题

1. 企业的原材料属于会计要素中的（　　）。
　　A. 资产　　　　　　B. 负债　　　　　　C. 所有者权益　　　　D. 权益
2. 企业所拥有的资产从财产权利归属来看，一部分属于投资者，另一部分属于（　　）。
　　A. 企业职工　　　　B. 债权人　　　　　C. 债务人　　　　　　D. 企业法人

3. 一个企业的资产总额与权益总额（　　）。
   A. 必然相等   B. 有时相等
   C. 不会相等   D. 只有在期末时相等
4. 一个企业的资产总额与所有者权益总额（　　）。
   A. 必然相等   B. 有时相等
   C. 不会相等   D. 只有在期末时相等
5. 一项资产增加，一项负债增加的经济业务发生后，都会使资产与权益原来的总额（　　）。
   A. 发生同增的变动   B. 发生同减的变动
   C. 不会变动   D. 发生不等额的变动
6. 某企业刚刚建立时，权益总额为80万元，现发生一笔以银行存款10万元偿还银行借款的经济业务，此时，该企业的资产总额为（　　）。
   A. 80万元   B. 90万元   C. 100万元   D. 70万元
7. 企业收入的发生往往会引起（　　）。
   A. 负债增加   B. 资产减少   C. 资产增加   D. 所有者权益减少
8. 企业生产的产品属于（　　）。
   A. 长期资产   B. 流动资产   C. 固定资产   D. 长期待摊费用
9. 对会计对象的具体划分称为（　　）。
   A. 会计科目   B. 会计原则   C. 会计要素   D. 会计方法
10. 构成企业所有者权益主体的是（　　）。
    A. 盈余公积金   B. 资本公积金   C. 实收资本   D. 未分配利润
11. 经济业务发生仅涉及资产这一会计要素时，只引起该要素中某些项目发生（　　）。
    A. 同增变动   B. 同减变动
    C. 一增一减变动   D. 不变动
12. 引起资产和权益同时减少的业务是（　　）。
    A. 用银行存款偿还应付账款   B. 向银行借款直接偿还应付账款
    C. 购买材料货款暂未支付   D. 工资计入产品成本但暂未支付
13. 以下各项属于固定资产的是（　　）。
    A. 为生产产品所使用的机床   B. 正在生产之中的机床
    C. 已生产完工验收入库的机床   D. 已购入但尚未安装完毕的机床

三、多项选择题

1. 下列等式中，正确的会计等式有（　　）。
   A. 资产＝权益   B. 资产＝负债＋所有者权益
   C. 收入－费用＝利润   D. 资产＝负债＋所有者权益＋（收入－费用）
   E. 资产＝负债－费用＝所有者权益＋收入

2. 属于引起会计等式左右两边会计要素变动的经济业务有（   ）。
   A. 收到某单位前欠货款 20 000 元存入银行
   B. 以银行存款偿还银行借款
   C. 收到某单位投来机器一台，价值 80 万元
   D. 以银行存款偿还前欠货款 10 万元
   E. 购买材料 8 000 元以银行存款支付货款

3. 属于只引起会计等式左边会计要素变动的经济业务有（   ）。
   A. 购买材料 800 元，货款暂欠
   B. 银行提取现金 500 元
   C. 购买机器一台，以存款支付 10 万元货款
   D. 接受国家投资 200 万元
   E. 收到某外商捐赠货物一批，价值 80 万元

4. 企业的资产按流动性分为（注意顺序）（   ）。
   A. 长期待摊费用   B. 固定资产
   C. 流动资产   D. 长期投资
   E. 无形资产

5. 所有者权益与负债有着本质的不同，即（   ）。
   A. 两者性质不同   B. 两者偿还期不同
   C. 两者享受的权利不同   D. 两者风险程度不同
   E. 两者对企业资产有要求权的顺序先后不同

6. 企业的收入具体表现为一定期间（   ）。
   A. 现金的流入   B. 银行存款的流入
   C. 企业其他资产的增加   D. 企业负债的增加
   E. 企业负债的减少

7. 企业的费用具体表现为一定期间（   ）。
   A. 现金的流出   B. 企业其他资产的减少
   C. 企业负债的增加   D. 银行存款的流出
   E. 企业负债的减少

8. 下列经济业务中，会引起会计等式右边会计要素发生增减变动的业务有（   ）。
   A. 以银行存款偿还前欠货款   B. 某企业将本企业所欠货款转作投入资本
   C. 将资本公积转增资本   D. 向银行借款，存入银行
   E. 投资者追加对本企业的投资

9. 下列内容属于流动资产的有（   ）。
   A. 存放在银行的存款   B. 存放在仓库的材料
   C. 厂房和机器   D. 企业的办公楼
   E. 企业的办公用品

四、判断题

1. 会计要素中既有反映财务状况的要素,也有反映经营成果的要素。（　）
2. 与所有者权益相比,负债一般有规定的偿还期,而所有者权益没有。（　）
3. 与所有者权益相比,债权人无权参与企业的生产经营、管理和收益分配,而所有者权益则相反。（　）
4. 资产、负债与所有者权益的平衡关系是反映企业资金运动的静态,如考虑收入、费用等动态要素,则资产与权益总额的平衡关系必然被破坏。（　）
5. 资产＝负债＋所有者权益,是静态的会计等式,而动态的会计等式则是资产＝负债＋所有者权益＋（收入－费用）。（　）
6. 企业接受捐赠物资一批,计价10万元,该项经济业务会引起收入增加,权益增加。（　）
7. 企业以存款购买设备,该项业务会引起等式左右两方会计要素发生一增一减的变化。（　）
8. 企业收到某单位还来欠款1万元。该项经济业务会引起会计等式左右两方会计要素发生同时增加的变化。（　）
9. 不管是什么企业发生任何经济业务,会计等式的左右两方金额永不变,故永相等。（　）

五、实务题

1. 目的：练习对会计要素进行分类,并熟练掌握它们之间的相互关系。

资料：CD公司某月末各项目余额如下：

（1）出纳员处存放现金1 700元;
（2）存入银行的存款2 939 300元;
（3）投资者投入的资本金13 130 000元;
（4）向银行借入三年期的借款500 000元;
（5）向银行借入半年期的借款300 000元;
（6）原材料库存417 000元;
（7）生产车间正在加工的产品584 000元;
（8）产成品库存520 000元;
（9）应收外单位产品货款43 000元;
（10）应付外单位材料货款45 000元;
（11）对外短期投资60 000元;
（12）公司办公楼价值5 700 000元;
（13）公司机器设备价值4 200 000元;
（14）公司运输设备价值530 000元;
（15）公司的资本公积金共960 000元;
（16）盈余公积金共440 000元;

（17）外欠某企业设备款 200 000 元；

（18）拥有某企业发行的三年期公司债券 650 000 元；

（19）上年尚未分配的利润 70 000 元。

要求：（1）划分各项目的类别（资产、负债或所有者权益），并将各项目金额填入表 2.3 中。

（2）计算资产、负债、所有者权益各要素金额合计。

表 2.3

单位：元

项目序号	金额		
	资　产	负　债	所有者权益
合　计			

2. 目的：进一步练习并掌握收入的确认。

资料：某企业 7 月初的资产总额为 1 000 000 元，负债总额 300 000 元，所有者权益总额为 700 000 元，7 月中旬从银行借入借款期为 3 个月的短期借款 400 000 元，应当由 7 月份承担的费用为 60 000 元，7 月末的资产总额为 1 420 000 元，假设 7 月份没有其他的经济业务。

要求：计算 7 月份的收入额。

3. 目的：练习会计要素之间的相互关系。

资料：假设某企业 12 月 31 日的资产、负债和所有者权益的情况如表 2.4 所示。

表 2.4

资　产	金额（元）	负债及所有者权益	金额（元）
库存现金	1 000	短期借款	10 000
银行存款	27 000	应付账款	32 000
应收账款	35 000	应交税费	9 000
原材料	52 000	长期借款	B
长期投资	A	实收资本	240 000
固定资产	200 000	资本公积	23 000
合计	375 000	合计	C

要求：（1）计算表中的 A、B、C；

（2）计算该企业的流动资产总额；

（3）计算该企业的流动负债总额；

（4）计算该企业的净资产总额。

4. 目的：练习经济业务的简单处理。

资料：企业1月份有如下业务：

（1）以银行存款支付材料款2 000元；

（2）购进并入库原材料30 000元，货款尚未支付；

（3）取得短期借款9 000元，存入银行；

（4）以银行存款偿还上月的原材料价款6 000元；

（5）向银行取现金8 000元；

（6）以银行存款50 000购入机器设备；

（7）投资人向企业投资40 000元存入银行。

要求：根据数据完成表2.5。

表2.5　企业的财务状况及增减变动表

项　目	期初余额（元）	本月增加额（元）	本月减少额（元）	期末余额（元）
库存现金	1 000			
银行存款	70 000			
原材料	20 000			
固定资产	270 000			
应付账款	6 000			
短期借款	5 000			
实收资本	350 000			

5. 目的：练习与掌握经济业务的类型及对会计等式的影响。

资料：CD公司2018年5月31日的资产负债表显示资产总计375 000元，负债总计112 000元，该公司2013年6月发生如下经济业务：

（1）用银行存款购入全新机器一台，价值30 000元；

（2）投资人投入原材料，价值10 000元；

（3）以银行存款偿还所欠供应单位账款8 000元；

（4）收到供应单位所欠账款8 000元，存入银行；

（5）将一笔长期负债50 000元转为对企业的投资；

（6）按规定将20 000元资本公积金转为实收资本。

要求：（1）根据6月发生的经济业务，说明经济业务对会计要素的影响；

（2）计算6月末CD公司的资产总额、负债总额和所有者权益总额。

第三章 账户与复式记账

【学习目标】

通过本章的学习，要求学生应掌握会计科目和账户的基本内容及两者之间的关系，理解复式记账法的基本内容，并能够运用借贷记账法反映经济业务的内容。

【学习重点与难点】

重点掌握借贷记账法下记账符号的含义、账户的结构、记账规则等内容，以及总分类账户与明细分类账户平行登记的要点；难点是运用借贷记账法处理简单的经济业务。

【引言】

王某大学毕业后，向银行贷款自主创业，开了一家小小的修理厂，工厂很快步入正轨。随着业务的不断发展，企业购进了新的设备和原材料，同时发生了大量收入和支出，面对纷繁复杂的业务王某如何将这些业务进行归类整理，以确定自己有多少资产、多少支出、多少赢利呢？

王某所面临的问题，首先需要将经济业务按照具体内容的不同进行科学的分类，用会计科目反映相同的经济内容，将会计对象中具有相同特征和内容的要素归为一类，并赋予它们一定的结构，通过账户反映经济业务引起数量的增减变动，然后通过复式记账方法将发生的经济业务记录到账簿中去。

第一节 会计科目

一、设置会计科目的意义

会计要素是对会计对象的基本分类，会计对象的内容表现为资产、负债、所有者权益、收入、费用和利润六大要素，而六大会计要素对于纷繁复杂的经济业务的反映又过于粗略，因为每一会计要素又包括若干具体项目，如资产，包括企业购买的厂房、机器设备、原材料、生产的产成品、专利权、著作权等。为了连续、系统、全面地核算和监督经济活动所引起的会计要素的增减变动，以满足经营管理者及有关各方对会计信息质量的要求，有必要对会计要素的具体内容按其不同的特点和经济管理的要求进行科学的分类。

会计科目是指对会计要素的具体内容进行分类核算和监督的项目名称。通过会计科目的设置，将会计要素的内容全面反映出来，形成完整的会计科目体系。每一会计科目都反映其特定的经济内容，在设置会计科目时，要将会计对象中具有相同特征和内容的要素归为一类，每一会计科目都应明确地反映相同的经济内容。例如，凡是企业存入银行或其他金融机构的款项，都通过"银行存款"科目核算。

通过设置会计科目，可以将企业发生的各种纷繁复杂的经济业务进行科学的分类、整理和记录，使其成为有规律、易识别的会计信息，为会计信息使用者提供系统化的数据和资料；通过对会计要素的具体内容进行分类，还可以为会计信息使用者提供各种分类的核算指标，以满足不同会计信息使用者的需要。同时，会计科目的设置为编制会计凭证、设置账户和登记账簿提供了依据，使企业提供的会计信息具有可比性。

二、会计科目的设置原则

为了更好地设置和运用会计科目，提供高质量的会计信息。在设置会计科目时，通常企业所使用的会计科目应根据《企业会计准则——应用指南》设置。在此前提下，企业还可根据自己的实际情况和需要增减或合并某些会计科目。设置会计科目一般应遵循以下原则。

（一）设置会计科目必须结合会计对象的特点，全面反映会计对象的内容

不同性质的会计主体，其经济活动具有不同的特点。在设置会计科目时要根据不同行业的特点结合本企业的实际情况设置科目。如工业企业是以制造产品为主，为了核算和监督生产耗费，就应设置"生产成本""制造费用"等科目；而建筑企业主要从事工程的建造业务，则应设置"工程施工""机械作业"等科目。在设置会计科目时，还要结合企业的规模。大型企业经济业务量大，为了便于组织会计工作，会计科目的设置应全面、具体和详细，而小型企业经济业务量少，会计科目的设置应力求简单、直观、明了。

在设置会计科目时，还要做到全面，设置的会计科目必须能够毫无遗漏地反映企业的全部经济内容，涵盖企业所有的经济业务，而且不同的会计科目在核算内容上应相互排斥，不能有交叉内容。

（二）设置会计科目必须符合经济管理的需要

各企业经济管理要求不同，会计科目的设置也有差别，设置会计科目应充分考虑各有关方面对会计信息的需求，不仅要符合国家宏观经济管理的需要，还要满足投资者、债权人、社会公众的需要，也要有利于企业内部经营管理的需要。例如，企业实行经济核算制，应设置"本年利润""利润分配"等科目；由于国家对银行存款和现金两种货币资金的管理要求不同，应分别设置"银行存款""库存现金"两个科目；为了核算企业应付职工的工资、职工福利、社会保险费、住房公积金等各种薪酬，应设置"应付职工薪酬"会计科目。

（三）必须坚持统一性和灵活性相结合的原则

由于各企业的经济业务千差万别，在分类核算会计要素的增减变动时需要将统一性和灵

活性相结合。统一性是指在设置会计科目时，要根据《企业会计准则——应用指南》，对一些主要会计科目的设置及核算内容进行统一规定，以保证会计核算指标在一个部门乃至全国范围内综合汇总、分析利用。凡是相同的经济业务内容，就要使用相同的会计科目。灵活性是指在保证统一核算指标的前提下，各单位可以根据本单位的具体情况和经济管理的要求，结合统一规定的会计科目做必要的增补或合并。例如，制造业企业"材料"科目的设置，对于大中型企业，由于材料量大且品种繁多，为了便于加强管理，可以分别设置"原材料""周转材料"等科目；对于小型企业，由于材料品种少且存量也不大，为了简化材料核算，可以只设置一个"材料"科目。又如，企业内部各部门周转使用的备用金，可单独设置"备用金"科目进行核算。

（四）必须使会计科目具备可操作性

为了便于理解和实际运用，必须对每一会计科目都明确规定其特定的核算内容。企业设置的会计科目的名称要简单明了、字义相符、通俗易懂。同时，为了适应会计核算数据连续性和一致性的要求，会计科目要保持相对稳定。

三、会计科目的分类

会计科目的分类就是按照企业经济管理的需要和会计核算的要求对会计科目进行科学的分类。对会计科目的分类可以按照不同的标准来划分。

（一）按其反映的经济内容不同进行分类

会计科目按其反映的经济内容不同（即会计要素）分为资产类、负债类、共同类、所有者权益类、成本类和损益类科目。具体内容详见企业会计科目表3.1。

表 3.1　企业会计科目表

编号	会计科目	编号	会计科目
	一、资产类	2221	★应交税费
1001	★库存现金	2231	★应付利息
1002	★银行存款	2232	应付股利
1101	交易性金融资产	2241	★其他应付款
1121	★应收票据	2501	★长期借款
1122	★应收账款	2502	★应付债券
1123	★预付账款	2701	长期应付款
1131	应收股利	2801	预计负债
1132	★应收利息		三、共同类
1221	★其他应收款	3001	清算资金往来
1231	坏账准备	3002	货币兑换
1401	★材料采购	3101	衍生工具
1402	★在途物资	3201	套期工具

续表 3.1

编号	会计科目	编号	会计科目
1403	★原材料	3202	被套期项目
1404	材料成本差异		四、所有者权益类
1405	★库存商品	4001	★实收资本
1406	周转材料	4002	★资本公积
1471	存货跌价准备	4101	★盈余公积
1511	长期股权投资	4103	★本年利润
1512	长期股权投资减值准备	4104	★利润分配
1501	持有至到期投资		五、成本类
1502	持有至到期投资减值准备	5001	★生产成本
1503	可供出售金融资产	5101	★制造费用
1601	★固定资产		六、损益类
1602	★累计折旧	6001	★主营业务收入
1603	固定资产减值准备	6051	★其他业务收入
1604	★在建工程	6101	公允价值变动损益
1606	固定资产清理	6111	★投资收益
1701	★无形资产	6301	★营业外收入
1702	累计摊销	6401	★主营业务成本
1703	无形资产减值准备	6402	★其他业务成本
1801	长期待摊费用	6403	★税金及附加
1901	★待处理财产损溢	6601	★销售费用
	二、负债类	6602	★管理费用
2001	★短期借款	6603	★财务费用
2201	★应付票据	6701	资产减值损失
2202	★应付账款	6711	★营业外支出
2205	★预收账款	6801	★所得税费用
2211	★应付职工薪酬		

注：带★号的是本书中涉及的会计科目。

1. 资产类科目

按资产的流动性分为流动资产、长期股权投资、固定资产、无形资产和长期待摊费用等科目。其中，反映流动资产的科目又可划分为库存现金、银行存款、交易性金融资产、应收账款、预付账款、原材料、库存商品、其他应收款等。

2. 负债类科目

按负债的流动性分为流动负债和非流动负债的科目。其中，反映流动负债的科目又分为短期借款、应付账款、预收账款、应付职工薪酬、应交税费、其他应付款等待；反映非流动负债的科目又分为长期借款、应付债券、长期应付款等。

3. 共同类科目

共同类科目主要包括清算资金往来、货币兑换、衍生工具等科目。本书不涉及该类科目，在此不做介绍。

4. 所有者权益类科目

按所有者权益的形成和性质分为实收资本、资本公积、盈余公积和未分配利润等科目。

5. 成本类科目

成本类科目主要反映企业在生产产品和提供劳务过程中所发生的与成本有关的内容，如生产成本、制造费用、劳务成本等科目。

6. 损益类科目

损益类科目主要反映企业在生产经营过程中取得的各项收入和发生的各项费用。前者如主营业务收入、营业外收入、其他业务收入等科目；后者如主营业务成本、营业外支出、其他业务成本、管理费用、财务费用等科目。

（二）按其所提供信息的详细程度及其统驭关系进行分类

会计科目按其所提供信息的详细程度及其统驭关系分为总分类科目和明细分类科目。

1. 总分类科目

总分类科目又称总账科目或一级科目，是指对会计要素具体内容进行总括分类核算的科目。它提供总括性数据，如"原材料""应收账款"等科目。在我国，为了保证会计信息的可比性，总分类科目由财政部统一发布，每一个企业根据本企业的实际情况和规模设置总分类科目。

2. 明细分类科目

明细分类科目又称明细科目，是指对总分类科目所包含的内容所作的进一步分类的科目。它提供的信息数据更详细、更具体。明细分类科目按照其分类的详细程度不同，又可分为子目和细目。子目又称二级科目，它是介于总分类科目与细目之间的科目，它所提供的核算数据比总分类科目详细，但比细目提供的数据概括；细目又称三级科目，是指对某些二级科目所作的进一步分类。会计科目分类如表3.2所示。

表 3.2　会计科目分类表

总分类科目 （总账科目、一级科目）	明细分类科目	
	二级科目（子目）	三级科目（细目）
原材料	主要材料	钢材
		铝材
		铜材
	辅助材料	

会计科目按照提供信息的详细程度分类,可以向会计信息使用者提供全方位的核算指标,以满足不同使用者的需要。总分类科目总括地反映会计对象的具体内容,明细分类科目详细反映会计对象的具体内容。

第二节 账 户

一、设置账户的意义

会计科目仅仅是对会计要素所作的进一步分类,反映某一类经济业务的内容,是分类核算的项目或标志。但企业发生的各种各样的经济业务必然会引起会计要素数量的增减变动,为了全面、连续、系统地反映经济业务的发生情况以及会计要素的增减变动,还必须根据规定的会计科目开设一系列反映不同经济内容的账户,用来对各项经济业务进行分类记录。账户是根据会计科目设置的,具有一定的格式和结构,用来连续、系统、全面地记录由于经济业务的发生而引起的会计要素的增减变动及其实结果的载体。设置账户是会计核算的一种专门方法。通过账户记录提供的会计核算数据,既能反映企业一定时期内每一笔或全部经济业务的情况,又是编制会计报表的基础。

账户与会计科目是两个不同的概念,它们既有联系又有区别。一方面,账户和会计科目所反映的经济内容是相同的,两者相辅相成。会计科目是设置账户的依据,是账户的名称,账户则是会计科目的具体运用。没有会计科目,账户便失去了设置的依据;没有账户,就无法发挥会计科目的作用。另一方面,会计科目本身并不存在结构问题,而账户作为一种核算和监督的工具,必须具备一定的格式和结构,以便记录和反映每一笔经济业务对会计要素的影响。在实际工作中,对会计科目和账户往往不加严格区分,而是相互通用。

二、账户的基本结构

账户是根据会计科目开设的。账户不仅具有名称,还具有一定的结构,才能记录经济业务所引起的各项目的增减变动。经济业务的发生所引起会计要素的变动,从数量上看不外乎"增加"和"减少"两种情况,因此用来记录经济业务的账户在结构上也相应地分为两个部分,一方登记增加额,一方登记减少额。为满足实际业务核算的需要,每一方又分为若干专栏,分别反映会计核算的主要内容。由于经济业务的具体内容不同,所以,不同的账户具有不同的格式。但账户的基本结构,一般应包括以下主要内容:

(1)账户的名称,即会计科目。
(2)记账的日期。
(3)凭证号数,是记账和事后查询的依据。
(4)摘要,简要说明经济业务的内容。

（5）增加和减少的金额及余额。

账户的基本结构如表 3.3 所示。

表 3.3　账户名称(会计科目)

年		凭证		摘　要	借　方	贷　方	借或贷	余　额
月	日	字	号					

借贷记账法下的账户，左方一律称为"借方"，右方一律称为"贷方"。借方或贷方哪一方登记增加数，哪一方登记减少数，取决于账户所反映的经济内容和性质。

登记本期增加的金额，称为本期增加发生额；登记本期减少的金额，称为本期减少发生额；将增加额和减少额相抵的差额，称为余额。余额按表示的时间不同，分为期初余额和期末余额两种。通常情况下，余额登记的方向与登记本期增加发生额的方向一致。本期增加发生额、本期减少发生额、期初余额、期末余额四个方面的核算数据，其数量关系式可用下列公式来表示：

期末余额＝期初余额＋本期增加发生额－本期减少发生额

为了教学上的方便，上述账户的基本结构可用"T"字形账户来进行说明，如图 3.1 所示。

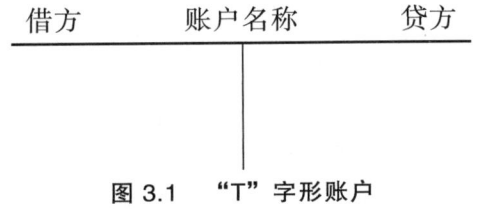

图 3.1　"T"字形账户

第三节　复式记账

一、记账方法概述

为了将一个企业在一定时期内发生的各项经济业务进行分类，并连续、系统地记录下来，在按会计科目设置账户的基础上还必须采用一定的记账方法进行登记。一个企业在一定时期发生的经济业务记录在账户之中并通过账户记录反映出来，但账户只是记录经济业务的一种载体，要想获得经济管理所需要的核算数据，还必须采用一定的记账方法。

所谓记账方法就是对经济业务所引起的会计要素的增减变动，遵循一定的记账规则，在账户中进行记录的方法。从会计的发展历程看，记账方法按记账形式的不同可分为单式记账法和复式记账法两种。

（一）单式记账法

单式记账法是指对发生的经济业务一般只在一个账户中进行记账的方法。其主要特点是：每笔经济业务只记入一个账户，一般只登记现金、银行存款的收付业务和各种债权、债务和往来款项。例如，以现金 60 元购买办公用品，记账时，只在库存现金账户中记录减少 60 元，用以控制货币的收支情况。至于 60 元现金是如何减少，账簿中不做记录。因此，单式记账法是一种比较简单不完整、不严密的记账方法，它不能全面、系统地反映经济业务的来龙去脉，无法了解各会计要素有关项目的增减变动情况，也不便于检查账户记录的正确性和真实性。

（二）复式记账法

复式记账法是从单式记账法发展起来的一种比较完善的记账方法。复式记账法是指对发生的每一项经济业务都要以相等的金额在两个或两个以上相互联系的账户中进行登记的一种记账方法。例如，企业向银行提取现金 3 000 元备用，运用复式记账法反映此项经济业务，一方面要在"库存现金"账上登记增加 3 000 元，另一方面又要在"银行存款"账上登记减少 3 000 元。又如，用银行存款 5 000 元购买原材料，这笔经济业务在记账时一方面在"银行存款"账上登记减少 5 000 元，另一方面要在"原材料"账上登记增加 5 000 元。

复式记账法对于完整、系统、正确地反映企业、单位的经济活动，建立严密的核算体系，具有重要意义。采用复式记账法，由于每一项经济业务都要在相互联系的两个或两个以上账户中记录，根据账户记录的结果，不仅可以了解每一项经济业务的来龙去脉，而且还可以通过会计要素的增减变动全面、系统地了解经济活动的过程和结果。而且复式记账法要求以相等的金额在两个或两个以上账户中同时记账，由于经济业务的发生不外乎引起会计等式两边会计要素等额同增或同减，或引起会计等式某一边会计要素等额的此增彼减，这必然使账户之间的数字产生了一种互相核对、相互平衡的关系。因此，可以利用会计等式的平衡关系来检查账户记录的正确性。因为如此，复式记账法作为一种科学的记账方法一直得到广泛运用。根据《企业会计准则》的规定，目前我国企业统一采用复式记账法。

二、借贷记账法

借贷记账法是按照复式记账法的原理，以资产与权益的平衡关系为基础，以"借""贷"二字为记账符号，以"有借必有贷，借贷必相等"为记账规则来反映各项会计要素增减变动情况的一种复式记账法。借贷记账法的基本内容包括记账符号、账户结构、记账规则和试算平衡四项。

（一）借贷记账法的记账符号

借贷记账法是以"借""贷"二字作为记账符号来记录会计要素项目的增减变化，借贷记账法因此而得名。借贷记账法起源于公元十三四世纪的意大利。这个时期，意大利正处于资本主义萌芽时期，商贸业发达、经济繁荣，已是商业高利贷和银行业的中心。当时，佛罗伦萨一带经营钱庄的商人，一方面收存商人的游资，给以利息；另一方面又把钱借给商人，收取较高的利息。钱商记账时，向钱商借钱的是债务人，称为借主，其借款数记在该人名账户的借方，表示人欠的增加；贷款给钱商的人是债权人，称为贷主，其借款数记在该人名的贷方，表示欠人的增加。钱商在中间划账，由此而产生"借"和"贷"。由于人欠我，我欠人的数额有相等的求偿权，能得到对比，这就为借贷记账法建立了理论基础。后来，随着商品经济的发展，威尼斯商人又把这种方法推广运用在商业经营企业，将借主、贷主之意逐渐由人推及于物。这样，"借""贷"两字就逐渐失去了原来本身的含义，而转化为单纯的记账符号和会计上的专门术语，其作用在于指明记账的方向、账户对应关系及账户余额的性质。到15世纪，借贷记账法已流行于意大利沿海城市，并逐渐完善，被用来反映资本的存在形态和所有者权益的增减变化。此时，"借"（debit，简写为Dr）和"贷"（credit，简写为Cr）已成为通用的国际商业语言。

（二）借贷记账法的账户结构

账户结构是根据管理需要和信息使用者的具体要求，对会计要素的内容进行科学的再分类，在会计科目的基础上赋予它一定的结构，以记录经济业务的内容，提供具体的数据，反映经济业务所引起会计要素数量的增减变动。经济业务的发生所引起的会计要素在数额上的变动不外乎有"增加"和"减少"两种情况，所以账户的基本结构分为两个部分，一方登记增加数，另一方登记减少数。借贷记账法是以"借""贷"作为记账符号，账户的左方称为借方，右方称为贷方，分别反映经济业务的增加和减少。

每一个账户的借方和贷方都要按相反的方向记录其增减变动，一方登记增加额，另一方登记减少额。至于账户的哪一方登记增加额，哪一方登记减少额，则取决于账户的性质。不同性质的账户其结构是不同的。

下面分别说明各类账户的结构特点。

1. 资产类账户的结构

资产类账户的基本结构：账户的借方登记资产的增加额，贷方登记资产的减少额。在每一会计期间，借方登记的增加额合计数称为借方发生额，贷方登记的减少合计数称为贷方发生额。在会计期末，将借贷发生额相抵，其差额为期末余额。资产类账户若有余额一般在借方，表示期末资产的实有数。本期的借方期末余额即为下期的借方期初余额。

资产类账户的基本结构如图3.2所示。

借方	资产类账户		贷方
期初余额	×××		
本期增加额	×××	本期减少额	×××
	...		...
本期借方发生额合计	×××	本期贷方发生额合计	×××
期末余额	×××		

图 3.2　资产类账户的基本结构

资产类账户的发生额与余额之间的关系为：

资产类账户期末余额＝借方期初余额＋本期借方发生额－本期贷方发生额

2. 负债及所有者权益类账户的结构

根据"资产＝负债＋所有者权益"恒等式，按其基本性质，可分为资产和权益类两种类型。不同性质的账户必须用相反的方向来登记增加和减少。在会计恒等式中，资产列在等式的左边，权益列在等式的右边，左右两边的合计数永远是相等的，即保持平衡。这样会计等式一方的资产与另一方的权益形成了对立统一。为了保证通过账户记录的经济业务不破坏会计恒等式，资产的增加登记账户的借方，权益的增加就登记账户的贷方；资产的减少登记账户的贷方，权益的减少就登记账户的借方。

负债与所有者权益类账户的基本结构：账户的贷方登记负债与所有者权益的增加额，借方登记负债与所有者权益的减少额。在会计期末，将借贷发生额相抵，其差额为期末余额。负债与所有者权益账户若有期末余额一般在贷方，表示期末负债与所有者权益的实有数。本期的贷方期末余额即为下期的贷方期初余额。负债与所有者权益类账户的基本结构如图3.3所示。

借方	负债及所有者权益		贷方
		期初余额	×××
本期减少额	×××	本期增加额	×××
	…		…
本期借方发生额合计	×××	本期贷方发生额合计	×××
		期末余额	×××

图 3.3 负债及所有者权益类账户的基本结构

负债与所有者权益类账户的发生额与余额之间的关系为：

负债与所有者权益类账户期末余额＝贷方期初余额＋本期贷方发生额－本期借方发生额

3. 成本类账户的结构

成本类账户与资产类账户的结构相同，与收入类账户相反，借方记增加，贷方记减少。期末如果有余额，应在借方，见图3.4。

借方	成本类账户		贷方
期初余额	×××		
本期增加额	×××	本期减少额	×××
	…		…
本期借方发生额合计	×××	本期贷方发生额合计	×××
期末余额	×××		

图 3.4 成本类账户的结构

注意：成本类中的"制造费用"也是借增贷减，期末无余额，其借方发生额期末转入"生产成本"账户。

4. 收入类账户的结构

企业在生产经营过程中形成收入，收入的增加最终会导致所有者权益的增加。所以，收入类账户的结构与所有者权益类账户的结构必须保持一致，所有者权益的增加记贷方，收入的增加也记贷方。收入类账户的基本结构：贷方登记收入的增加额，借方登记收入的减少额。期末，本期收入的发生额都要从借方转出，所以收入类账户在期末没有余额。收入类账户的基本结构如图3.5所示。

借方	收入类账户		贷方
本期减少额	×××	本期增加额	×××
	…		…
本期借方发生额合计	×××	本期贷方发生额合计	×××

图 3.5　收入类账户的基本结构

5. 费用类账户的结构

企业在生产经营过程中形成费用，费用的增加最终会导致所有者权益的减少，所有者权益的减少记借方，所以费用的增加也记借方。费用类账户的基本结构：借方登记费用的增加额。贷方登记费用的减少额，期末，本期费用的发生额都要从贷方转出，所以费用类账户在期末没有余额。费用类账户的基本结构如图3.6所示。

借方	费用类账户		贷方
本期增加额	×××	本期减少额	×××
	…		…
本期借方发生额合计	×××	本期减少额合计	×××

图 3.6　费用类账户的基本结构

借贷记账法以"借""贷"作为记账符号，指示着账户记录的方向。一般情况下，各类账户的期末余额与记录增加额的一方在同一方向，即资产类账户的期末余额在借方，负债和所有者权益类账户的期末余额在贷方。因此，在借贷记账法下，可以通过账户余额的方向来判断账户的性质，余额在借方的账户一般属于资产类，余额在贷方的账户一般属于负债或所有者权益类账户。

为了便于了解所有账户借、贷两方所反映的经济内容，现将上述各类账户的具体结构进行概括，如表3.4所示。

表 3.4　各类账户的具体结构

账户类型	借方	贷方	余额
资产类	+	−	借方
负债类	−	+	贷方
所有者权益类	−	+	贷方
成本类	+	−	借方
收入类	−	+	无
费用类	+	−	无

（三）借贷记账法的记账规则

根据复式记账的原理，对任何一项经济业务都必须以相等的金额，在两个或两个以上相互联系的账户进行登记。在实际运用借贷记账法的记账规则去登记经济业务时，一般要按照以下步骤进行分析：

第一步，分析经济业务的内容，确定每一项经济业务的发生涉及哪些会计要素。

第二步，确定经济业务涉及的具体会计科目，通过哪些账户来反映。

第三步，根据复式记账原理以及借贷记账方法的账户结构，确定记账方向，即记入哪个账户的借方和记入哪个账户的贷方，并确认记账的金额。

下面举例说明借贷记账法的记账规则。

假设 QT 公司 2018 年 5 月发生以下经济业务：

【例 3.1】收到国家投入资本金 10 000 000 元，存入银行。

该项经济业务的发生，一方面使企业的"银行存款"增加 10 000 000 元。另一方面使企业的"实收资本"增加 10 000 000 元。而"银行存款"属于资产类账户，资产的增加应记入借方，"实收资本"属于所有者权益类账户，增加记贷方。这项经济业务的登账结果如图 3.7 所示。

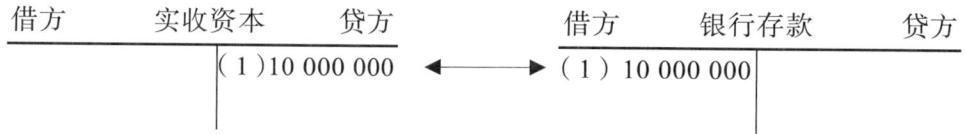

图 3.7

【例 3.2】从银行取得 6 个月的短期借款 1 000 000 元，款项已收到存入该企业存款户。

该项经济业务的发生，一方面使企业的"银行存款"增加 1 000 000 元，另一方面使企业的"短期借款"增加 1 000 000 元。而"银行存款额"属于资产类账户，资产的增加应记入借方，"短期借款"属于负债类账户，增加记入贷方。这项经济业务的登账结果如图 3.8 所示。

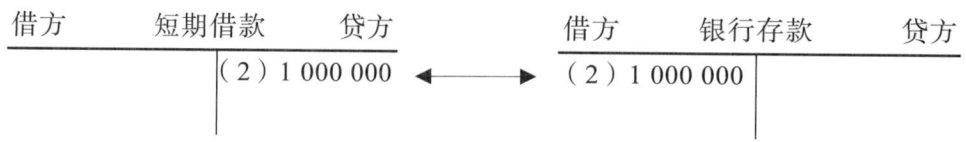

图 3.8

【例 3.3】收回乙公司原欠货款 80 000 元，款项已存入银行。

该项经济业务的发生，一方面使企业的"应收账款"减少 80 000 元，另一方面使企业的"银行存款"增加 80 000 元。而"应收账款"和"银行存款"同属于资产类账户，"应收账款"的减少记贷方，银行存款的增加记借方。这项经济业务的登账结果如图 3.9 所示。

借方	应收账款	贷方		借方	银行存款	贷方
		（3）80 000	↔	（3）80 000		

图 3.9

【例 3.4】企业向银行借入 6 个月的短期借款 500 000 元，直接偿还所欠丙公司购货款。

该项经济义务的发生，一方面使企业的"短期借款"增加 500 000 元，另一方面使企业的"应付账款"减少 500 000 元。而"短期借款"和"应付账款"同属于负债类账户，"短期借款"的增加记贷方，"应付账款"的减少记借方。这项经济业务的登账结果如图 3.10 所示。

借方	短期借款	贷方		借方	应付账款	贷方
		（4）500 000	↔	（4）500 000		

图 3.10

【例 3.5】企业以资本公积 600 000 元转增资本。

该项经济业务的发生，一方面使企业的"资本公积"减少 600 000 元，另一方面使企业的"实收资本"增加 600 000 元，而"资本公积"和"实收资本"同属于所有者权益类账户，"实收资本"的增加记贷方，"资本公积"的减少记借方。这项经济业务的登账结果如图 3.11 所示。

借方	实收资本	贷方		借方	资本公积	贷方
		（5）600 000	↔	（5）600 000		

图 3.11

【例 3.6】用银行存款 100 000 元偿还短期借款。

该项经济业务的发生，一方面使企业的"银行存款"减少 100 000 元，另一方面使企业的"短期借款"减少 100 000 元。而"银行存款"属于资产类账户，资产的减少记贷方，"短期借款"属于负债类账户，减少记借方。这项经济业务的登账结果如图 3.12 所示。

借方	银行存款	贷方		借方	短期借款	贷方
		（6）100 000	↔	（6）100 000		

图 3.12

从以上所举的几个例子可以看出，每一项经济业务发生之后，运用借贷记账法进行账务处理，都必须是在记入某一个账户借方的同时记入另一个账户的贷方，而且记入借方与记入贷方的金额相等。因此，可以总结出借贷记账法的记账规则是：有借必有贷，借贷必相等。

（四）账户的对应关系和会计分录

运用复式记账法处理经济业务，一笔业务所涉及的几个账户之间必然存在着某种相互依存的对应关系，这种对应关系称为账户对应关系。存在着对应关系的账户称为对应账户。由于账户对应关系，反映了每项经济业务的内容，以及由此而引起的资金运动的来龙去脉，因此，在采用借贷记账法登记某项经济业务时，应先通过编制会计分录来确定其所涉及的账户及其对应关系，从而保证账户记录的正确性。

在实际工作中，每一项经济业务发生后，应根据原始凭证编制记账凭证，但为了教学上的方便，将有对应关系的账户，通过编制会计分录的形式来反映。会计分录是指明各项经济业务应记入的账户、记账方向和入账金额的记录。

在编制会计分录时，主要步骤如下：

（1）分析经济业务事项涉及的经济业务内容，即确定它涉及哪些会计要素，是资产、负债，还是收入、费用等。

（2）确定涉及哪些账户。即确定具体应使用的会计科目。

（3）确定涉及的账户是增加还是减少，即应记入哪个账户的借方、哪个账户的贷方。根据经济业务对会计要素的影响，即会计要素是增加还是减少，来确定记入账户的方向。

（4）确定应借、应贷账户是否正确，借贷方的金额是否相等。根据经济业务发生的金额和会计计量的要求，确定不同的账户中应记录的金额。

（5）根据会计分录的格式要求，编制完整的会计分录。

现将前面所举的六笔经济业务，编制会计分录如下：

（1）收到国家投入资本金 10 000 000 元，存入银行。
  借：银行存款　　　　　　　　　　10 000 000
   贷：实收资本　　　　　　　　　　　　　10 000 000

（2）从银行取得 6 个月的短期借款 1 000 000 元，款项已收到存入该企业存款户。
  借：银行存款　　　　　　　　　　1 000 000
   贷：短期借款　　　　　　　　　　　　　1 000 000

（3）收回乙公司原欠货款 80 000 元，款项已存入银行。
  借：银行存款　　　　　　　　　　80 000
   贷：应收账款　　　　　　　　　　　　　80 000

（4）企业向银行借入 6 个月的短期借款 500 000 元，直接偿还所欠丙公司购货款。
  借：应付账款　　　　　　　　　　500 000
   贷：短期借款　　　　　　　　　　　　　500 000

（5）企业以资本公积 600 000 元转增资本。
  借：资本公积　　　　　　　　　　600 000
   贷：实收资本　　　　　　　　　　　　　600 000

（6）用银行存款 100 000 元偿还短期借款。

借：短期借款　　　　　　　　　　　　　　　100 000
　　贷：银行存款　　　　　　　　　　　　　　　100 000

会计分录按其所运用账户的多少分为简单会计分录和复合会计分录两种。简单会计分录，是指由两个账户所组成的会计分录。以上每笔会计分录，都只有一"借"一"贷"，故均属于简单会计分录。复合会计分录，是指由两个以上账户所组成的会计分录，实际上它是由几个简单会计分录组成的，因而必要时可将其分解为若干个简单会计分录。编制复合会计分录，既可以简化记账手续，又能集中反映某项经济业务的全面情况。现举例说明如下：

【例 3.7】 HX 公司购进原材料 50 000 元，其中 30 000 元货款已用银行存款付讫，其余 20 000 元货款尚未支付（暂不考虑增值税）。

该项经济业务一方面使企业资产"原材料"增加 50 000 元，记入借方；另一方面使企业的资产"银行存款"减少 30 000 元，记入贷方，以及企业的负债"应付账款"增加 20 000 元，记入贷方。其会计分录如下：

借：原材料　　　　　　　　　　　　　　　50 000
　　贷：银行存款　　　　　　　　　　　　　　　30 000
　　　　应付账款　　　　　　　　　　　　　　　20 000

【例 3.8】 HX 公司以银行存款 60 000 元，偿还银行短期借款 40 000 元和前欠某单位货款 20000 元。

该项经济业务一方面使企业资产"银行存款"减少 60 000 元，记入贷方；另一方面使企业的负债"短期借款"和"应付账款"分别减少 40 000 元和 20 000 元，记入借方。其会计分录如下：

借：短期借款　　　　　　　　　　　　　　　40 000
　　应付账款　　　　　　　　　　　　　　　20 000
　　贷：银行存款　　　　　　　　　　　　　　　60 000

这时应该注意的是，为了使账户对应关系一目了然，在借贷记账法下，只应编制一"借"一"贷"、一"借"多"贷"和一"贷"多"借"的会计分录，而一般不编制多"借"多"贷"的会计分录。这是因为，多"借"多"贷"的会计分录容易使账户之间的对应关系模糊不清，难以据此分析经济业务的实际情况。

（五）借贷记账法的试算平衡

为了检验和确保一定时期内所发生的经济业务在账户中登记的正确性，需要在会计期末进行账户的试算平衡。所谓借贷记账法的试算平衡，是指根据会计等式的平衡原理，按照记账规则的要求，通过汇总计算和比较，来检查账户记录的正确性、完整性。主要有发生额试算平衡和余额试算平衡两种方法。

1. 发生额试算平衡

发生额试算平衡就是通过计算全部账户的借、贷方发生额是否相等来验证本期账户记录是否正确的方法。其计算公式如下：

全部账户本期借方发生额合计＝全部账户本期贷方发生额合计

发生额试算平衡的理论依据是借贷记账法的记账规则,即"有借必有贷,借贷必相等"。因为根据借贷记账法,对任何一项经济业务都必须以相等的金额,在两个或两个以上相互联系的账户中进行登记,且借贷方金额相等。根据每项经济业务所编制的会计分录借、贷两方的发生额都是相等的,因此,无论发生多少笔经济业务,在某一期间内,所有账户借方发生额合计必然等于所有账户贷方发生额合计。如果出现不相等,必然是在记账过程中出现了差错,应及时查找并更正。

2. 余额试算平衡

余额试算平衡就是通过计算全部账户的借方余额合计与贷方余额合计是否相等来验证本期账户记录是否正确的方法。根据余额时间不同可分为期初余额平衡和期末余额平衡。其计算公式如下:

全部账户的期末(期初)借方余额合计 = 全部账户的期末(期初)贷方余额合计

余额试算平衡的理论依据是"资产 = 负债 + 所有者权益"这一恒等式。因为资产类账户的期末余额一般都是在借方,所有账户的借方余额合计就是资产总额;负债及所有者权益账户的期末余额一般都在贷方,所有账户的贷方余额合计就是负债及所有者权益类账户的期末余额。所以,根据"资产 = 负债 + 所有者权益",在一定时点上,全部账户的借方余额合计必然等于全部的贷方余额合计。如果不相等,说明账户记录有错误,应予以查找并更正。

在实际工作中,这两种方法通常是在月末结出各个账户的本月发生额和月末余额后,依据上述两计算公式编制试算平衡表的方法进行的。

3. 试算平衡表的格式

试算平衡表的格式如表 3.5 ~ 3.7 所示。

表 3.5 总分类账户余额试算平衡

年 月　　　　　　　　　　　　　　　　单位:元

会计科目	借方余额	贷方余额
合 计		

表 3.6 总分类账户本期发生额试算平衡表

年 月　　　　　　　　　　　　　　　　单位:元

会计科目	借方发生额	贷方发生额
合 计		

表 3.7　总分类账户本期发生额余额试算平衡表

年　　月　　　　　　　　　　　　　　　　　　　　　　单位：元

会计科目	期初余额		本期发生额		期末余额	
	借方	贷方	借方	贷方	借方	贷方
合　计						

假设 QT 公司 2018 年 5 月初有关账户的期初余额见表 3.8。

表 3.8　期初余额

账户名称	借方余额（元）	贷方余额（元）
银行存款	400 000	
应收账款	200 000	
原材料	50 000	
固定资产	1 600 000	
短期借款		350 000
应付账款		200 000
实收资本		17 00 000
合　计	2 250 000	2 250 000

QT 公司 2018 年 5 月份发生如下经济：

（1）企业收到投资者追加投资 2 000 000 元，款项已收存入银行。
　　借：银行存款　　　　　　　　　　　　2 000 000
　　　贷：实收资本　　　　　　　　　　　　　　　　2 000 000
（2）收到 HG 工厂所欠货款 80 000 元，存入银行。
　　借：银行存款　　　　　　　　　　　　80 000
　　　贷：应收账款　　　　　　　　　　　　　　　　80 000
（3）用银行存款偿还所欠 HG 工厂货款 60 000 元。
　　借：应付账款　　　　　　　　　　　　60 000
　　　贷：银行存款　　　　　　　　　　　　　　　　60 000
（4）向银行借入短期借款 40 000 元偿还应付账款。
　　借：应付账款　　　　　　　　　　　　40 000
　　　贷：短期借款　　　　　　　　　　　　　　　　40 000
（5）购入原材料，货款 100 000 元（不考虑增值税），原材料已验收入库，货款尚未支付。
　　借：原材料　　　　　　　　　　　　　100 000
　　　贷：应付账款　　　　　　　　　　　　　　　　100 000
（6）用银行存款 100 000 元偿还短期借款。

借：短期借款　　　　　　　　　　　100 000
　　贷：银行存款　　　　　　　　　　　　100 000

根据上述资料，登记有关账户，并计算本期发生额和期末余额，填入试算平衡表（见表3.9）。

借方	银行存款	贷方
期初余额　400 000		
（1）　2 000 000		（3）　60 000
（2）　80 000		（6）　100 000
本期发生额 2 080 000	本期发生额 160 000	
期末余额　2 320 000		

借方	应收账款	贷方
期初余额 200 000		
		（2）80 000
本期发生额　0	本期发生额 80 000	
期末余额 120 000		

借方	固定资产	贷方
期初余额　1 600 000		
本期发生额 0	本期发生额 0	
期末余额　1 600 000		

借方	原材料	贷方
期初余额 50 000		
（5）100 000		
本期发生额 100 000	本期发生额 0	
期末余额 150 000		

借方	短期借款	贷方
	期初余额 350 000	
（6）100 000	（4）40 000	
本期发生额 100 000	本期发生额 40 000	
	期末余额 290 000	

借方	应付账款	贷方
	期初余额 200 000	
（3）60 000	（5）100 000	
（4）40 000		
本期发生额 100 000	本期发生额 100 000	
	期末余额 200 000	

借方	实收资本	贷方
	期初余额　1 700 000	
	（1）2 000 000	
	本期发生额 2 000 000	
	期末余额　3 700 000	

表 3.9 总分类账户试算平衡表

2018 年 5 月 31 日　　　　　　　　　　　　　　　　　　单位：元

账户名称	期初余额		本期发生额		期末余额	
	借方	贷方	借方	贷方	借方	贷方
银行存款	400 000		2 080 000	160 000	2 320 000	
应收账款	200 000			80 000	120 000	
原材料	50 000		100 000		150 000	
固定资产	1 600 000				1 600 000	
短期借款		350 000	100 000	40 000		290 000
应付账款		200 000	100 000	100 000		200 000
实收资本		1 700 000		2 000 000		3 700 000
合　计	2 250 000	2 250 000	2 380 000	2 380 000	4 190 000	4 190 000

必须指出，即使试算平衡表中借贷金额相等，也不足以说明账户记录完全没有错误。因为有些错误并不影响借贷双方的平衡，通过试算也无法发现，如漏记或重记某项经济业务、借贷记账方向彼此颠倒或方向正确但记错了账户等。因此，根据试算平衡的结果，只能确认账户记录是否基本正确。

第四节　总分类账户与明细分类账户

一、总分类账户和明细分类账户的账户设置

总分类账户简称总账，是根据一级会计科目设置的，它只能采用货币量度作为统一的计量单位。在总分类账户中进行的记账、算账工作称为总分类核算。

明细分类账户简称明细账，是根据明细分类科目设置的，其计量单位不仅可以采用货币量度，有时还可以采用实物量度等。在明细分类账户中进行的记账、算账工作称为明细分类核算。

总分类账户提供总括的核算资料，是所属明细分类账户的统驭、控制账户，对所属明细分类账户起着统驭、控制的作用。明细分类账户提供详细的核算资料，是总分类账户的从属账户、被控制账户，对其所隶属的总分类账户起着补充和说明的作用。一般情况下，企业对所发生的经济业务，既要进行总分类核算，又要进行明细分类核算。但是在会计核算中，并不是所有的总分类账户都需要开设明细分类账户。

二、总分类账户与明细分类账户的平行登记

根据总分类账户与明细分类账户之间的关系，在会计核算中，为了便于账户记录的核对，保证核算资料的完整性和正确性，总分类账户与其所属明细分类账户必须采用平行登记的方法。

平行登记是指每项经济业务发生后,既要在总分类账户中进行登记,又要在其所属的明细分类账户中进行登记。

1. 同期间登记

对于每一项经济业务,在同一会计期间内,既要记入有关的总分类账户,又要记入各总分类账户所属的明细分类账户。如果涉及的明细分类账户不止一个,则应分别记入有关的几个明细分类账户。

2. 同方向登记

对于每一项经济业务,记入总分类账户的方向应与记入其所属明细分类账户的方向相同。即如果总分类账户的金额登记在借方(或贷方),其所属明细分类账户的金额也应登记在借方(或贷方)。

3. 同金额登记

对于每项经济业务,记入总分类账户的金额与记入其所属明细分类账户的金额之和相等。其公式如下:

总分类账户的期初余额＝所属各明细分类账户的期初余额之和

总分类账户的借方发生额＝所属各明细分类账户的借方发生额之和

总分类账户的贷方发生额＝所属各明细分类账户的贷方发生额之和

总分类账户的期末余额＝所属各明细分类账户的期末余额之和

下面以举例说明总分类账户与明细分类账户平行登记的方法。

【例 3.9】QT 公司 2018 年 12 月初"原材料"账户借方余额为 90 000 元,其中甲材料 100 千克,每千克 500 元,计 50 000 元;乙材料 200 千克,每千克 200 元,计 40 000 元。"应付账款"账户贷方余额 60 000 元,其中应付 NF 公司 40 000 元,应付 XH 公司 20 000 元。

该公司 12 月份发生下列经济业务(暂不考虑增值税)。

(1)12 月 6 日向 NF 公司购入下列材料如表 3.10 所示,已验收入库,货款未付。

表 3.10

材料名称	单位	单价(元/千克)	数量	金额(元)
甲材料	千克	500	100	50 000
乙材料	千克	200	200	40 000
合　计	—	—	300	90 000

(2)12 月 15 日,向 XH 公司购入乙材料 500 千克,每千克 20 元,计 10 000 元,材料已验收入库,货款未付。

(3)12 月 20 日,用银行存款归还 NF 公司货款 80 000 元,XH 公司货款 15 000 元。

(4)12 月 25 日,本月生产产品领用材料如表 3.11 所示。

表 3.11

材料名称	单位	单价（元/千克）	数 量	金额（元）
甲材料	千克	500	80	40 000
乙材料	千克	200	250	50 000
合 计	—	—	330	90 000

根据以上经济业务编制会计分录，并在"原材料"和"应付账款"总分类账户及其所属明细分类账户中进行平行登记，如图 3.13~3.16 所示。

会计分录：
（1）借：原材料——甲材料　　　　　　　50 000
　　　　　　——乙材料　　　　　　　　40 000
　　　贷：应付账款——NF 公司　　　　　　　　　90 000
（2）借：原材料——乙材料　　　　　　　10 000
　　　贷：应付账款——XH 公司　　　　　　　　　10 000
（3）借：应付账款——NF 公司　　　　　80 000
　　　　　　　——XH 公司　　　　　　15 000
　　　贷：银行存款　　　　　　　　　　　　　　95 000
（4）借：生产成本　　　　　　　　　　　90 000
　　　贷：原材料——甲材料　　　　　　　　　　40 000
　　　　　　　——乙材料　　　　　　　　　　　50 000

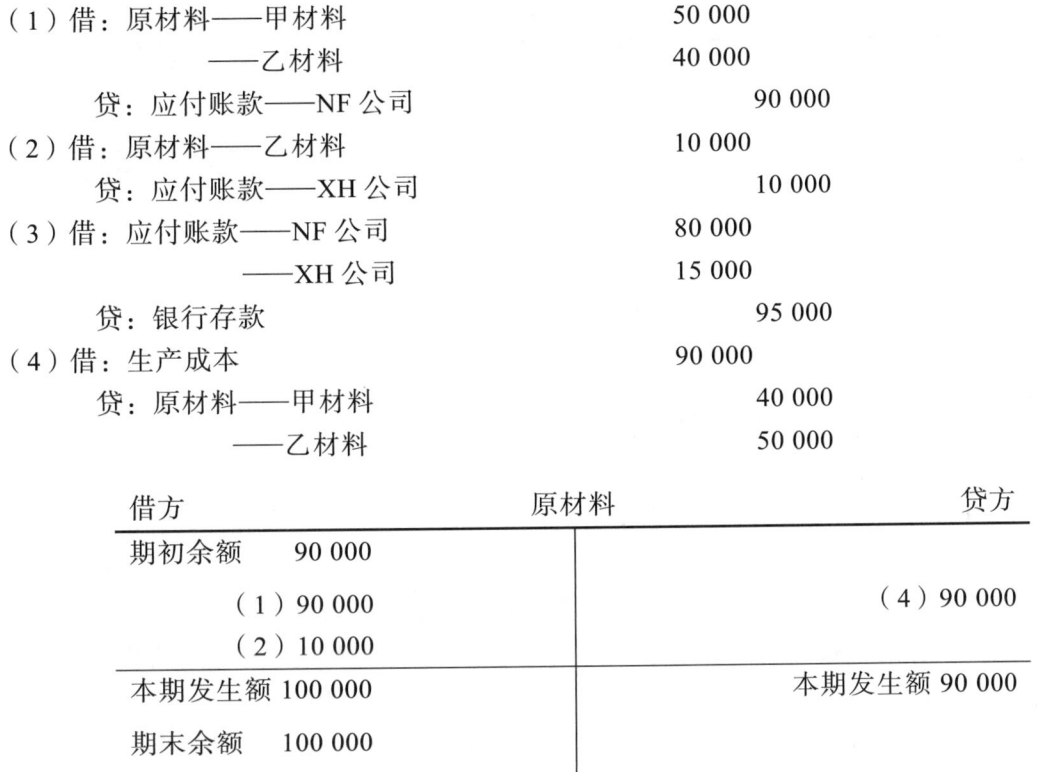

借方	原材料	贷方
期初余额　90 000		
（1）90 000		（4）90 000
（2）10 000		
本期发生额 100 000		本期发生额 90 000
期末余额　100 000		

图 3.13　"原材料"总分类账户

借方	甲材料	贷方	借方	乙材料	贷方
期初余额 50 000			期初余额 40 000		
（1）500 000		（4）40 000	（1）40 000		（4）50 000
			（2）10 000		
本期发生额 50 000		本期发生额 40 000	本期发生额 50 000		本期发生额 50 000
期末余额 60 000			期末余额 40 000		

图 3.14　"原材料"明细分类账户

```
借方            应付账款              贷方
                            期初余额      60 000
       (3) 95 000          (1)  90 000
                            (2)  10 000
本期发生额 95 000   本期发生额       100 000
                    期末余额          65 000
```

图 3.15 "应付账款"总分类账户

```
借方     NF 公司      贷方          借方     XH 公司      贷方
         期初余额  40 000                   期初余额  20 000
(3) 80 000  (1) 90 000           (3) 15 000  (2) 10 000
本期发生额 80 000  本期发生额 90 000   本期发生额 15 000  本期发生额 10 000
         期末余额  50 000                   期末余额  15 000
```

图 3.16 "应付账款"明细分类账

三、总分类账户与明细分类账户的核对

将一定时期内所发生的经济业务全部登记入账后，总分类账户与其所属明细分类账户是否按照平行登记的方法进行登记，登记的结果是否正确，需要进行核对。核对的方法通常依据每一总分类账户所属明细分类账户的记录分别编制"明细分类账户本期发生额及余额表"，然后将其汇总的明细分类账户期初余额、本期发生额和期末余额的数字与相应的总分类账户数字进行核对。如果核对相符，则一般说明总分类账户和明细分类账户的记录是正确的；反之，有关账户的记录肯定有问题，应该仔细检查更正直至核对无误为止。现根据以上经济业务举例如下，见表 3.12 和 3.13。

表 3.12 "原材料"明细分类账户本期发生额及余额表

明细分类账户名称	期初余额（元）		本期发生额（元）		期末余额（元）	
	借方	贷方	借方	贷方	借方	贷方
甲材料	500 00		90 000	40 000	60 000	
乙材料	400 00		10 000	50 000	40 000	
合 计	90 000		100 000	90 000	100 000	

表 3.13　"应付账款"明细分类账户本期发生额及余额表

明细分类账户名称	期初余额（元）		本期发生额（元）		期末余额（元）	
	借方	贷方	借方	贷方	借方	贷方
NF 公司		40 000	80 000	90 000		50 000
XH 公司		20 000	15 000	10 000		15 000
合　计		60 000	95 000	100 000		65 000

本章小结

本章主要包括以下内容（见图 3.17）：

会计科目是对会计要素的具体内容进行分类核算和监督的项目，通过会计科目的设置，将会计要素的内容全面反映出来，形成完整的会计科目体系。每一会计科目都反映其特定的经济内容。在设置会计科目时，将会计对象中具有相同特征和内容的要素归为一类，每一会计科目都应明确地反映相同的经济内容。

账户是根据会计科目设置的，具有一定格式和结构，用以序时、连续、系统、全面地记录由于经济业务的发生而引起的会计要素的增减变动及其结果的载体。账户是在会计科目的基础上赋予它一定的结构，可以记录经济业务内容，提供具体的数据资料，反映经济业务所引起会计要素数量的增减变动。

复式记账法是对每项经济业务都以相等的金额在两个或两个以上相互联系的账户中进行记录的方法。复式记账法相对于单式记账法有两个突出特点：一是可以了解每一项经济业务的来龙去脉；二是可以对账户记录结果进行试算平衡，以检查账户记录的正确性。借贷记账法是国际通用的记账方法。借贷记账法的内容包括基本概念、账户结构、记账规则及试算平衡等。

总分类账户提供总括的核算资料，是所属明细分类账户的统驭、控制账户，对所属明细分类账户起着统驭、控制的作用。明细分类账户提供详细的核算资料，是总分类账户的从属账户、被控制账户，对其所隶属的总分类账户起着补充和说明的作用。

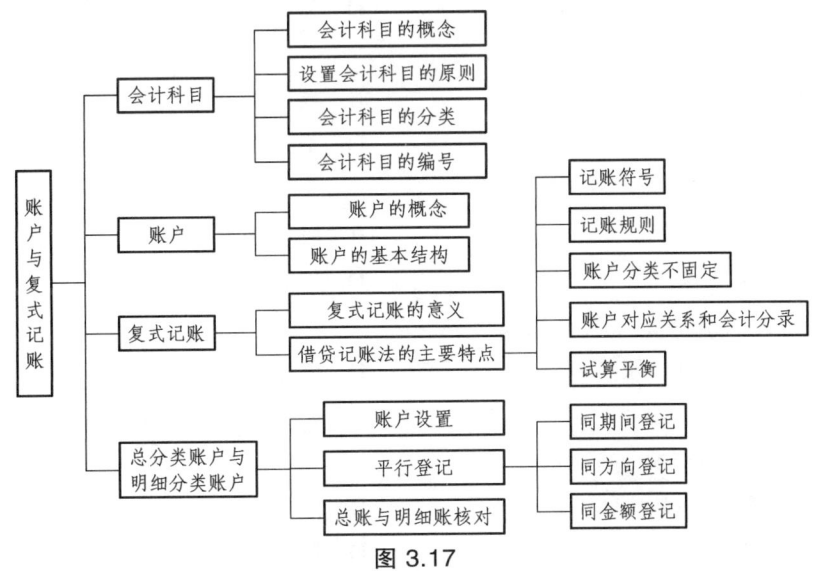

图 3.17

本章习题

一、思考题

1. 简述会计科目设置的原则。
2. 简述设置账户的意义。
3. 简述会计科目与会计账户两者的联系与区别。
4. 简述复式记账法的特点。
5. 简述借贷记账法的内容。
6. 简述发生额试算平衡和余额试算平衡的理论依据。
7. 什么是总分类账户和明细分类账户？总分类账户与明细分类账户为什么要采用平行登记的方法？平行登记的要点包括哪些？

二、单项选择题

1. 会计科目是（　　）。
   A. 账户的名称　　　　　　　　B. 账簿的名称
   C. 报表项目的名称　　　　　　D. 会计要素的名称

2. 账户结构一般分为（　　）。
   A. 左右两方　　　　　　　　　B. 上下两部分
   C. 发生额、余额两部分　　　　D. 前后两部分

3. 账户的贷方反映的是（　　）。
   A. 费用的增加　　　　　　　　B. 所有者权益的减少
   C. 收入的增加　　　　　　　　D. 负债的减少

4. 收益类账户的结构与所有者权益账户的结构（　　）。
   A. 完全一致　　　　　　　　　B. 相反
   C. 基本相同　　　　　　　　　D. 无关

5. 账户余额一般与（　　）在同一方向。
   A. 增加额　　　　　　　　　　B. 减少额
   C. 借方发生额　　　　　　　　D. 贷方发生额

6. 下列错误能够通过试算平衡查找的是（　　）。
   A. 重记经济业务　　　　　　　B. 漏记经济业务
   C. 借贷方向相反　　　　　　　D. 借贷金额不等

7. 登记总账与所属明细账的原则是（　　）。
   A. 根据总账记明细账　　　　　B. 根据明细账记总账
   C. 根据凭证分别登记　　　　　D. 先记总账后记明细账

8. 收入类账户期末结账后，应是（　　）。
   A. 贷方余额　　　　　　　　　B. 借方余额
   C. 没有余额　　　　　　　　　D. 借方或贷方余额

9. "应收账款"账户初期余额为 5 000 元，本期借方发生额为 6 000 元，贷方发生额为 4 000 元，则期末余额为（　　）元。
    A. 借方 5 000   B. 贷方 3 000
    C. 借方 7 000   D. 贷方 2 000
10. 在借贷记账中，账户的哪一方记增加数，哪一方记减少数取决于（　　）。
    A. 账户的结构   B. 账户的作用
    C. 账户的用途   D. 账户的类型
11. 下列经济业务发生，使资产和权益项目同时增加的是（　　）。
    A. 生产产品领用材料   B. 以现金发放工资
    C. 以资本公积转增资本金   D. 收到购货单位预付款，并存入银行
12. 下列科目中属于债权类科目的是（　　）。
    A. 应收账款   B. 营业费用
    C. 预收账款   D. 盈余公积
13. 下列经济业务发生，不会导致会计等式两边总额发生变化的有（　　）。
    A. 收回应收账款并存入银行 B. 从银行取得借款并存入银行
    C. 以银行存款偿还应付账款 D. 收到投资者以无形资产进行的投资
14. 某企业本期期初资产总额为 140 000 元，本期期末负债总额比期初增加 20 000 元，所有者权益总额比期初减少 10 000 元，则企业期末资产总额为（　　）元。
    A. 170 000   B. 130 000
    C. 150 000   D. 120 000
15. 下列引起资产和负债同时增加的经济业务是（　　）。
    A. 以银行存款偿还银行借款 B. 收回应收账款存入银行
    C. 购进材料一批货款未付   D. 以银行借款偿还应付账款
16. 在单式记账法下，对每项经济业务都在（　　）账户中进行登记。
    A. 一个   B. 两个
    C. 两个或更多   D. 有关
17. 下列会计分录中，属于简单会计分录的是（　　）的会计分录。
    A. 一借多贷   B. 一贷多借
    C. 一借一贷   D. 多借多贷
18. 在借贷记账法中，账户哪方记增加数，哪方记减少数是由（　　）决定的。
    A. 账户的结构   B. 账户的性质
    C. 账户的用途   D. 账户的类型
19. 资产账户贷方记减少数，借方记增加数，其结果必须（　　）。
    A. 每个资产账户借方数大于贷方
    B. 每个资产账户贷方数大于借方
    C. 所有资产账户的借方数大于负债账户的贷方数
    D. 所有资产账户的借方数大于所有者权益账户的贷方数

20. 在借贷记账法下，负债、所有者权益账户贷方表明（　　）。
    A. 负债、所有者权益和收入增加　　B. 资产、成本和费用增加
    C. 负债、所有者权益和收入减少　　D. 资产、损益减少

21. 复式记账法是指任何一笔经济业务都必须用相等的金额在两个或两个以上的有关账户中（　　）。
    A. 一个记增加另一个记减少　　B. 两个都记增加
    C. 两个都记减少　　D. 全面地、相互联系地进行登记

22. 在账户中，用"借方"和"贷方"登记资产和负债、所有者权益的增减数额，按照账户结构，概括地说是（　　）。
    A. "借方"登记资产的增加和负债、所有者权益的减少，"贷方"反之
    B. "借方"登记资产和负债、所有者权益的增加，"贷方"反之
    C. "借方"登记资产和负债、所有者权益的减少，"贷方"反之
    D. "借方"登记资产的减少和负债、所有者权益的增加

23. 下列各账户中，期末可能有余额在借方的是（　　）。
    A. 制造费用　　B. 生产成本
    C. 销售费用　　D. 营业成本

24. 对于那些既要进行总分类核算又要进行明细分类核算的经济业务发生后，在总分类账户和其所属的明细分类账户的登记必须采用（　　）。
    A. 平行登记　　B. 补充登记
    C. 试算平衡　　D. 复试记账

三、多项选择题

1. 设置会计科目应遵循的原则有（　　）。
    A. 必须符合单位内部经营管理的需要
    B. 必须结合会计对象的特点
    C. 要做到统一性与灵活性相结合
    D. 要保持相对稳定
    E. 要保持周延性和互斥性

2. 期末结账后没有余额的账户有（　　）。
    A. 主营业务收入　　B. 生产成本
    C. 投资收益　　D. 投入资本
    E. 其他业务收入

3. 账户中的各项金额包括（　　）。
    A. 期初余额　　B. 本期增加额
    C. 本期减少额　　D. 期末余额
    E. 本期发生额

4. 下列会计科目中属于债权类科目的是（　　）。
    A. 应收账款　　B. 销售费用
    C. 预收账款　　D. 盈余公积

E. 预付账款
5. 在借贷记账法下，费用类账户期末结账后（   ）。
   A. 一般没有余额
   B. 绝对没有余额
   C. 借贷方都可能有余额
   D. 若有余额在贷方
   E. 若有余额在借方
6. 下列经济业务中使资产与权益同时减少的有（   ）。
   A. 以银行存款支付应付利润
   B. 以银行存款支付预提费用
   C. 以银行存款偿还应付账款
   D. 取得短期借款并存入银行
   E. 收到投资者投入货币资金并存入银行
7. 下列账户中属于损益类账户的有（   ）。
   A. 制造费用
   B. 销售费用
   C. 管理费用
   D. 财务费用
   E. 长期待摊费用
8. 下列总分类科目中，可以不设置明细科目的有（   ）。
   A. 现金
   B. 银行存款
   C. 应付账款
   D. 应收账款
   E. 短期借款
9. 下列会计科目中属于资产类科目的有（   ）。
   A. 原材料
   B. 生产成本
   C. 长期待摊费用
   D. 实收资本
   E. 主营业务收入
10. 关于"资产＝负债+所有者权益"的会计等式，下列说法正确的有（   ）。
    A. 它反映了会计静态要素之间的基本数量关系
    B. 它反映了会计静态要素与会计动态要素的相互关系
    C. 资产和权益的对应是逐项的一一对应
    D. 资产和权益的对应是综合的对应
    E. 会计等式右边的排列顺序是任意的，则可以颠倒
11. 下列各项是以会计恒等式为理论依据的有（   ）
    A. 复式记账
    B. 成本计算
    C. 编制资产负债表
    D. 试算平衡
    E. 财产清查
12. 期间费用一般包括（   ）
    A. 财务费用
    B. 管理费用
    C. 制造费用
    D. 销售费用
    E. 长期待摊费用
13. 下列错误中，不能通过试算平衡发现的有（   ）。
    A. 某项经济业务未登记入账
    B. 借贷双方同时多记了相等的金额

C. 只登记了借方金额，未登记贷方金额

D. 应借应贷的账户中错记了借贷方向

E. 借贷双方同时少记了相等的金额

14. 经济业务的发生，会引起资产、负债、所有者权益发生增减变动的情况有（　　）。

    A. 资产和负债同时增加　　　　　　B. 资产和负债同时减少

    C. 资产和所有者权益同时增加　　　D. 资产增加和所有者权益减少

    E. 资产减少（增加）和负债、所有者权益发生减少（增加）

15. 下列经济业务，引起资产和所有者权益同时增加的业务有（　　）。

    A. 国家以机器设备对企业投资　　　B. 外商以货币资金对企业投资

    C. 销售产品已收货款存入银行　　　D. 购买材料未付款

    E. 企业接受捐赠汽车一辆

16. 下列经济业务，引起资产和负债同时减少的业务有（　　）。

    A. 用银行存款偿还前欠购货款　　　B. 用现金支付福利费

    C. 用银行存款归还银行短期借款　　D. 以现金发放职工工资

    E. 用银行存款交纳税金

17. 下列经济业务，引起负债、所有者权益要素内部项目变化的业务有（　　）。

    A. 确实无法偿还的应付账款　　　　B. 企业提取公积金、公益金

    C. 向投资者分配利润　　　　　　　D. 企业公积金转增资本

    E. 用银行借款偿还应付账款

18. 会计基本等式是（　　）会计核算方法的理论依据。

    A. 设置账户　　　　　　　　　　　B. 复试记账

    C. 编制会计报表　　　　　　　　　D. 登记账簿

    E. 成本计算

19. 总分类账户和明细分类账户的关系是（　　）。

    A. 总分类账户提供总括核算资料、明细分类账户提供详细核算资料

    B. 总分类账户统驭、控制明细分类账户

    C. 总分类账户和明细分类账户平行登记

    D. 所有账户必须设置明细分类账户

    E. 明细分类账户补充说明与其相关的总分类账户

20. 下列各账户中，期末余额可能在借方也可能在贷方的有（　　）。

    A. 预收账款　　　　　　　　　　　B. 预付账款

    C. 短期借款　　　　　　　　　　　D. 银行存款

    E. 管理费用

21. 企业在生产经营过程中，销售商品取得的收入，可能是（　　）。

    A. 资产增加　　　　　　　　　　　B. 增加负债

    C. 减少负债　　　　　　　　　　　D. 增加所有者投资

    E. 增加资产或减少负债

四、判断题

1. 账户是会计科目的名称。（   ）
2. 账户的借方反映资产和负债及所有者权益的增加，贷方反映资产和负债及所有者权益的减少。（   ）
3. 在所有的账户中，左边均登记增加额，右方均登记减少额。（   ）
4. 凡是余额在借方的都是资产类账户。（   ）
5. 负债类账户的结构与资产类账户的结构正好相反。（   ）
6. 一般说来，各类账户的期末余额与记录增加额的一方属同一方向。（   ）
7. 费用类账户一般没有余额，如有应在借方。（   ）
8. 没有明细分类账户的总分类账户是统驭账户。（   ）
9. 在会计核算中，会计科目往往也就是指账户，因为会计科目是根据账户设置的。（   ）
10. 为了保证会计核算指标在同一部门，乃至全国范围内进行综合汇总，所有会计科目及其核算内容都应由国家统一规定。（   ）
11. 借贷记账法大约产生于16世纪的英国。（   ）
12. 记账方法，按记录方式不同，可分为单式记账法和借贷记账法。（   ）
13. 借贷记账法的记账规则是："有借必有贷，借贷必相等"。（   ）
14. 总分类账户和明细分类账户平行登记的要点可概括为：登账时间相同、方向一致、金额相等。（   ）
15. 借贷记账法的基本内容，主要包括记账符号、账户设置、记账规则和试算平衡。（   ）
16. 凡是余额在贷方的都是负债和所有者权益类账户。（   ）
17. 所有经济业务的发生都会引起会计等式两边发生变化。（   ）
18. 借贷记账法下的"借""贷"二字，其本身的含义是没有意义的。（   ）
19. 账户是会计科目的名称，会计科目是根据账户开设的。（   ）
20. 账户期末借方发生额合计数与贷方发生额合计数相等。（   ）

五、实务题

1. 熟悉各类账户的结构。

资料：QT 公司 2018 年有下列资料（见表 3.14）。

表 3.14

账户名称	期初余额（元）	本期借方发生额(元)	本期贷方发生额(元)	期末余额（元）
库存现金	4 000	2 000		4 750
银行存款	75 000	50 000	91 000	
应收账款		52 300	43 000	17 000

续表 3.14

账户名称	期初余额（元）	本期借方发生额(元)	本期贷方发生额(元)	期末余额（元）
短期借款	50 000		25 000	45 000
实收资本	150 000			150 000
固定资产	67 000		5 400	56 500
原材料		6 450	8 670	7 410
应付账款	2 000		1 500	2 100

要求：根据各类账户的结构关系，计算并填写上列表格的空格。

2. 用直线连接，说明下列项目应归属哪个会计要素。

| 项目 | 会计要素 |

投资收益　　　　　　资产
长期投资　　　　　　负债
期间费用　　　　　　所有者权益
营业收入　　　　　　收入
未分配利润　　　　　费用
预付账款　　　　　　利润
预收账款

3. CX 公司 2018 年 3 月 31 日余额如下：

　　银行存款　56 000　　　应付账款　40 000
　　原材料　　20 000　　　实收资本　121 000
　　固定资产　85 000

该公司 4 月份发生下列经济业务：

（1）投资者追加投资 30 000 元，存入银行。

（2）用银行存款偿还应付账款 23 000 元。

（3）购买原材料 1 200 元，用存款支付。

（4）购买设备 50 000 元，用存款支付 30 000 元，余款尚欠。

（5）收到投资者投入机器一台 56 000 元，原材料一批 25 000 元。

（6）购进原材料 5 000 元，款未付。

要求：（1）根据期初余额开设"T"字形账户；

（2）根据 4 月份发生的经济业务登记"T"字形账户；

（3）结出"T"字形账户的发生额和余额。

4. SX 公司 2018 年 7 月发生下列经济业务，以前的资产总额为 956 000 元。

（1）从银行提取现金 2 000 元。

（2）收到投资者投入资本 210 000 元，存入银行。

（3）以银行存款 32 500 元，支付前欠 DZ 工厂的购料款。

（4）从银行取得借款 23 000 元，归还前欠 DF 工厂的购料款。

（5）以银行存款上缴所欠税金 8 500 元。

（6）购买材料 14 000 元，货款尚未支付。

（7）采购员李某出差，预支差旅费3 000元，以银行存款支付。
（8）生产领用材料12 000元。
（9）向银行借入资金150 000元，存入银行。
（10）收回A企业前欠的销货款35 000元，存入银行。

要求：（1）分析每笔经济业务所引起的资产和权益有关项目增减变动情况，并指出其属于何种类型的经济业务。

（2）计算资产和权益增减净额，验证两者是否相等？

（3）计算SX公司2018年7月发生上述经济业务以后的资产和权益总额，验证两者是否相等？

5. 直线连接，说明下列各项目的归属。

　　　固定资产
　　　原材料　　　　　A. 期末余额在借方
　　　银行存款
　　　长期借款　　　　B. 期末余额在贷方
　　　制造费用
　　　财务费用
　　　主营业务收入　　C. 期末一般无余额
　　　实收资本

6. 直线连接，说明下列各项目的归属。

　　　从银行取得的借款
　　　增加生产设备一台　　A. 记入账户的借方
　　　本月发生的水电费
　　　偿还前欠的购货款
　　　取得的产品销售收入　B. 记入账户的贷方
　　　支付所欠职工的工资
　　　购入材料验收入库

7. 练习借贷记账法。

假定某工厂2018年3月份资产、负债和所有者权益账户期初余额如表3.15所示。

表 3.15

资产类账户	金额（元）	负债及所有者权益类账户	金额（元）
库存现金	200	负债：	
银行存款	130 000	短期借款	580 000
应收账款	12 000	应付账款	16 500
生产成本	24 000	合计	596 500
原材料	30 000	所有者权益：	
其他应收款	300	实收资本	250 000
固定资产	650 000	所有者权益合计	250 000
总　计	846 500	总　计	846 500

该工厂 3 月发生了下列经济业务：
（1）以银行存款 6 000 元偿还银行借款。
（2）收到外商投资 100 000 元存入银行。
（3）以银行存款 2 500 元，偿还前欠某工厂购货款。
（4）收到购货单位前欠的货款 3 000 元，其中支票 2 700 元存入银行，另收现金 300 元。
（5）以银行存款 20 000 元购买设备一台。
（6）采购员预借差旅费 800 元，以现金付讫。
（7）购进材料一批，计价 15 000 元，以银行存款支付，材料验收入库。
（8）从银行提取现金 500 元，以备零星开支。
（9）生产车间领用材料 10 000 元。
（10）收到某单位投入的设备一台价值 6 000 元。

要求：（1）根据借贷记账原理，分析确定某工厂 3 月份各项经济业务应借、应贷账户的名称和金额编制会计分录。
（2）开设各账户登记期初余额、本期发生额、期末余额，编制试算平表并进行试算平衡。

第四章 制造企业主要经济业务核算

【学习目标】

通过本章的学习，学生应理解制造企业主要经营环节，掌握制造企业资金筹集、供应过程、生产过程、销售过程和财务成果等业务的核算内容。透彻地理解和运用会计复式记账法在现实工作中的应用，达到学以致用的预期目标。

【学习重点与难点】

重点掌握制造企业资金筹集、供应过程、生产过程、销售过程和财务成果等业务的核算。难点掌握复式记账法下账户的设置、会计分录的编写及财务成果的计算。

【引言】

注册资本

注册资本是企业设立时，在国家工商管理部门登记的投资者缴纳的出资额。我国设立企业采用注册资本制，投资者出资达到法定注册资本的要求是企业设立的先决条件之一。《民法通则》规定，设立企业，法人必须要有必要的财产。《企业法人登记管理条例》规定，企业申请开业，必须具备国家规定并与其生产经营和服务规模相适应的资金数额。《中华人民共和国公司法》规定，有限责任公司注册资本的最低限额为人民币 3 万元，股份有限公司注册资本的最低限额为人民币 500 万元。

第一节 筹资业务的核算

任何一个企业的存在和发展，都需要投资者投入资本，企业在日常活动中，都离不开对资本的核算和监督；资本是企业进行生产经营活动的前提条件，有了资本，企业才可以正常开展生产经营活动。一般情况下，企业的资本来源主要有两方面：一是投资者的投资及其增值，形成所有者的权益；二是向债权人借入的资金，形成企业的负债（债权人权益）。在核算中，我们将所有者权益和负债统称为权益，但所有者权益和负债在本质上有很大的区别，在账务处理上也有很大的差异。企业取得资本的来源主要包括所有者投入企业的资本，向金融机构借款、发行债券等方式。

一、所有者权益资本筹集业务的核算

所有者投入的资本是形成企业资产的重要来源，是企业从事生产经营活动的基础，企业所有者权益主要包括所有者投入的资本、直接计入所有者权益的利得和损失、留存收益等。所有者投入资本包括实收资本（股本）和资本公积；直接计入所有者权益的利得，是指企业在非日常活动中形成的、会导致所有者权益增加的、与所有者投入资本无关的经济利益的流入。直接计入所有者权益的损失，是指企业在非日常活动中发生的、会导致所有者权益减少的、与向所有者分配利润无关的经济利益的流出；留存收益是指企业在历年生产经营活动中实现的净利润的留存数，主要包括盈余公积和未分配利润。投入企业的资本包括国家资本、法人资本、外商资本和个人资本。投资者投入的资本可以是货币资金、实物资产、无形资产。

（一）账户的设置

1. 实收资本(或股本)

实收资本（或股本）是指企业所有者按照企业章程或者合同、协议的约定实际投入企业的资本，包括国家、法人、外商和个人投入的资本。该账户属于所有者权益类账户，用来核算企业接受投资者投入企业的资本增减变动和结存数额。该账户贷方登记企业实际收到的投资者投入的资本，借方登记企业资本的减少，期末余额在贷方，表示企业资本的实有数额。根据有关法律规定，企业不得随意减少资本，减少资本时应当由股东会作出决议并向所在地工商行政管理部门提出变更资本的登记。为了保护债权人的利益，只有企业解散或减资时，才能核算投资人撤回的投资额。

该账户应当按照投资者进行明细核算。

该账户常见的业务核算有：企业收到投资者投入的资本，借记"银行存款""原材料""库存商品""固定资产""无形资产"等账户，按其在注册资本或股本中所占份额，贷记该账户，按其差额，贷记"资本公积——资本溢价或股本溢价"账户。企业按法定程序报经批准减少注册资本的，借记该账户，贷记"银行存款"等账户。

2. 资本公积

资本公积是指企业在接受投资者投入资本过程中所引起的各种增值，包括资本溢价（或者股本溢价）以及直接计入所有者权益的利得和损失。该账户属于所有者权益类账户，贷方登记企业出资超过其注册资本或股本中所占的份额以及直接计入所有者权益的利得等，借方登记由于转增资本引起的资本公积的减少数，期末余额在贷方，表示企业资本公积的实有数额。

该账户应当分别按照"资本溢价"或"股本溢价""其他资本公积"进行明细核算。

该账户常见的业务核算有：企业收到投资者投入的资本，借记"银行存款""原材料""库存商品""固定资产""无形资产"等账户，按其在注册资本或股本中所占份额，贷记"实收资本"或"股本"账户，按其差额贷记该账户（资本溢价或股本溢价）。企业经股东大会或类似机构决议，用资本公积转增资本，借记该账户（资本溢价或股本溢价），贷记"实收资本"或"股本"账户。

（二）所有者权益资金筹集业务的总分类核算

【例 4.1】经批准，DN 公司向社会公众发行普通股 2 000 万股，每股面值 1 元，发行价 5 元，所筹集的资金已存入公司银行存款账户，不考虑相关税费（单位：万元）。

借：银行存款　　　　　　　　　　　　　10 000
　　贷：股本　　　　　　　　　　　　　　2 000
　　　　资本公积——股本溢价　　　　　　8 000

解析：该项经济业务发生后，由于 DN 公司发行股票是按 5 元/股发行的，面值是 1 元/股，属于溢价发行，溢价 4 元/股，根据规定发行的股票应按其面值作为股本，超过面值发行取得的金额，其超过面值的部分应作为股本溢价，所以，该项经济业务一方面使公司银行存款增加，应记入"银行存款"账户借方；另一方面使公司的股本和资本公积增加，应记入"股本"和"资本公积"的贷方。

【例 4.2】DN 公司收到 C 公司投入一台设备，按投资双方协议约定该设备公允价值为 30 万元，不考虑相关税费。

借：固定资产——设备　　　　　　　　　300 000
　　贷：实收资本——C 公司　　　　　　　300 000

解析：这项经济业务的发生，一方面使公司的固定资产增加了 300 000，应记入"固定资产"账户借方；另一方面使公司的实收资本增加 300 000，应记入"实收资本"账户的贷方。

【例 4.3】DN 公司收到 H 公司投入的乙材料一批，双方确认该批原材料的价值为 500 000 元，增值税率为 13%（可以抵扣增值税），同时，H 公司在 DN 公司的股本总额中占 400 000 元。

借：原材料——乙材料　　　　　　　　　500 000
　　应交税费——应交增值税(进项税额)　 65 000
　　贷：股本——H 公司　　　　　　　　　400 000
　　　　资本公积——股本溢价　　　　　　165 000

解析：这项经济业务，一方面使公司的原材料增加了 500 000 元，此时原材料入账价值按双方确认的价值为 500 000 元，将增值税 85 000 元单独作为进项税抵扣，不计入原材料的入账价值，即计入"原材料"账户和"应交税费"账户借方；另一方面使公司的股本增加了 400 000 元，而收到投资者投入资本超过其注册资本的金额，应计入"股本"和"资本公积"账户的贷方。

【例 4.4】DN 公司收到 D 公司投入的非专利技术一项，双方约定按 200 000 元入账。

借：无形资产——非专利技术　　　　　　200 000
　　贷：实收资本——D 公司　　　　　　　200 000

解析：这项经济业务的发生，一方面使公司的无形资产增加了 200 000 元，应记入"无形资产"账户的借方；另一方面使公司的股本增加了 200 000 元，应记入"股本账户"的贷方。

二、负债资金筹集业务的核算

企业在生产经营过程中,为了解决资金周转或者扩大规模等需要,向债权人借入资金、赊购材料、赊购设备等,形成企业的负债。负债表示企业债权人对企业资产的要求权,即债权人权益。所谓负债,是指企业过去的交易或者事项形成的、预期会导致经济利益流出企业的现时义务。作为一项负债,必须要有明确的债权人、偿还日期以及偿还金额,潜在的义务不属于负债。负债按其偿还时间分为流动负债和长期负债两类。流动负债是指将在一年或超过一年的一个营业周期内偿还的债务,主要包括短期借款、应付票据、应付账款、预收账款、应付职工薪酬、应交税费、应付利润、其他应付款等;长期负债是指偿还期在一年或超过一年的一个营业周期以上的债务,包括长期借款、应付债券、长期应付款等。在日常活动过程中,企业可以通过赊购货物、预收货款等方式间接取得资本。

【知识拓展】

利息的计算方法

利息的计算方法有单利和复利计算两种。单利计算只计算本金的利息,利息不再计息;复利计息不但要计算本金的利息,还要计算利息的利息。短期借款发生的利息一般按单利计算,其计算公式为:利息额 = 借款本金 × 利率 × 时间。企业发生的短期借款利息额不大,根据重要性原则,可直接作为支付月份的财务费用,计入当期损益。

(一)账户的设置

1. 短期借款

短期借款是指企业向银行或其他金融机构等借入的期限在一年以内(含一年)的各种借款,该账户属于负债类账户,贷方登记借入的各种短期借款,借方登记短期借款的偿还,期末余额在贷方,反映企业尚未偿还的短期借款的本金。

该账户应当按债权人设置明细账,并按借款种类进行明细核算。

该账户常见的业务核算有:企业借入的各种短期借款,借记"银行存款"等科目,贷记该账户;偿还借款时,做相反的会计分录。

2. 长期借款

长期借款是指企业向银行或其他金融机构等借入的偿还期限在一年以上的各种借款。该账户属于负债类账户,贷方登记借入长期借款的本金及到期一次还本付息偿还方式下计提的利息,借方登记偿还的本金及利息,期末余额在贷方,表示企业尚未偿还的长期借款的本金及利息。

该账户应当按照贷款单位、贷款种类等设置明细账。

该账户常见业务的核算有:企业借入长期借款,借记"银行存款"等账户,贷记该账户(本金),按其差额,贷记或借记该账户(利息调整)。资产负债表日,计提长期借款利息,借记"在建工程""财务费用"等，贷记该账户。偿还本金和利息时，借记该账户，贷记"银行存款"账户。

3. 财务费用

财务费用是指企业为筹集生产经营所需资金等而发生的筹资费用，包括利息支出（减利息收入）、汇兑差额以及相关的手续费、企业发生的现金折扣或收到的现金折扣等。

该账户属于损益类账户，借方登记发生的财务费用，贷方登记减少的财务费用（如利息收入、汇兑收益等）。期末，应将本账户的余额转入"本年利润"账户，结转后该账户没有余额。

该账户应当按照费用项目进行明细核算。

该账户常见的业务核算有：企业发生的财务费用，借记该账户，贷记"应付利息""银行存款"等账户。发生应冲减财务费用的利息收入、汇兑差额、现金折扣时，借记"银行存款"等账户，贷记该账户。

4. 应付利息

应付利息是指企业按照合同或协议约定应付的利息，包括短期借款利息、到期还本分期付息的长期借款利息等。该账户属于负债类账户，该账户贷方登记按合同或协议利率计算确定的应付未付利息，借方登记实际支付的利息，期末余额在贷方，反映企业应付但尚未支付的利息。

该账户应当按照债权人进行明细核算。

该账户常见的业务核算有：企业因借款等原因而发生的利息费用，借记"财务费用""研发支出""在建工程"等账户，贷记该账户；实际支付利息时，借记该账户，贷记"银行存款"等账户。

（二）负债资金筹集业务的总分类核算

【例 4.5】DN 公司由于生产经营的需要，2018 年 1 月 1 日向银行取得借款 1 000 万元，期限为 1 年，年利率为 4.5%，利息随本金到期一次支付，所得借款已存入银行。

借：银行存款　　　　　　　　　　　10 000 000
　　贷：短期借款　　　　　　　　　　　　　10 000 000

解析：这项经济业务的发生，一方面使公司的短期借款增加了 10 000 000 元，应记入"短期借款"账户的贷方；另一方面使公司的银行存款账户增加了 10 000 000 元，应记入"银行存款"账户的借方。

【例 4.6】DN 公司 1 月 31 日计提本月银行短期借款利息。

借：财务费用　　　　　　　　　　　37 500
　　贷：应付利息　　　　　　　　　　　　37 500

解析：DN 公司本月应负担借款利息 37 500 元（10 000 000×4.5%÷12），记入"财务费用"账户借方；同时，应由本月负担的借款利息在月末尚未支付，形成一项负债，记入"应付利息"账户贷方。

（注：往后 11 个月月末的会计分录是一样的。）

【4.7】接【4.5】例题，假定借款到期（即 2014 年 1 月 1 日），DN 公司以银行存款偿还到期的短期借款本金及利息。

  借：短期借款   10 000 000
    应付利息   450 000
    贷：银行存款   10 450 000

解析：这项经济业务的发生，一方面使公司的短期借款和应付利息减少了，应记入"短期借款"和"应付利息"账户的贷方；另一方面使公司的银行存款账户减少了，应记入"银行存款"账户的贷方。

【4.8】2018 年 4 月 1 日，DN 公司为了满足生产经营需要而向银行借入 2 年期贷款 3 000 000 元，年利率 6%，借款利息每半年付一次，借款已存入公司的银行账户中。

  借：银行存款   3 000 000
    贷：长期借款——本金   3 000 000

解析：这项经济业务的发生，一方面使公司的银行存款增加了 3 000 000 元，应记入"银行存款"账户的借方；另一方面使公司的长期借款增加了 3 000 000 元，应记入"长期借款"账户的贷方。

【例 4.9】DN 公司 4 月末计提产期借款利息。

  借：财务费用   15 000
    贷：应付利息   15 000

注意：5 月末～9 月末计提的长期借款利息的会计分录同上。

解析：DN 公司每月应负担借款利息 90 000 元（3 000 000×6%÷2）。因此，这项经济业务的发生，一方面使公司的财务费用增加了 90 000 元，记入"财务费用"账户的借方；另一方面使公司的应付利息增加了 90 000 元，应记入"应付利息"账户的贷方。

【例 4.10】DN 公司 10 月 1 日支付长期借款利息。

  借：应付利息   90 000
    贷：银行存款   90 000

解析：这项经济业务的发生，一方面使公司的应付利息减少了 90 000 元，应记入"应付利息"账户的借方；另一方面使公司的银行存款减少了 90 000 元，应记入"银行存款"账户的贷方。

注意：以后每半年支付借款利息处理同上。

【例 4.11】接【4.8】例题，假定借款期限到（即 2020 年 4 月 1 日），DN 公司以银行存款归还到期的借款本金。

  借：长期借款——本金   3 000 000
    贷：银行存款   3 000 000

解析：这项经济业务的发生，一方面使公司的银行存款减少了 3 000 000 元，记入"银行存款"账户的贷方；另一方面使公司负债中的长期借款减少了 3 000 000 元，应记入"长期借款"账户的借方。

第二节　供应过程业务的核算

企业进行产品生产，需要提前做好物资准备工作，如购建厂房、机器设备和购买生产过程所需消耗的各种材料，即准备劳动资料和劳动对象。因此，本节主要介绍两个内容，即固定资产购建业务的核算和材料采购业务的核算。

一、固定资产构建业务的核算

（一）固定资产概述

固定资产是指同时具有以下特征的有形资产：① 生产商品、提供劳务、出租或经营管理而持有的；② 使用寿命超过一个完整的会计年度。

从定义可以看出，作为企业的固定资产应具备以下两个特征：

第一，企业持有固定资产的目的，是为了生产商品、提供劳务、出租或经营管理的需要，而不是直接用于出售。这是固定资产最基本的特征，从而使固定资产明显区别于库存商品等流动资产。

第二，使用寿命超过一个会计年度。这一特征表明企业固定资产的收益期超过一年，固定资产能在超过一年的时间里为企业创造经济利益。

在生产经营中，根据不同的管理需要和核算要求以及不同的分类标准，可以对固定资产进行不同的分类。

（二）固定资产的分类

1. 按经济用途分类

按固定资产的经济用途分类，可分为生产经营用固定资产和非生产经营用固定资产。

（1）生产经营用固定资产，是指直接服务于企业生产、经营过程的各种固定资产，如生产经营用的房屋、建筑物、机器、设备、器具、工具等。

（2）非生产经营用固定资产，是指不直接服务于生产、经营过程的各种固定资产，如职工宿舍、食堂、浴室、理发室等使用的房屋、设备和其他固定资产等。

按照固定资产的经济用途分类，可以归类反映和监督企业生产经营用固定资产和非生产经营用固定资产之间以及生产经营用各类固定资产之间的组成和变化情况，借以考核和分析企业固定资产的利用情况，促使企业合理地配备固定资产，充分发挥其效用。

2. 按使用情况分类

按固定资产的使用情况分类，可分为使用中的固定资产、未使用的固定资产和不需用的固定资产。

（1）使用中的固定资产，是指正在使用中的经营性和非经营性的固定资产。由于季节性经营或大修理等原因，暂时停止使用的固定资产仍属于企业使用中的固定资产；企业出租给其他单位使用的固定资产和内部替换使用的固定资产，也属于使用中的固定资产。

（2）未使用的固定资产，是指已完工或已购建的尚未交付使用的新增固定资产以及因进行改建、扩建等原因暂停使用的固定资产，如企业购建的尚待安装的固定资产、经营任务变更停止使用的固定资产等。

（3）不需用的固定资产，是指本企业多余或不适用，需要调配处理的各种固定资产。

按照固定资产的使用情况分类，有利于反映企业固定资产的使用情况，便于分析固定资产的利用效率，挖掘使用潜力，促使企业合理使用固定资产。

3. 按所有权分类

按固定资产的所有权分类，可分为自有固定资产和租入固定资产。

（1）自有固定资产，是指企业拥有所有权，可自由支配使用的固定资产。

（2）租入固定资产，是指企业采用融资租赁方式租入的固定资产。该固定资产的所有权仍属于出租单位，但企业拥有其使用权和实质性的控制权。

4. 按经济用途和使用情况综合分类

按固定资产的经济用途和使用情况等综合分类，可把企业的固定资产划分为七大类：

（1）生产经营用固定资产。

（2）非生产经营用固定资产。

（3）租出固定资产（指在经营租赁方式下出租给外单位使用的固定资产）。

（4）不需用固定资产。

（5）未使用固定资产。

（6）土地，指过去已经估价单独入账的土地。因征地而支付的补偿费，应计入与土地有关的房屋、建筑物的价值内，不单独作为土地价值入账。企业取得的土地使用权，应作为无形资产管理，不作为固定资产管理。

（7）融资租入固定资产，指企业以融资租赁方式租入的固定资产，在租赁期内，应视同自有固定资产进行管理。

由于企业的经营性质不同，经营规模各异，对固定资产的分类不可能完全一致。在但实际工作中，企业大多采用综合分类的方法作为编制固定资产目录，进行固定资产核算的依据。

（三）账户设置

在日常活动中，为了对固定资产进行会计核算，企业一般需要设置"固定资产""工程物资""在建工程"等科目，核算固定资产取得情况。

1. 固定资产

该账户属于资产类账户，核算企业取得固定资产的原价。该账户借方登记企业增加的固定资产原价，贷方登记企业减少的固定资产原价，期末余额在借方，反映企业期末固定资产的账面原价。

2. 工程物资

该账户属于资产类账户，核算企业为基建工程等而准备的各种物资的实际成本。该账户借方登记企业购入工程物资的实际成本，贷方登记减少工程物资的实际成本，期末余额在借方，反映企业为工程购入但尚未领用的物资的实际成本。

3. 在建工程

该账户属于资产类账户，核算企业进行建造工程、安装工程等发生的实际成本，包括需要安装的设备的价值等。该账户借方登记企业各项在建工程的实际成本，贷方登记完工工程转出的实际成本，期末余额在借方，反映企业尚未完工的在建工程的实际成本。

（四）固定资产取得的核算

固定资产取得的渠道很多，有外购固定资产、自行建造固定资产、投资者投入固定资产、接受捐赠固定资产等。

1. 购入固定资产的核算

企业外购固定资产的成本，应由实际支付的买价和相关税费，以及为使固定资产达到预定可使用状态所发生的可直接归属于该资产的其他支出，如场地整理费、运输费、装卸费和专业人员服务费等构成，作为固定资产的入账价值。注意：若企业为增值税一般纳税人，则企业购进机器设备等固定资产支付的增值税进项税额不纳入固定资产成本核算，可以在销项税额中抵扣。

（1）购入不需要安装的固定资产。企业购入的不需要安装的固定资产，是指企业购置的不需要安装即可直接交付使用的固定资产，即不需要安装直接达到预定可使用状态的固定资产。

购入不需要安装的固定资产，应按购入时实际支付的购买价款、相关税费，以及为使固定资产达到预定可使用状态所发生的可直接归属于该资产的其他支出，作为固定资产的入账价值，借记"固定资产"账户，按照可抵扣的增值税进项税额，借记"应交税费——应交增值税(进项税额)"账户，贷记"银行存款"等账户。

【例4.12】2019年1月1日，DN公司购入不需要安装的设备一台，价款10 000元，增值税税率为13%，另支付运输费300元，包装费500元。款项以银行存款支付。假设该企业为一般纳税人，该企业会计处理如下：

  借：固定资产   10 800
    应交税费——应交增值税(进项税额) 1 300
    贷：银行存款   12 100

该固定资产的原价 = 10 000 + 300 + 500 = 10 800（元）

解析：这项业务的发生，一方面，使公司固定资产增加及应交税费减少，记入"固定资产""应交税费——应交增值税（进项税额）"账户借方；另一方面，使公司银行存款减少，记入"银行存款"账户贷方。

（2）购入需要安装的固定资产。企业购入需要安装的固定资产，是指企业购置的需要经过安装以后才能交付使用的固定资产,即需要安装才能达到预定可使用状态的固定资产。

购入需要安装的固定资产,应在购入的固定资产取得成本的基础上加上安装调试成本等,作为购入固定资产的成本,先通过"在建工程"账户核算,待安装完毕达到预定可使用状态后,再由"在建工程"账户转入"固定资产"账户。

企业购入固定资产时,按实际支付的购买价款、运输费、装卸费和其他相关税费等,借记"在建工程"账户;按照可抵扣的增值税进项税额,借记"应交税费——应交增值税(进项税额)"账户,贷记"银行存款"等账户。支付安装费用时,借记"在建工程"账户,贷记"银行存款"等账户;安装完毕达到预定可使用状态时,按其实际成本,借记"固定资产"账户,贷记"在建工程"账户。

【例 4.13】2019 年 2 月 10 日,DN 公司购入一台需要安装的设备,取得的增值税专用发票上注明的设备买价为 50 000 元,增值税率为 13%,支付的运输费为 1 000 元,设备运抵企业后由供货商安装,支付安装费 4 000 元,款项均以银行存款支付。

(1)付设备价款、税金、运输费:

　　借:在建工程　　　　　　　　　　　　　　51 000
　　　　应交税费——应交增值税(进项税额)　　6 500
　　　　贷:银行存款　　　　　　　　　　　　　　　　57 500

(2)付安装费:

　　借:在建工程　　　　　　　　　　　　　　4 000
　　　　贷:银行存款　　　　　　　　　　　　　　　　4 000

(3)备安装完毕交付使用:

　　　　确定的固定资产价值 = 51 000 + 4 000 = 55 000(元)

　　借:固定资产　　　　　　　　　　　　　　55 000
　　　　贷:在建工程　　　　　　　　　　　　　　　　55 000

2. 投资者投入固定资产的核算

投资者投入的固定资产,应当按照投资合同或协议约定的价值,作为固定资产的入账价值,借记"固定资产"账户,贷记"实收资本"等账户。

【例 4.14】DN 公司收到乙企业作为资本投入的不需要安装的机器设备一台。该设备按投资合同或协议确认的价值为 62 000 元。

　　借:固定资产　　　　　　　　　　　　　　62 000
　　　　贷:实收资本——乙企业　　　　　　　　　　　62 000

解析:这项经济业务的发生,一方面使固定资产增加,应记入"固定资产"账户借方;另一方面使实收资本增加,应记入"实收资本"账户贷方。

3. 自行建造方式获得固定资产的核算

自行建造的固定资产是指企业自行建造房屋、建筑物、各种设施等,按实际发生的各项支出,记入"在建工程"账户的借方,工程完工达到预定可使用状态后,办理竣工结算交付使用时,按累计发生的实际支出作为固定资产的成本,从"在建工程"账户贷方转入"固定资产"账户借方。

【例 4.15】DN 公司自行建造生产线一条，有关业务如下：

（1）公司购入为工程准备的物资 900 000 元，支付的增值税 117 000 元，款项已通过银行支付。

  借：工程物资   900 000
    应交税费——应交增值税(进项税额) 117 000
   贷：银行存款   1 017 000

解析：这项经济业务的发生，一方面使公司工程物资增加，应记入"工程物资"账户借方，增值税可以抵扣应记入"应交税费——应交增值税（进项税额）"借方；另一方面使公司银行存款减少，应记入"银行存款"账户贷方。

（2）生产线开始动工，领用工程物资 900 000 元。

  借：在建工程   900 000
   贷：工程物资   900 000

解析：这项经济业务的发生，一方面使工程物资减少，应记入"工程物资"账户贷方；另一方面使在建工程成本增加，应记入"在建工程"账户借方。

（3）生产线建设有关工程成员工资为 10 000 元。

  借：在建工程   10 000
   贷：应付职工薪酬   10 000

解析：这项经济业务的发生，一方面使在建工程成本增加，应记入"在建工程"账户借方；另一方面使应付职工薪酬增加，应记入"应付职工薪酬"账户贷方。

（4）生产线建设工程投入使用。

  借：固定资产   910 000
   贷：在建工程   910 000

解析：这项经济业务的发生，一方面使固定资产增加，应记入"固定资产"账户借方；另一方面使在建工程成本减少，应记入"在建工程"账户贷方。

二、材料采购业务的核算

材料是企业生产经营中不可缺少的物质要素，在生产经营中起着重要的作用，有的被劳动者用来进行加工，构成产品的实体；有的虽然不构成产品实体，但有助于产品的形成；有的在生产经营中作为物料被消耗。尽管材料在生产经营过程中所起的作用不同，但它们都具有共同的特点：一次性地参加生产经营、经过一个生产周期就要全部消耗掉或改变其原有的实物形态；同时，其价值也随着其实物的消耗，一次性地全部转移到产品价值中去，通过产品销售，价值得到一次性补偿。

（一）原材料的分类

原材料按其在生产经营过程中的不同作用，一般可分为以下六类：

1. 原料及主要材料

原料及主要材料是指经过加工后能够构成产品主要实体的各种原料和主要材料。原料是指没有经过加工的材料，如纺纱用的原棉、制糖用的甘蔗、冶炼用的铁矿石等；主要材料是指经过加工过的材料，如织布用的棉纱、机器制造用的钢材等。

2. 外购半成品

外购半成品是指从外部购入，需经本企业进一步加工或装配的已加工过的原材料。如织布厂外购的棉纱、汽车制造厂外购的轮胎等。外购半成品也可归入原料及主要材料，而不单设一类。

3. 辅助材料

辅助材料是指直接用于生产，在生产中起辅助作用，不构成产品主要实体的各种材料。按其在生产中所起作用不同，又可分为：① 加入产品实体与主要材料相结合，或使主要材料发生变化，或给予产品某种性能，如染料、油漆、催化剂等；② 被劳动工具所消耗，如维护机器设备用的润滑油和防锈剂等；③ 为创造正常劳动条件而消耗的，如清洁工作地点的各种用具等。

4. 燃料

燃料是指工艺技术过程或非工艺技术过程用来燃烧取得热能的各种材料，包括固体燃料、液体燃料和气体燃料。

5. 修理用备件（备品备件）

修理用备件是指为修理本企业机器设备和运输工具所专用的各种备品备件，如轴承、齿轮等。修理用零件一般也可归入辅助材料。

6. 包装材料

一般用包装材料，如纸张、麻绳、铁皮等，也可归入辅助材料类。

（二）账户设置

为了核算和监督材料的增减变动和结存情况，应设置"在途物资""原材料""应付账款""应付票据""预付账款""应交税费""材料采购""材料成本差异"等账户。

1. 在途物资

该账户属于资产类账户，核算企业采用实际成本法进行材料、商品等物资的日常核算，表示已经购买，但尚未验收入库的在途物资的采购成本。该账户借方登记企业购入的在途物资的实际成本，贷方登记验收入库的在途物资的实际成本，期末余额在借方，反映企业在途材料、商品等物资的采购成本。

该账户可按供应单位和物资品种进行明细核算。

该账户常见的业务核算有：企业购入材料、商品，按应计入材料、商品的采购成本，借记该账户，按可抵扣的增值税，借记"应交税费——应交增值税（进项税）"；按实际支付或应付的款项，贷记"银行存款""应付账款""应付票据"等账户。购入的材料、商品验收入库时，借记"原材料""库存商品"等账户，贷记该账户。

2. 原材料

该账户属于资产类账户，用于核算企业库存各种材料的收发与结存情况。该账户借方登记入库材料的成本，贷方登记发出材料的成本，期末余额在借方，反映企业库存材料的实际成本或计划成本。

该账户应当按照材料的保管地点（仓库）、材料的类别、品种和规格等进行明细核算。

该账户常见的业务核算有：外购已经验收入库的材料，按计划成本或实际成本，借记该账户，按实际成本贷记"在途物资"或"材料采购"账户，按计划成本与实际成本的差异，借记或贷记"材料成本差异"账户。自制并已经验收入库的材料，按计划成本或实际成本，借记该账户，按实际成本，贷记"生产成本"等账户，按计划成本与实际成本的差异，借记或贷记"材料成本差异"账户。

3. 应付账款

该账户属于负债类账户，用来核算企业因购买材料、商品和接受劳务等应付的各种款项。该账户贷方登记因购买货物或接受劳务等发生的应付未付的款项，借方登记已经支付的款项或已经开出承兑商业汇票抵付的应付款项，期末余额一般在贷方，反映企业尚未支付的应付账款。

该账户应当按照不同的债权人进行明细核算。

该账户常见的业务核算有：企业购入材料、商品等验收入库，但货款尚未支付，根据有关凭证（发票账单、随货同行发票上记载的实际价款或暂估价值），借记"原材料""在途物资"等账户，按可抵扣的增值税额，借记"应交税费——应交增值税（进项税额）"等账户；按应付的款项，贷记该账户。接受供应单位提供劳务而发生的应付未付款项，根据供应单位的发票账单，借记"生产成本""管理费用"等账户，贷记该账户。支付款项时，借记该账户，贷记"银行存款"等账户。企业如有确实无法支付的应付账款，应按其账面余额，借记该账户，贷记"营业外收入"账户。

4. 应付票据

该账户属于负债类账户，用来核算企业购买材料、商品和接受劳务等而开出、承兑的商业汇票，包括银行承兑汇票和商业承兑汇票。贷方登记企业开出、承兑汇票或以承兑汇票抵付货款的金额，借方登记已支付的到期商业汇票的金额，期末余额在贷方，反映企业尚未到期的商业汇票的余额。

在日常工作中，企业可以设置"应付票据备查簿"，详细登记每一商业汇票的种类、号数和出票日期、到期日、票面余额和收款人姓名或单位名称以及付款日期和金额等信息。应付票据到期结清时，应当在备查簿内逐笔注销。

该账户常见的业务核算有：

企业开出、承兑商业汇票或以承兑商业汇票抵付货款、应付账款时，借记"材料采购""原材料""应付账款""应交税费——应交增值税（进项税额）"等账户，贷记该账户。支付银行承兑汇票的手续费，借记"财务费用"账户，贷记"银行存款"账户。支付款项时借记该账户，贷记"银行存款"账户。应付票据到期，如企业无力支付票款，按应付票据的票面价值，借记该账户，贷记"应付账款""短期借款"账户。

5. 预付账款

该账户属于资产类账户，用来核算企业按照合同或协议约定预付给供应单位或者提供劳务单位的款项。借方登记按合同或协议约定预付给供应单位或者提供劳务单位的款项和补付的款项，贷方登记收到货物或接受劳务的应付金额和收到退回多付的款项。期末余额如果在借方，反映企业预付的款项；期末余额如果在贷方，反映企企尚未补付的款项。

该账户应当按照供应单位进行明细核算。

该账户常见的业务核算有：

企业因购货而预付的款项，借记该账户，贷记"银行存款"账户。收到所购物资时，按应计入购入物资成本的金额，借记"在途物资"或"原材料""库存商品"等账户，按可抵扣的增值税额，借记"应交税费—应交增值税（进项税额）"账户，按应付金额，贷记该账户。补付的款项，借记该账户，贷记"银行存款"账户；退回多付的款项，借记"银行存款"账户，贷记该账户。

6. 应交税费

该账户属于负债类账户，用来核算企业按照税法规定计算应交纳的各种税费，包括增值税、营业税、消费税、所得税、资源税、土地增值税、城市维护建设税、房产税、土地使用税、车船税、教育费附加、矿产资源补偿费等。该账户贷方登记企业按规定计算应交纳的各种税费，借方登记实际缴纳的各种税费，期末余额一般在贷方，反映企业尚未交纳的各种税费；期末余额如果在借方，反映企业多交或尚未抵扣的各种税费。

该账户一般按照应交税费的税种进行明细核算，应交增值税还应分别"进项税额""销项税额""出口退税""进项税额转出""已交税金"等设置专栏进行明细核算。其中"应交税费——应交增值税"账户是用来核算和监督企业应交和实交增值税结算情况的账户。企业购买固定资产、材料物资时交纳的增值税进项税额记入该账户的借方，企业销售货物时向购买单位收取的销项税额记入该账户的贷方。

该账户常见的业务核算有：

企业采购物资和固定资产时，按计入成本的金额，借记"材料采购""在途物资"或"原材料""库存商品""固定资产"等账户，按可抵扣的增值税额，借记该账户[应交增值税——（进项税额）]，按应付或实际支付的金额，贷记"应付账款""应付票据""银行存款"等账户。购入货物如果发生的退货，做相反的会计分录。

销售货物或提供应税劳务，按营业收入和应收取的增值税额，借记"应收账款""应收票据""银行存款"等账户，按增值税专用发票注明的增值税额，贷记该账户[应交增值税销项税额]，按实现的营业收入，贷记"主营业务收入""其他业务收入"账户。如果发生的销售退回，做相反的会计分录。

小规模纳税人以及购入材料不能取得增值税专用发票的，发生的增值税计入材料的成本。

(三) 材料采购业务的总分类核算

材料采购业务在实际工作中可以分为按计划成本入账和按实际成本入账两种。按计划成本入账发生的材料采购成本应先通过"材料采购"账户核算。如果没有特别说明，本书采购材料业务是按实际成本核算的，在此只介绍按实际成本入账。

材料采购业务核算主要涉及收料和付款业务两方面。收料应由物资仓库办理收料手续，会计部门根据物资仓库部门转来的收料单和供应单位开出的发票账单办理付款并记账。

【例 4.16】DN 公司为一般纳税人，向 A 厂购买甲材料，收到 A 厂开出的增值税专用发票注明，数量 1 000 千克，单价 5 元，价款 5 000 元，增值税额 650 元，对方代垫运杂费 150 元，款项均以银行存款付讫，材料尚未验收入库。

　　借：在途物资——甲材料　　　　　　　　　　5 150
　　　　应交税费——应交增值税（进项税额）　　650
　　　贷：银行存款　　　　　　　　　　　　　　　　5 800

解析：这项经济业务的发生，一方面发生材料买价 5 000 元、运杂费 150 元，两者均构成材料采购成本，应记入"在途物资"账户借方，同时发生可抵扣的进项税额 650 元，应记入"应交税费"账户借方；另一方面有关款项均以存款支付，应记入"银行存款"账户贷方。

【例 4.17】DN 公司向 NF 公司购进丙材料 2 000 千克，单价 20 元，增值税税率为 13%，对方代垫运杂费 700 元，款项尚未支付，材料尚未验收入库。

　　借：在途物资——丙材料　　　　　　　　　　40 700
　　　　应交税费——应交增值税（进项税额）　　5 200
　　　贷：应付账款——NF 公司　　　　　　　　　45 900

解析：这项经济业务的发生，一方面发生材料采购成本 40 700 元，（其中买价 40 000 元，运杂费 700 元），应记入"在途物资"账户借方，同时由于采购材料发生的进项税额 5 200 元记入"应交税费"账户的借方；另一方面由于应付的款项未付使公司负债增加，应记入"应付账款"账户贷方。

【例 4.18】DN 公司向 NF 公司购进丙材料 2 000 千克，单价 20 元，增值税税率为 13%，对方代垫运杂费 700 元，DN 公司开出并承兑一张期限为 3 个月的商业汇票给 NF 公司，材料尚未验收入库。

　　借：在途物资——丙材料　　　　　　　　　　40 700
　　　　应交税费——应交增值税（进项税额）　　5 200
　　　贷：应付票据——NF 公司　　　　　　　　　45 900

解析：这项经济业务的发生，一方面发生材料采购成本 40 700 元，（其中买价 40 000 元，运杂费 700 元），应记入"在途物资"账户借方，同时由于采购材料发生的进项税额 5 200 元记入"应交税费"账户的借方；另一方面由于开出商业汇票支付款项使公司负债增加，应记入"应付票据"账户贷方。

【例 4.19】DN 公司根据合同规定，以银行存款向 XF 公司预付购买甲材料的货款 10 000 元。

　　借：预付账款——XF 公司　　　　　　　　　10 000
　　　贷：银行存款　　　　　　　　　　　　　　　　10 000

解析：这项经济业务的发生，一方面使公司的银行存款减少，应记入"银行存款"账户贷方；另一方面使公司预付账款增加，应记入"预付账款"账户借方。

【例 4.20】DN 公司收到 XF 公司运来的甲材料，增值税专用发票注明甲材料 2 000 千克，单价 10 元，价款 20 000 元，增值税 2 600 元。承接【例 3.19】中预付货款 10 000 元，材料未验收入库。

借：在途物资——甲材料　　　　　　　　　20 000
　　应交税费——应交增值税（进项税额）　 2 600
　　贷：预付账款——XF 公司　　　　　　　　　22 600

解析：这项经济业务的发生，一方面发生材料买价 20 000 元，应记入"在途物资"账户借方，同时，购买材料发生的增值税进项税额应记入"应交税费"账户借方；另一方面由于购买甲材料采用预付货款方式，收到材料时应按实际应付金额 22 600 元记入"预付账款"贷方。

【例 4.21】DN 公司以银行存款补付欠 XF 公司甲材料的货款。

借：预付账款——XF 公司　　　　　　　　12 600
　　贷：银行存款　　　　　　　　　　　　　　 12 600

解析：这项经济业务的发生，一方面购买甲材料补付货款 13 400 元应记入"预付账款"借方；另一方面银行存款减少，应记入"银行存款"贷方。

【例 4.22】DN 公司开出一张转账支票，支付欠 NF 公司购买丙材料的货款 4 7500 元。

借：应付账款——NF 公司　　　　　　　　45 900
　　贷：银行存款　　　　　　　　　　　　　　 45 900

解析：这项经济业务的发生，一方面使公司欠 NF 公司的材料款减少，应记入"应付账款"的借方；另一方面公司开出转账支票，使银行存款减少，应记入"银行存款"的贷方。

【例 4.23】DN 公司向恒信公司采购甲材料 2 000 千克、乙材料 1 000 千克，单价分别 5 元、10 元，增值税率为 13%，款项以银行存款支付，材料还在运输途中。

借：在途物资——甲材料　　　　　　　　　10 000
　　　　　　——乙材料　　　　　　　　　10 000
　　应交税费——应交增值税（进项税额）　 2 600
　　贷：银行存款　　　　　　　　　　　　　　 22 600

解析：这项经济业务的发生，一方面，甲、乙材料买价构成采购成本，由于材料未到，应记入"在途物资"借方，同时购买材料发生的增值税进项税额应记入"应交税费"账户借方；另一方面，公司的银行存款减少，应记入"银行存款"贷方。

当企业同时购进两种或两种以上材料时发生的采购费用，如果能分清对象的，可以直接记入各种材料的采购成本。不能分清对象的，应选择适当的分配标准在有关各种材料当中进行合理分配，再分别记入各种材料的采购成本。其计算公式如下：

$$材料采购的费用分配率 = 材料采购费用/分配标准合计 \times 100\%$$

上式中的分配标准可选择购入材料的重量、体积、买价、件数等，在实际工作中，可根据具体情况选择使用。

$$某材料应负担的采购费用 = 某种材料分配标准数 \times 材料采购费用分配率$$

【例 4.24】 DN 公司以银行存款支付甲、乙两种材料的运杂费 900 元（按重量分配）。

借：在途物资——甲材料　　　　　　600
　　　　　　——乙材料　　　　　　300
　　贷：银行存款　　　　　　　　　　　　900

由于公司同时采购甲、乙两种材料，故支付的运杂费需要采用一定的分配标准在两种材料之间分配。

$$运杂费分配率 = 900/(2\,000 + 1\,000) = 0.3（元/千克）$$
$$甲材料应负担的运杂费 = 2\,000 \times 0.3 = 600（元）$$
$$乙材料应负担的运杂费 = 1\,000 \times 0.3 = 300（元）$$

【例 4.25】 承接【例 4.23】【例 4.24】DN 公司购入的甲、乙两种材料均已验收入库，结转其采购成本。

借：原材料——甲材料　　　　　　10 600
　　　　　——乙材料　　　　　　10 300
　　贷：在途物资——甲材料　　　　　　10 600
　　　　　　　　——乙材料　　　　　　10 300

第三节　生产过程业务的核算

制造企业的主要经营活动是生产过程，生产过程既是物化劳动和活劳动的消耗过程，同时也是价值的创造过程。在生产时，必然要发生各种消耗，如消耗各种材料、支付职工工资，以及厂房、机器、设备等磨损损耗的价值而提取的折旧费等。这些耗费是在生产商品、提供劳务等日常活动中所发生的经济利益流出，称为费用。能按产品对象化的费用构成制造成本，不能按产品对象化的费用构成期间费用。

一、生产过程项目的分类

（一）制造成本

制造成本是指企业为生产一定种类和数量的产品所发生的各种费用的总和，它必须按一定数量和种类的产品进行归集。制造成本的构成项目一般包括直接材料、直接人工和制造费用。

直接材料，指生产产品过程中，用于构成产品实体而耗用的原料、主要材料及虽然不构成产品实体，但有助于产品形成的各种辅助性材料等。

直接人工，指企业直接从事产品生产的工人的各项职工薪酬，包括工资、奖金、津贴补贴、福利等。

制造费用，指企业生产产品过程中发生的，不能直接计入某项产品成本、经过一定分配标准计入产品成本的各项间接费用，它通常包括车间管理部门发生的费用、车间机物料损耗等。

（二）期间费用

期间费用是指在生产过程中发生的，与制造产品没有直接关系的各项费用，它在发生时直接计入当期损益。期间费用主要包括管理费用、销售费用和财务费用。

管理费用是指为组织和管理企业的生产经营活动而发生的各项费用，包括企业的董事会和行政管理部门在企业的经营管理中发生的或者应由企业统一负担的公司经费（包括行政管理部门职工薪酬、修理费、物料消耗、低值易耗品摊销、办公费和差旅费等）、工会经费、董事会费（包括董事会成员津贴、会议费和差旅费等）、聘请中介机构费、咨询费（含顾问费）、诉讼费、业务招待费、房产税、车船使用税、土地使用税、印花税、技术转让费、矿产资源补偿费、研究费用、排污费等。

销售费用是指企业在销售商品和材料、提供劳务的过程中发生的各项费用，包括保险费、包装费、展览费和广告费、商品维修费、预计产品质量保证损失、运输费、装卸费等，以及为销售本企业商品而专设的销售机构（含销售网点、售后服务网点等）的职工薪酬、业务费、折旧费等。

财务费用是指企业为筹集生产经营所需资金等而发生的筹资费用，包括利息支出（减利息收入）、汇兑差额以及相关的手续费、企业发生的现金折扣或收到的现金折扣等。

生产过程业务核算的主要内容包括产品生产中各项费用的发生、归集、分配和产品制造成本的核算。

二、账户的设置

（一）生产成本

该账户属于成本类账户，核算企业进行产品生产过程发生的各项生产费用，包括生产耗费的各种材料物料、生产工人的职工薪酬及分配转入的间接费用。该账户借方登记企业为生产产品而发生的各项直接费用以及应由产品成本负担的间接费用，贷方登记已经生产完工并验收入库的产品以及自制半成品等的实际成本，期末余额借方，反映企业尚未生产完工的各项产品的成本。

该账户应当按照基本生产成本和辅助生产成本进行明细核算。

该账户常见的业务核算有：企业发生的各项直接生产费用，借记该账户（基本生产成本、辅助生产成本），贷记"原材料""库存现金""银行存款""应付职工薪酬"等账户。企业各生产车间应负担的制造费用，借记该账户（基本生产成本、辅助生产成本），贷记"制造费用"账户。企业辅助生产车间为基本生产车间、企业管理部门和其他部门提供的劳务和产品，月末按照一定的分配标准分配给各受益对象，借记该账户（基本生产成本）、"管理费用""销售费用""其他业务成本""在建工程"等账户，贷记该账户（辅助生产成本）。企业已经生产完成并已验收入库的产成品以及入库的自制半成品，应于月末，借记"库存商品"等账户，贷记本账户（基本生产成本）。

（二）制造费用

该账户属于成本类账户，核算企业生产车间、部门为生产产品和提供劳务而发生的各项间接费用。主要包括车间管理人员工资及福利费、折旧费、修理费、办公费、水电费、机物料消耗、劳动保护费、季节性生产和修理期间的停工损失等。该账户借方登记各项间接费用的发生数，贷方登记分配计入有关成本计算对象的间接费用。除季节性的生产性企业外，本账户期末转入生产成本，结转后无余额。

该账户应当按照不同的生产车间、部门和费用项目进行明细核算。

该账户常见的业务核算有：生产车间发生的机物料消耗，借记该账户，贷记"原材料"等账户；发生的生产车间管理人员的工资等职工薪酬，借记该账户，贷记"应付职工薪酬"账户；生产车间计提的固定资产折旧，借记该账户，贷记"累计折旧"账户；生产车间支付的办公费、修理费、水电费等，借记该账户，贷记"银行存款"等账户；发生季节性的停工损失，借记该账户，贷记"原材料""应付职工薪酬""银行存款"等账户。期末，将制造费用分配转入有关的成本核算对象，借记"生产成本（基本生产成本、辅助生产成本）""劳务成本"账户，贷记该账户。

（三）管理费用

该账户属于损益类账户，核算企业为组织和管理企业生产经营活动所发生的各项管理性费用。该账户借方登记实际发生的各项管理性费用，贷方登记其冲减和转入"本年利润"账户的金额，期末，该账户无余额。

该账户应当按照费用项目进行明细核算。

该账户常见的业务核算有：企业在筹建期间内发生的开办费（包括人员工资、办公费、培训费、差旅费、印刷费、等），借记该账户，贷记"银行存款"；董事会、行政管理部门人员的职工薪酬，借记该账户，贷记"应付职工薪酬"账户；行政管理部门计提的固定资产折旧，借记该账户，贷记"累计折旧"账户；发生的办公费、修理费、水电费、业务招待费、聘请中介机构费、咨询费、诉讼费、技术转让费、研究费用时，借记该账户，贷记"银行存款""研发支出"等账户。

（四）应付职工薪酬

该账户属于负债类账户，核算企业为获取职工提供的劳务而支付给职工的各种形式的报酬。该账户贷方登记企业按规定计算应付给职工的各种薪酬，借方登记实际支付给职工的各种报酬，期末余额在贷方，反映企业应付但尚未付的职工薪酬。

该账户应当按照工资、福利、社会保险费、住房公积金、工会经费、职工教育经费等项目进行明细核算。

该账户常见的业务核算有：企业按照有关规定向职工支付工资、奖金、津贴等，借记本账户,贷记"银行存款""库存现金"等;从应付职工薪酬中扣还的各种款项(代垫的家属药费、个人所得税等),借记该账户,贷记"其他应收款""应交税费——应交个人所得税"等;向职工支付职工福利费,借记该账户,贷记"银行存款""库存现金";支付工会经费和职工教育经费,借记该账户,贷记"银行存款"等;按照国家有关规定缴纳社会保险费和住房公积金,借记该账户,贷记"银行存款";企业因解除与职工的劳动关系向职工给予的补偿,借记本账户,贷记"银行存款""库存现金"等。

企业应当根据职工提供服务的受益对象,对发生的职工薪酬进行处理:基本生产车间人员的职工薪酬,借记"生产成本"、车间管理人员的职工薪酬借记"制造费用"、提供劳务人员的职工薪酬借记"劳务成本",贷记该账户。管理部门人员的职工薪酬,借记"管理费用",贷记该账户。销售人员的职工薪酬,借记"销售费用",贷记该账户。应由在建工程、研发支出负担的职工薪酬,借记"在建工程""研发支出",贷记该账户。因解除与职工的劳动关系给予的补偿,借记"管理费用",贷记该账户。

(五)库存商品

该账户属于资产类账户,核算企业自己生产完工验收入库的各种产品、外购的各种商品的成本。该账户借方登记已经验收入库的商品或者产成品的成本,贷方登记发出商品成本,期末余额在借方,反映企业结存各种库存商品的成本。

该账户应当按照库存商品的种类、品种和规格进行明细核算。

该账户常见的业务核算有:企业生产完工验收入库的产成品,按其实际成本借记该账户,贷记"生产成本"账户。对外销售产成品或商品,结转销售成本时,借记"主营业务成本"账户,贷记该账户。

(六)累计折旧

该账户属于资产类的调整账户,核算固定资产累计磨损的价值。该账户贷方登记固定资产计提的折旧数额,借方登记由于固定资产出售、报废、盘亏等减少的折旧数,期末余额在贷方,反映固定资产累计计提的折旧数。

该账户应当按照固定资产的类别或项目进行明细核算。

该账户常见的业务核算有:企业按月计提固定资产折旧,借记"制造费用""销售费用""管理费用""其他业务成本""研发支出"等账户,贷记该账户。

三、生产业务的总分类核算

生产业务的核算,主要包括生产过程中发生的各项费用的归集以及按一定种类的产品汇总各项费用后计算出各种产品的制造成本。

(一)领用材料的核算及费用分配

在生产过程中,消耗的各种材料(如各种原材料及主要材料、辅助材料等),它们有的构成产品成本,计入"生产成本""制造费用"账户;有的不构成产品成本,直接计入当期损益。对于直接用于某种产品生产的材料消耗,应直接计入该产品生产成本,对于由几种产品共同耗用、应由这些产品共同负担的材料费,应当采用合理的标准在各种产品之间进行分配,计入各项目的成本;对于发生的材料间接耗费,应先在"制造费用"账户归集,然后再同其他间接费用一起分配计入各有关产品成本中。

【例 4.26】DN 公司根据"发料凭证汇总表"的记录,1 月份基本生产车间领用 K 材料 500 000 元,辅助生产车间领用 K 材料 40 000 元,车间管理部门领用 K 材料 5 000 元,企业行政管理部门领用 K 材料 4 000 元,合计 549 000 元。甲公司应编制如下会计分录:

```
借:生产成本——基本生产成本          500 000
       ——辅助生产成本          40 000
   制造费用                       5 000
   管理费用                       4 000
   贷:原材料——K 材料                    549 000
```

解析:这项经济业务的发生,一方面,使公司的成本费用增加,记入"生产成本""制造费用""管理费用"账户借方;另一方面,使公司材料减少,记入"原材料"账户贷方。

注意:如果几种产品共同耗用的材料费的分配应做到多耗用多分配,少耗用少分配,同时还应考虑选用那些资料比较容易取得的分配标准,如定额耗用量比例、系数比例等。

(二)直接人工费用的归集与分配

企业在开展生产活动中,都需要职工为企业提供服务,职工通过为企业服务,从企业获得各种形式的报酬,企业应当按照相关规定向职工支付一定数额的薪酬。对企业而言,人工费用主要包括工资和福利费,其中工资是企业根据劳动者提供劳动的数量和质量,按照按劳分配的原则支付给劳动者的劳动报酬,包括各种工资、奖金和津贴等。企业在月末分配职工工资,按职工提供劳务的受益对象分配计入相应的成本费用账户。企业职工除按规定取得工资外,还享受一定的福利待遇,如公费医疗、职工生活困难补助等,也应当按照一定的分配标准计入相应的成本费用。

【例 4.27】DN 公司月末结算本月应付职工薪酬,其中生产 A 产品的职工工资 30 000 元,生产 B 产品的职工工资 20 000 元,车间管理人员工资 5 000 元,行政管理人员工资 15 000 元。

```
借:生产成本——A 产品             30 000
       ——B 产品             20 000
   制造费用                       5 000
   管理费用                      15 000
   贷:应付职工薪酬——工资              70 000
```

解析:这项经济业务的发生,一方面使公司应付给职工的工资增加,记入"应付职工薪酬"账户贷方;另一方面使公司相关成本费用增加,计入相应成本费用项目借方,其中,制造 A 产品、B 产品职工工资直接记入"生产成本"账户借方,车间管理人员工资记入"制造费用"账户借方,行政管理人员工资记入"管理费用"账户借方。

【例 4.28】承接【例 4.27】DN 公司按工资总额的 14%计提职工福利费。

DN 公司计提福利费明细如下：

按照 A 产品工人工资计提数：30 000 × 14% = 4 200（元）

按照 B 产品工人工资计提数：20 000 × 14% = 2 800（元）

按照车间管理人员工资计提数：5 000 × 14% = 700（元）

按照行政管理人员工资计提数：15 000 × 14% = 2 100（元）

借：生产成本——A 产品　　　　　　　4 200
　　　　　　——B 产品　　　　　　　2 800
　　制造费用　　　　　　　　　　　　700
　　管理费用　　　　　　　　　　　　2 100
　贷：应付职工薪酬——职工福利费　　　　9800

解析：公司提取职工福利费时，应按职工提供服务的受益对象分别记入"生产成本""制造费用""管理费用"等账户借方；同时记入"应付职工薪酬"账户贷方。

【例 4.29】DN 公司月初从银行提取现金 70 000 元，准备发放上月职工工资。

借：库存现金　　　　　　　　　　　70 000
　贷：银行存款　　　　　　　　　　　70 000

解析：这项经济业务的发生，一方面使公司现金增加应记入"库存现金"账户借方；另一方面使公司银行存款减少，应记入"银行存款"账户贷方。

【例 4.30】DN 公司以现金发放上月职工工资 70 000 元。

借：应付职工薪酬——工资　　　　　70 000
　贷：库存现金　　　　　　　　　　　70 000

解析：这项经济业务的发生，一方面使公司现金减少，应记入"库存现金"账户贷方；另一方面使公司应付职工薪酬减少，应记入"应付职薪酬"账户借方。

【例 4.31】DN 公司以现金支付小王生活困难补助 1 000 元。

借：应付职工薪酬——职工福利费　　　1 000
　贷：库存现金　　　　　　　　　　　1 000

解析：这项经济业务的发生，一方面使公司现金减少，应记入"库存现金"账户贷方；另一方面职工生活困难补助属应付职工薪酬的支出，应记入"应付职工薪酬"账户借方。

（三）固定资产折旧的核算

固定资产是为生产商品、提供劳务、出租或经营管理而持有的，使用寿命超过一个会计年度的有形资产，主要包括房屋建筑物、机器设备、运输工具等。固定资产属于长期资产，在企业产品生产过程中用来改变或者影响劳动对象的劳动资料。它在生产过程中长期发挥作用，长期保持原有的实物形态，但是，在生产经营过程中会不断地发生磨损或损耗，其价值也慢慢地减少，并以折旧的方式，转移到有关成本费用中。

在会计核算中，"固定资产"账户按原始价值反映其增减变动及结余情况，但固定资产使用过程中会发生磨损或损耗，其价值按照有关规定计算记入相关成本费用。为此需要设置"累计折旧"账户，用来核算固定资产累计损耗的价值。该账户贷方登记固定资产计提折旧数额，借方登记由于出售、报废、盘亏固定资产等原因注销已提折旧数额，期末余额在贷方，反映企业累计提取折旧数额。将"固定资产"账户的借方余额减去"累计折旧"账户贷方余额，即可确定期末固定资产的净值。折旧，是指在固定资产使用寿命内，按照确定的方法对应计折旧额进行系统的分摊。

企业应当对所有的固定资产计提折旧，以下情况除外：已计提足折旧仍继续使用的固定资产、单独计价入账的土地使用权、提前报废的固定资产不再计提折旧。企业应当按月计提固定资产折旧，当月增加的固定资产，当月不计提折旧，从下月开始计提折旧；当月处置的固定资产，当月仍计提折旧，从下月起不计提折旧。计提折旧时，借记"制造费用""管理费用""其他业务成本"等账户，贷记该账户。企业选择计提折旧的方法应当反映与固定资产有关经济利益的预期实现方式有关，其方法有年限平均法、工作量法、双倍余额递减法、年数总和法。

【例 4.32】DN 公司月末计提本月固定资产折旧额 20 000 元，其中生产车间计提折旧 10 000 元，行政管理部门计提折旧 5 000 元，销售部门计提折旧 5 000 元。

  借：制造费用   10 000
    管理费用   5 000
    销售费用   5 000
    贷：累计折旧   20 000

解析：这项经济业务的发生，一方面使公司提取的折旧增加，应记入"累计折旧"账户的贷方；另一方面提取的折旧费构成相关成本费用，应记入"制造费用""管理费用"和"销售费用"账户借方。

（四）其他费用的核算

企业在生产过程中，除了发生以上费用外，还发生一些其他的费用，如耗用水电费、发生办公费和差旅费等。

【例 4.33】DN 公司以银行存款支付本月的水电费 20 000 元，其中车间负担 15 000 元，行政管理部门负担 5 000 元。

  借：制造费用   15 000
    管理费用   5 000
    贷：银行存款   20 000

解析：这项经济业务的发生，一方面使银行存款减少，应记入"银行存款"账户贷方；另一方面使本月成本费用增加，应记入"制造费用"和"管理费用"账户借方。

【例 4.34】DN 公司以银行存款支付本月的办公费 4 000 元，其中车间负担 1 800 元，行政管理部门负担 1 200 元，销售部门负担 1 000 元。

  借：制造费用   1 800
    管理费用   1 200
    销售费用   1 000
    贷：银行存款   4 000

解析：这项经济业务的发生，一方面使公司银行存款减少，应记入"银行存款"账户贷方；另一方面使公司成本费用增加，应记入"制造费用""管理费用"和"销售费用"账户借方。

【例 4.35】 DN 公司财务人员李某出差预借差旅费 5 000 元，公司以现金支付。

借：其他应收款——李某　　　　　　　　　　5 000
　　贷：库存现金　　　　　　　　　　　　　　　　5 000

解析：这项经济业务的发生，一方面使公司的债权增加，应记入"其他应收款"账户借方；另一方面使公司的库存现金减少，应记入"库存现金"账户贷方。

【例 4.36】 承接【例 4.35】李某出差回来，到公司报销差旅费 5 700 元，差额以现金结算。

借：管理费用　　　　　　　　　　　　　　　5 700
　　贷：其他应收款——李某　　　　　　　　　　　5 000
　　　　库存现金　　　　　　　　　　　　　　　　700

解析：这项经济业务的发生，一方面使公司的管理费用增加，应记入"管理费用"账户借方；另一方面使公司的债权和现金减少，应记入"其他应收款"和"库存现金"账户贷方。

【例 4.37】 DN 公司月末以银行存款支付专家咨询费 6 000 元，支付业务招待费 5 000 元。

借：管理费用　　　　　　　　　　　　　　　11 000
　　贷：银行存款　　　　　　　　　　　　　　　　11 000

解析：这项经济业务的发生，一方面使公司的管理费用增加，应记入"管理费用"账户借方；另一方面使公司银行存款减少，应记入"银行存款"账户贷方。

（五）制造费用的归集与分配

制造费用是企业为生产产品和提供劳务而发生的各项间接费用，其主要内容包括企业各个生产部门为组织和管理生产所发生的费用，如各个生产部门管理人员的工资及福利费，生产部门使用的照明费、取暖费、运输费、劳动保护费等。分配制造费用，应选择一定的分配标准，分配标准的选择应坚持"谁受益谁承担"的原则，做到受益大的分配对象承担较多的制造费用；反之则较少。具体计算公式如下：

$$制造费用分配率 = 制造费用总额 / 分配标准合计$$

$$某种产品应负担的制造费用 = 某种产品所占分配标准数 \times 制造费用分配率$$

制造费用的分配标准一般有：① 直接人工工时，各受益对象所耗费的生产工人工时数，可以是实际工时，也可以是定额工时；② 直接人工成本，各受益对象所发生的直接人工成本数；③ 机器工时，各受益对象所消耗的机器工时数，可以是实际工时，也可以是定额工时；④ 直接材料成本或数量，各受益对象所耗用的直接材料成本或数量；⑤ 直接成本，各受益对象所耗用的直接材料成本和直接人工成本之和；⑥ 标准产量，将各产品实际产量换算成标准产量，以各产品的标准产量数作为分配标准。以上标准由企业根据具体情况选择，如果需要更换、重新选择标准，应加以说明。

【例 4.38】 DN 公司月末按生产 A、B 两种产品生产工人工资比例分配结转制造费用。本月，公司发生的制造费用合计金额为 30 000 元，本月生产 A 产品工人工资合计为 40 000 元，生产 B 产品工人工资合计为 20 000 元。

制造费用分配率 = 30 000/（40 000 + 20 000）= 0.5

A 产品应负担制造费用 = 40 000 × 0.5 = 20000（元）

B 产品应负担制造费用 = 20 000 × 0.5 = 10 000（元）

根据分配结果，编制"制造费用分配表"，如表 4.1 所示。

表 4.1 制造费用分配表　　　　　　　　　　　单位：元

应借账户	分配标准	分配率	分配金额
生产成本——A 产品	40 000	0.5	20 000
生产成本——B 产品	20 000	0.5	10 000
合　　计	60 000	0.5	30 000

借：生产成本——A 产品　　　　　　　　20 000
　　　　　　——B 产品　　　　　　　　10 000
　　贷：制造费用　　　　　　　　　　　　　　30 000

解析：这项业务属于结转制造费用到产品的生产成本，一方面使产品成本增加，记入"生产成本"账户借方；另一方面使间接费用减少，记入"制造费用"账户贷方。

（六）完工产品生产成本的计算与结转

期末，应对"生产成本"账户进行结转，计算出本月完工产品成本，并将其从"生产成本"账户贷方转入"库存商品"账户借方，"生产成本"账户的期末借方余额表示本月尚未完工产品的成本。"生产成本"账户应满足以下关系：

期初在产品成本 + 本期发生的生产费用 − 本期完工产品成本 = 期末在产品成本

本期完工产品成本 = 期初在产品成本 + 本期发生的生产费用 − 期末在产品成本

【例 4.39】假设 DN 公司月初 A 产品在产品的总成本为 30 000 元，其中直接材料为 15 000 元，直接人工为 10 000 元，制造费用为 5 000 元；B 产品无期初余额，2014 年 8 月末，A 产品全部完工入库，B 产品完工入库 80%，A、B 产品的"生产成本"账户如表 4.2 和表 4.3 所示。

表 4.2 生产成本明细账

产品名称：A 产品　　　　　　　　　　　　　　　　　　　　　　　　单位：元

2018 年		凭证种类	摘要	成本项目			合计
月	日			直接材料	直接人工	制造费用	
8	1		期初余额	15 000	10 000	5 000	30 000
		略	略	生产领用材料	20 000			50 000
			分配生产工人工资		40 000		90 000
			分配结转制造费用			4 000	94 000
			本月合计	35 000	50 000	9 000	94 000
			结转完工产品成本	35 000	50 000	9 000	94 000

表 4.3　生产成本明细账

产品名称：B 产品　　　　　　　　　　　　　　　　　　　　　　　　　单位：元

2018年		凭证种类	摘要	成本项目			合计
月	日			直接材料	直接人工	制造费用	
8	1		期初余额	0	0	0	0
		略	生产领用材料	18 500			18 500
		略	分配生产工人工资		12 600		31 100
			分配结转制造费用			2 575	33 675
			本月合计	18 500	12 600	2 575	33 675
			结转完工产品成本	14 800	10 080	2 060	26 940
			月末在产品成本	3 700	2 520	515	6 735

借：库存商品——A 产品　　　　　　　　94 000
　　　　　　——B 产品　　　　　　　　26 940
　贷：生产成本——A 产品　　　　　　　　94 000
　　　　　　——B 产品　　　　　　　　26 940

解析：期末结转产品成本，一方面使公司入库产品增加，记入"库存商品"借方；另一方面使公司在产品减少，记入"生产成本"贷方。

第四节　销售过程业务的核算

经过一系列的生产环节，企业制造出符合相关标准、可供对外销售的产品，形成了库存商品。制造出来的商品随着销售的开始进入了销售环节，只有通过销售过程，制造商品发生的成本费用才能够得到补偿，实现资金回笼，保证企业的正常运转。在销售过程中，企业应反映已销售商品实现的收入、已销售商品的实际生产成本、销售产品应承担的税金以及在销售过程中发生的销售费用等。

企业在销售过程中除了发生销售商品、自制半成品以及提供工业性劳务等主营业务外，还可能发生一些其他业务，如销售材料、出租包装物、出租固定资产、出租无形资产等，取得其他业务收入。

一、销售收入的核算

销售业务的核算内容，主要包括销售收入和销售成本、销售费用的核算，以确定企业在一定期间的经营成果。

(一) 销售收入的概述

收入，是指企业在日常活动中形成的、会导致所有者权益增加的、与所有者投入资本无关的经济利益的总流入。收入按照重要性分为主营业务收入和其他业务收入；按照反映经济业务内容分为销售商品收入、提供劳务收入、让渡资产使用权收入。

根据《企业会计准则》规定，销售商品同时满足下列条件的，才能确认为收入：

（1）企业已将商品所有权上的主要风险和报酬转移给购货方。

（2）企业既没有保留通常与所有权相联系的继续管理权，也没有对已售出的商品实施有效控制。

（3）收入的金额能够可靠地计量。

（4）相关的经济利益很可能流入企业。

（5）相关的已发生或将发生的成本能够可靠地计量。

由于企业采用不同的结算方式，销售收入实现的时间也有所不同，企业应根据具体情况确认收入实现，主要包括以下几种：

（1）采取直接收款方式销售货物，在货款已经收到，发票账单和提货单交给购货方的当天。

（2）采取托收承付和委托银行收款方式销售货物，为货物发出或已经提供劳务并办妥托收手续的当天。

（3）采取赊销和分期收款方式销售货物，为书面合同约定的收款日期的当天；无书面合同的或者书面合同没有约定收款日期的，为货物发出的当天。

（4）采取预收货款方式销售货物，为货物发出的当天；但销售生产工期超过 12 个月的大型机械设备、船舶、飞机等货物，为收到预收款或者书面合同约定的收款日期的当天。

（5）委托其他纳税人代销货物，为收到代销单位的代销清单的当天。

(二) 账户设置

1. 主营业务收入

该账户属于损益类账户，核算企业根据《企业会计准则》要求确认的销售商品、提供劳务等主营业务的收入。贷方登记企业销售商品、提供劳务等所实现的收入，借方登记企业发生的销售退回和转入"本年利润"账户的金额，期末结转后该账户无余额。

该账户应当按照主营业务的种类进行明细核算。

该账户常见的业务核算有：

企业销售商品或提供劳务实现的销售收入，应按照实际收到或应收的价款，借记"银行存款""应收账款""应收票据"等账户，按销售收入的金额，贷记该账户，按专用发票上注明的增值税额，贷记"应交税费——应交增值税（销项税额）"账户。

企业本期发生的销售退回或销售折让，按应冲减的销售商品收入，借记该账户，按专用发票上注明的应冲减的增值税销项税额，借记"应交税费——应交增值税（销项税额）"账户，按实际支付或应退还的价款，贷记"银行存款""应收账款"等账户。

2. 其他业务收入

该账户属于损益类账户，核算企业根据收入准则确认的除主营业务活动以外的其他经营活动实现的收入，包括出租固定资产、出租无形资产、出租包装物、销售材料等实现的收入。贷方登记企业实现的其他业务收入，借方登记转入"本年利润"账户的收入，期末结转后无余额。

该账户应当按照其他业务收入种类进行明细核算。

该账户常见的业务核算有：

企业确认的其他业务收入，借记"银行存款""应收账款"等账户，贷记该账户、"应交税费——应交增值税（销项税额）"等账户。

3. 应收账款

该账户属于资产类账户，核算企业因销售商品、提供劳务等经营活动应收取的款项。因销售商品、提供劳务等，合同或协议价款的收取采用递延方式、实质上具有融资性质的，在"长期应收款"账户核算，不在本账户核算。该账户借方登记由于销售商品、提供劳务等发生的应收账款，贷方登记已经收回或者无法收回转销的应收账款，期末余额一般在借方，反映企业尚未收回的应收账款；期末如为贷方余额，反映企业预收的账款。

该账户应当按照不同的购货单位或接受劳务的单位进行明细核算。

该账户常见的业务核算有：

企业发生应收账款时，按应收的金额，借记该账户，按实现的收入，贷记"主营业务收入""其他业务收入"等账户，按专用发票上注明的增值税额，贷记"应交税费——应交增值税（销项税额）"账户。收回应收账款时，借记"银行存款"等账户，贷记该账户。

代购货单位垫付的包装费、运杂费，借记该账户，贷记"银行存款"等账户。收回代垫费用时，借记"银行存款"账户，贷记该账户。

4. 应收票据

该账户属于资产类账户，核算企业因销售商品、提供劳务等活动收到的商业汇票，包括银行承兑汇票和商业承兑汇票。该账户借方登记收到的商业汇票，贷方登记票据到期收回的票面金额和到期无法收回转销的金额，期末余额在借方，反映企业持有尚未到期的商业汇票的票面金额。

企业应当按照开出、承兑商业汇票的单位进行明细核算。

该账户常见的业务核算有：

企业因销售商品、提供劳务等而收到的商业汇票，按商业汇票的票面金额，借记该账户，按实现的收入，贷记"主营业务收入""其他业务收入"等账户，按增值税专用发票上注明的增值税额，贷记"应交税费——应交增值税（销项税额）"账户。

企业持未到期的应收票据向银行贴现，应按实际收到的金额（即减去贴现息后的净额），借记"银行存款"账户，按贴现息部分，借记"财务费用"等账户，按商业汇票的票面金额，贷记该账户。

贴现的商业承兑汇票到期，因承兑人的银行存款账户不足支付，申请贴现的企业收到银行退回的商业承兑汇票时，按商业汇票的票面金额，借记"应收账款"账户，贷记该账户。

商业汇票到期，应按实际收到的金额，借记"银行存款"账户，按商业汇票的票面金额，贷记该账户。

企业应当设置"应收票据备查簿"，逐笔登记每一张商业汇票的种类、号数和出票日、票面金额、交易合同号和付款人、承兑人、背书人的姓名或单位名称、到期日、背书转让日、贴现日、贴现率和贴现净额以及收款日和收回金额、退票情况等资料，商业汇票到期结清票款或退票后，应当在备查簿内逐笔注销。

5. 预收账款

该账户属于负债类账户，核算企业按照合同规定预先向购货方收取的款项，预收账款不多的企业，也可将预收的款项直接记入"应收账款"账户。该账户贷方登记预收的款项和购货单位补付的款项，借方登记向购货方销售商品结算的货款和退回购货单位多付的款项，期末余额一般在贷方，反映企业向购货单位预收的款项；期末如为借方余额，反映企业应由购货单位补付的款项。

该账户应按购货单位进行明细核算。

该账户常见的业务核算有：

企业向购货单位预收的款项，借记"银行存款"账户，贷记该账户；销售实现时，按实现的收入和应交的增值税销项税额，借记该账户，按实现的收入，贷记"主营业务收入"等账户，按增值税专用发票上注明的增值税额——应交增值税（销项税额）"账户，贷记"应交税费"账户；购货单位补付的款项，借记"银行存款"账户，贷记该账户，退回多付的款项，做相反的会计分录。

（三）销售收入的总分类核算

由于企业采用不同的销售方式或结算方式，其核算方法也不尽相同。

【例 4.40】DN 公司销售 A 产品 2 000 件，单价 100 元每件，增值税率 13%，产品已发出，开出增值税专用发票，已收到转账支票并送存银行。

  借：银行存款   226 000
    贷：主营业务收入——A 产品   200 000
      应交税费——应交增值税（销项税额） 26 000

解析：这项经济业务的发生，一方面使公司主营业务收入增加，应记入"主营业务收入"账户贷方，同时由于销售商品发生销项税额，应记入"应交税费"账户贷方；另一方面由于银行存款已收到，使银行存款增加，应记入"银行存款"账户借方。

【例 4.41】DN 公司采用托收承付方式向异地 H 公司发出 B 产品 500 件，单价 100 元每件，增值税税率为 13%，代垫运杂费 1 000 元，根据增值税专用发票和运杂费凭证，已向银行办理托收款手续，但款项尚未收到。

  借：应收账款   57 500
    贷：主营业务收入——B 产品   50 000
      应交税费——应交增值税（销项税额） 6 500
      银行存款   1 000

解析：这项经济业务的发生，一方面使公司收入增加应记入"主营业务收入"账户贷方，同时由于销售 B 产品发生销项税额增加，应记入"应交税费"账户贷方，向购货方代垫运杂费使银行存款减少，应记入"银行存款"账户贷方；另一方面公司尚未收到货款，应记入"应收账款"账户的借方。

【例 4.42】DN 公司销售 A 产品 5 000 件，单价 100 元每件，增值税税率为 13%，收到购货单位签发的银行承兑商业汇票一张。

借：应收票据　　　　　　　　　　　　　　56 500
　　贷：主营业务收入——A 产品　　　　　　　50 000
　　　　应交税费——应交增值税（销项税额）　 6 500

解析：这项经济业务的发生，一方面使的主营业务收入和应交税费增加，应记入"主营业务收入"和"应交税费"账户贷方；另一方面使公司的应收票据增加，应记入"应收票据"账户借方。

【例 4.43】DN 公司预收 B 企业货款 40 000 元。

借：银行存款　　　　　　　　　　　　　　40 000
　　贷：预收账款——B 企业　　　　　　　　　40 000

解析：这项经济业务的发生，一方面使公司银行存款增加，应记入"银行存款"账户的借方；另一方面使公司的预收账款增加，应记入"预收账款"账户的贷方。

【例 4.44】承接【例 4.43】DN 公司向 B 企业发出 A 产品 500 件，单价 100 元每件，增值税专用发票注明价款为 50 000 元，增值税额为 6 500 元。

借：预收账款——B 企业　　　　　　　　　56 500
　　贷：主营业务收入——A 产品　　　　　　　50 000
　　　　应交税费——应交增值税（销项税额）　 6 500

解析：这项经济业务的发生，一方面使公司的主营业务收入和应交税费增加，应记入"主营业务收入"和"应交税费"账户的贷方；另一方面由于公司采用预收款的方式销售，应按实际应收金额记入"预收账款"账户的借方。

【例 4.45】DN 公司收到上述 B 企业补付的货款 16 500 元。

借：银行存款　　　　　　　　　　　　　　16 500
　　贷：预收账款——B 企业　　　　　　　　　16 500

解析：这项经济业务的发生，一方面使公司银行存款增加，应记入"银行存款"账户的借方；另一方面收到 B 公司补付的款项，应记入"预收账款"账户的贷方。

【例 4.46】DN 公司销售不需用的材料一批 1 000 千克，单价为 20 元，增值税税率为 13%，款项已收到。

借：银行存款　　　　　　　　　　　　　　22 600
　　贷：其他业务收入　　　　　　　　　　　　20 000
　　　　应交税费——应交增值税（销项税额）　 2 600

解析：这项经济业务的发生，一方面由于公司销售材料取得收入，同时由于销售材料而发生增值税销项税额，应记入"应交税费""其他业务收入"账户贷方；另一方面货款已收到，应记入"银行存款"账户的借方。

二、销售成本、销售费用的核算

企业在某一会计期间从事生产经营活动,取得了收入,同时也会发生一定的成本费用。在销售过程中,企业一方面取得了销售收入,另一方面也发生了一定的销售成本和销售费用。

(一)销售成本费用概述

在销售环节中,企业把生产出来的产品对外销售,获取收入,同时也需要对所销售产品的成本及销售过程发生的相关税费进行核算,准确地反映企业销售过程发生的成本。销售成本费用主要包括主营业务成本、其他业务成本、销售费用。

(二)账户设置

1. 主营业务成本

该账户属于损益类账户,核算企业确认销售商品、提供劳务等收入的同时应结转的成本。该账户借方登记已销售商品或已提供劳务的成本,贷方登记本期发生商品销售退回等成本和期末转入"本年利润"账户的当期销售商品成本,期末结转后无余额。

该账户应当按照主营业务的种类进行明细核算。

该账户常见的业务核算有:

月末,企业应根据本月销售各种商品、劳务成本,借记该账户,贷记"库存商品"账户;企业本期发生的销售退回,一般可以直接从本月的销售商品数量中减去,也可以单独计算本月销售退回商品成本,借记"库存商品"等账户,贷记该账户。

2. 其他业务成本

该账户属于损益类账户,核算企业除主营业务活动以外的其他经营活动所发生的成本。主要包括销售材料的成本、出租固定资产的累计折旧、出租无形资产的累计摊销、出租包装物的成本或摊销额等。该账户借方登记企业发生的其他业务成本,贷方登记企业其他业务成本转入"本年利润"账户的数额,期末结转后无余额。

该账户应当按照其他业务成本的种类进行明细核算。

该账户常见的业务核算有:

企业发生的其他业务成本,借记该账户,贷记"原材料""应付职工薪酬""银行存款""累计折旧""累计摊销"等账户。

3. 税金及附加

该账户属于损益类账户,核算企业经营活动发生的消费税、城市维护建设税、资源税和教育费附加等相关税费。房产税、车船使用税、土地使用税、印花税也在"税金及附加"账户中核算。该账户借方登记企业按规定计算确定的与经营活动相关的税费,贷方登记减免退回的税金和期末转入"本年利润"账户中的营业税金及附加,期末结转后余额。

该账户常见的业务核算有:

企业按规定计算确定的与经营活动相关的税费，借记该账户，贷记"应交税费"等账户，企业收到的返还的消费税、营业税等记入该账户的各种税金，应按实际收到的金额，借记"银行存款"账户，贷记该账户。

4. 销售费用

该账户属于损益类账户，核算企业销售商品、销售材料、提供劳务过程中发生的各项费用。主要包括保险费、包装费、展览费和广告费、商品维修费、预计产品质量保证损失、运输费、装卸费等，以及为销售本企业商品而专设的销售机构（含销售网点、售后服务网点等）的职工薪酬、业务费、折旧费等费用。其借方登记企业发生的各项销售费用，贷方登记期末转入"本年利润"账户的销售费用，期末结转后无余额。

该账户应当按照费用项目进行明细核算。

该账户常见的业务核算有：

企业在销售商品过程中发生的包装费、保险费、展览费和广告费、运输费、装卸费等费用借记该账户，贷记"库存现金""银行存款"等账户。

企业发生的为销售本企业商品而专设的销售机构的职工薪酬、业务费用等，借记该账户，贷记"应付职工薪酬""银行存款""累计折旧"等账户。

（三）销售成本、销售费用的总分类核算

【例 4.47】DN 公司本月销售 A 产品 1 000 件，单位成本 80 元，销售 B 产品 2 000 件，单位成本 60 元，月末结转已销售产品成本。

借：主营业务成本——A 产品　　　　　　80 000
　　　　　　　　——B 产品　　　　　　120 000
　　贷：库存商品——A 产品　　　　　　　80 000
　　　　　　　　——B 产品　　　　　　　120 000

A 产品销售成本 = 1 000 × 80 = 80 000（元）

B 产品销售成本 = 2 000 × 60 = 120 000（元）

解析：这项经济业务的发生，一方面使公司主营业务成本增加，应记入"主营业务成本"账户的借方；另一方面使库存商品成本减少，应记入"库存商品"账户的贷方。

注意：在实际工作中，企业销售商品成本等于销售数量乘以单位成本，销售商品的单位成本，可以采用先进先出法、月末一次加权平均法、移动加权平均法、个别计价法。但一经选定，不得随意变动。

【例 4.48】DN 公司月末计算应交消费税 20 000 元，应交教育费附加 1 500 元。

借：税金及附加　　　　　　　　　　　21 500
　　贷：应交税费——应交消费税　　　　20 000
　　　　　　　　——应交教育费附加　　1 500

【例 4.49】DN 公司本月应付专设销售机构人员工资 10 000 元，并按工资的 14%计提职工福利费。

  借：销售费用   11 400
    贷：应付职工薪酬——工资   10 000
        ——职工福利   1 400

  解析：这项经济业务的发生，一方面使销售费用增加，应记入"销售费用"账户的借方；另一方面使公司应付职工薪酬增加，应记入"应付职工薪酬"账户的贷方。

【例 4.50】DN 公司以银行存款支付应由本单位负担的销售产品运输费 1500 元。

  借：销售费用   1 500
    贷：银行存款   1 500

  解析：这项经济业务的发生，一方面使销售费用增加，应记入"销售费用"账户的借方；另一方面使公司的银行存款减少，应记入"银行存款"账户的贷方。

【例 4.51】DN 公司月末结转已销售材料成本 8 000 元。

  借：其他业务成本   8 000
    贷：原材料   8 000

  解析：这项经济业务的发生，一方面使公司的其他业务成本增加，应记入"其他业务成本"账户的借方；另一方面使公司的原材料成本减少，应记入"原材料"账户的贷方。

【例 4.52】DN 公司月末计算销售材料消费税 800 元。

  借：营业税金及附加   800
    贷：应交税费——应交消费税   800

  解析：这项经济业务的发生，一方面使公司的营业税金及附加增加，应记入"税金及附加"账户的借方；另一方面使公司的应交税费增加，应记入"应交税费"账户的贷方。

第五节 财务成果形成与分配业务的核算

  财务成果是指企业在一定会计期间从事生产经营活动所取得的成果，具体体现为盈利或亏损。企业在一定会计期间所实现的各种收入与相关费用相抵后的差额就是利润。如果收入大于费用，其差额为企业的利润；如果收入小于费用，其差额为企业的亏损。企业一方面要正确确定本期利润，另一方面要根据国家有关法规规定进行分配。因此，财务成果业务核算的主要内容有两方面，即确定企业的利润和对利润进行分配。

一、营业外收支的核算

（一）营业外收支的核算概述

营业外收支是指企业发生的与其日常活动没有直接关系的各项利得和损失，是企业财务成果的组成部分。营业外收入和营业外支出一般彼此相互独立，不具有因果关系；营业外收支通常偶然出现，企业难以预见。

营业外收入的主要内容包括处置非流动资产利得、非货币性资产交换利得、债务重组利得、罚没利得、政府补助利得、确实无法支付而按规定程序经批准后转作营业外收入的应付款项等。

营业外支出的主要内容包括处置非流动资产损失、非货币性资产交换损失、债务重组损失、罚款支出、捐赠支出、非常损失等。

（二）账户设置

1. 营业外收入

该账户属于损益类账户，核算企业发生的与其经营活动没有直接关系的各项利得，主要包括处置非流动资产利得、非货币性资产交换利得、债务重组利得、罚没利得、政府补助利得、确实无法支付而按规定程序经批准后转作营业外收入的应付款项等。该账户贷方登记企业取得的各项利得，借方登记期末转入"本年利润"的数据。期末，结转后无余额。

该账户应当按照营业外收入项目进行明细核算。

该账户常见的业务核算有：

企业发生的营业外收入，借记"库存现金""银行存款""应付账款""待处理财产损溢""固定资产清理"等账户，贷记该账户。

2. 营业外支出

该账户属于损益类账户，核算企业发生的与其经营活动没有直接关系的各项损失，包括处置非流动资产损失、非货币性资产交换损失、债务重组损失、罚款支出、捐赠支出、非常损失等。该账户借方登记企业发生的各项营业外支出，贷方登记期末转入"本年利润"的数据。期末，结转后无余额。

该账户应当按照支出项目进行明细核算。

该账户常见的业务核算有：

企业发生的营业外支出，借记该账户，贷记"待处理财产损溢""库存现金""银行存款""固定资产清理"等账户。

（三）营业外收支的总分类核算

【例 4.53】DN 公司开出 20 000 元的现金支票，捐赠给贫困山区希望小学。

借：营业外支出　　　　　　　　　　　　20 000
　　贷：银行存款　　　　　　　　　　　　　　20 000

解析:这项经济业务的发生,一方面使营业外支出增加,应记入"营业外支出"账户借方;另一方面公司开出一张现金支票,使其银行存款减少,应记入"银行存款"账户贷方。

【例 4.54】DN 公司用银行存款支付工商局罚款 10 000 元。

借:营业外支出　　　　　　　　　10 000
　　贷:银行存款　　　　　　　　　　　　　10 000

解析:这项经济业务的发生,一方面公司支付的罚款使营业外支出增加,应记入"营业外支出"账户借方;另一方面由于用银行存款支付罚款,应记入"银行存款"账户贷方。

【例 4.55】DN 公司收到 A 公司支付的违约款 20 000 元,款项已存入银行。

借:银行存款　　　　　　　　　　20 000
　　贷:营业外收入　　　　　　　　　　　　20 000

解析:这项经济业务的发生,一方面使公司银行存款增加,应记入"银行存款"账户借方;另一方面收取违约款属于公司营业外收入,应记入"营业外收入"账户贷方。

二、利润形成的核算

利润是指企业在一定会计期间的经营成果,具体表现为盈利或亏损。企业为了在每个会计期末确定本期实现的利润或亏损,须将本期发生的各项收入、费用,从有关收入和费用账户结转到"本年利润"账户,将收入与费用进行对比确定的差额,即为本期实现的净利润或发生的亏损。

(一)利润的计算公式

利润的计算有单步式和多步式两种,我国规定用多步式计算利润(三步式)。

1. 营业利润

营业利润,是指企业在一定期间内从事生产活动所取得的利润,是企业利润总额的主要构成部分,其计算公式为:

营业利润 = 营业收入 − 营业成本 − 税金及附加 − 销售费用 − 管理费用 − 财务费用 − 资产减值损失 + 公允价值变动收益 − 公允价值变动损失 + 投资收益 − 投资损失

其中:　营业收入 = 主营业务收入 + 其他业务收入

　　　　营业成本 = 主营业务成本 + 其他业务成本

2. 利润总额

利润总额,是指企业在一定时期通过日常活动和非日常活动取得的税前利润总额。其计算公式为:

利润总额 = 营业利润 + 营业外收入 − 营业外支出

3. 净利润

净利润,是指企业在一定会计期间通过日常活动和非日常活动取得的净收益。其计算公式为:

净利润 = 利润总额 - 所得税费用

(二) 账户设置

1. 本年利润

该账户属于所有者权益类账户,核算企业一定会计期间实现的利润(或发生的亏损)。该账户贷方登记期末全部收入类账户的转入数,借方登记期末全部费用类账户的转入数,余额在贷方表示盈利,如果在借方表示亏损。年度终了,应将本年实现的净利润,转入"利润分配"账户,借记该账户,贷记"利润分配——未分配利润"账户;如为净亏损,做相反的会计分录。

该账户常见的业务核算有:

期末结转利润时,应将"主营业务收入""其他业务收入""营业外收入"等账户的期末余额分别转入该账户,借记"主营业务收入""其他业务收入""营业外收入"等账户,贷记该账户。

将"主营业务成本""税金及附加""其他业务成本""销售费用""管理费用""财务费用""资产减值损失""营业外支出""所得税费用"等账户的期末余额分别转入该账户,借记该账户,贷记"主营业务成本""税金及附加""其他业务成本""销售费用""管理费用""财务费用""资产减值损失""营业外支出""所得税费用"等账户。

将"公允价值变动损益""投资收益"账户的净额,转入该账户,借记"公允价值变动损益""投资收益"账户,贷记该账户;如为净损失,做相反的会计分录。

2. 所得税费用

该账户属于损益类账户,核算企业根据所得税准则确认的应从当期应纳税所得额中计算的所得税费用。该账户借方登记按税法规定计算纳税的所得税额,贷方登记期末转入"本年利润"账户的所得税额,期末结转后无余额。

(三) 利润形成的总分类核算

【例 4.56】DN 公司 2018 年 12 月末主营业务收入为 280 000 元,其他业务收入为 10 000 元,营业外收入为 2 000 元,主营业务成本为 200 000 元,营业税金及附加为 2 000 元,销售费用为 7 000 元,管理费用为 15 000 元,财务费用 8 000 元,营业外支出为 2 500 元,其他业务成本为 9 000 元。分别将上述收入、费用余额转入本年利润。

(1) 月末结转各项收入。

借:主营业务收入　　　　　　　　　　280 000
　　其他业务收入　　　　　　　　　　 10 000
　　营业外收入　　　　　　　　　　　 2 000

           贷：本年利润   292 000
（2）月末结转各项费用
      借：本年利润   243 500
           贷：主营业务成本   200 000
                其他业务成本   9 000
                税金及附加   2 000
                销售费用   7 000
                管理费用   15 000
                财务费用   8 000
                营业外支出   2 500

本期实现的利润总额 = 292 000 - 243 500 = 48 500（元）

（四）所得税费用的核算

所得税是企业根据税法规定，对企业的应纳税所得额按规定的税率计算并缴纳的税种。其计算公式为：

$$应纳所得税额 = 应纳税所得额 \times 所得税税率$$

应纳税所得额，是指法人或自然人在一定会计期间内，由于经营或投资而获得的收入，扣除为取得收入所需费用后的余额。从税法的有关规定来看，应纳税所得额与利润总额并不完全一致，所以具体计算纳税时，应该以企业实现的利润总额为基础，按税法的有关规定进行调整，计算出应纳税所得额，并且按调整后的所得额计算缴纳所得税。我国税法规定一般企业的所得税率为 25%。

注意：企业实现的利润总额按照税法规定，应将会计所得额（利润总额）调整为应纳税所得额。为简化计算，本书所讲的会计所得额（利润总额）无须进行调整，即为应纳税所得额。

【例 4.57】承接【例 4.56】DN 公司本月不涉及纳税调整项目，即 DN 公司应纳税所得额与利润总额相同，试计算 DN 公司应交所得税额。

$$应交所得税额 = 利润总额 \times 所得税率 = 48\,500 \times 25\% = 12\,125（元）$$

      借：所得税费用   12 125
           贷：应交税费——应交所得税   12 125

解析：根据上述计算结果，一方面记入"所得税费用"账户借方，另一方面由于所得税尚未缴纳，构成企业负债增加，应记入"应交税费"账户贷方。

实际交纳所得税时：
      借：应交税费——应交所得税   12 125
           贷：银行存款   12 125

【例 4.58】将所得税费用转入本年利润。
      借：本年利润   12 125

　　　　贷：所得税费用　　　　　　　　　　　　　　　　　　12 125

解析：这项经济业务的发生，一方面使公司所得税费用减少，应记入"所得税费用"账户贷方；另一方面使公司本年利润减少，应记入"本年利润"账户借方。

三、利润分配的核算

（一）利润分配概述

利润分配，是将企业实现的净利润按照国家有关规定的分配形式和分配顺序，在国家、企业和投资者之间进行的分配。企业当期实现的净利润，并不是全部分给投资者，因为企业要考虑企业扩大规模和抵御风险。利润分配的过程与结果，是关系到所有者的合法权益能否得到保护，企业能否长期、稳定发展的重要问题，为此，企业必须加强利润分配的管理和核算。企业可供分配的利润是指企业当期实现的净利润，加上年初未分配利润或减去年初未弥补亏损的余额，按如下顺序分配：

（1）提取法定盈余公积金。法定盈余公积金按照税后净利润的10%提取。法定盈余公积金已达注册资本的50%时可以不再提取。提取的法定盈余公积金用于弥补以前年度亏损或转增资本金。但转增资本金后留存的法定盈余公积金不得低于注册资本的25%。

（2）提取法定公益金。根据《公司法》规定，法定公益金按税后利润的5%～10%提取。提取的公益金用于企业职工的集体福利设施。

（3）向投资者分配利润。企业以前年度未分配的利润，可以在本年度分配。

需要指出，不同所有制形式和经营形式的企业都应遵循上述分配顺序。但股份有限公司有其特殊性，股份有限公司在提取了法定盈余公积和法定公益金之后，应按照下列顺序进行分配：支付优先股股利，提取任意盈余公积金，任意盈余公积金按照公司章程或者股东会决议提取和使用，支付普通股股利。

股份有限公司当年无利润时，不得向股东分配股利，但在用盈余公积金弥补亏损后，经股东大会特别决议，可以按照不超过股票面值6%的比例用盈余公积金分配股利。在分配股利后，企业法定盈余公积金不得低于注册资本金的25%。

另外，企业发生的年度亏损，可以用下一年度实现的税前利润弥补；下一年度税前利润不足弥补的，可以在5年内延续弥补；5年内不足弥补的，应当用税后利润弥补。企业发生的年度亏损以及超过用利润抵补期限的也可以用以前年度提取的盈余公积金弥补。

注意：企业以前年度亏损未弥补完，不得提取法定盈余公积金和法定公益金。

【知识拓展】

亏损的弥补

企业如果发生亏损，可以用以后年度实现的利润弥补，也可用以前年度的盈余公积弥补。用利润弥补亏损时，在发生亏损后的五年内用所得税前利润弥补，超过五年的弥补期限后用净利润弥补。企业以前年度亏损未弥补完，不得提取法定盈余公积。在提取法定盈余公积前，不得向投资者分配利润。

(二) 账户设置

1. 利润分配

该账户属于所有者权益类账户，核算企业利润的分配（或亏损的弥补）和历年分配（或弥补）后的累计余额。该账户贷方登记年末时从"本年利润"账户借方转入的全年实现的净利润和用盈余公积弥补以前年度亏损数，借方登记按规定实际分配的利润数或年末时从"本年利润"账户的贷方转入的全年亏损数，年末余额如果在贷方，反映企业历年累计的未分利润，年末余额如果在借方，反映企业历年积存的未弥补亏损。

该账户应当分别按照"提取法定盈余公积""提取任意盈余公积""应付现金股利或利润""盈余公积补亏"和"未分配利润"等进行明细核算。

该账户常见的业务核算有：

企业按规定提取的盈余公积，借记该账户（提取法定盈余公积、提取任意盈余公积），贷记盈余公积——法定盈余公积、任意盈余公积"账户。企业经股东大会或类似机构决议，分配给股东或投资者的现金股利或利润，借记该账户（应付现金股利或利润），贷记"应付股利"账户。

企业用盈余公积弥补亏损和补亏，借记"盈余公积——盈余公积补亏"账户，贷记该账户（盈余公积补亏）。

年度终了，企业应将全年实现的净利润，从"本年利润"账户转入该账户，借记"本年利润"账户，贷记该账户（未分配利润），如果是净亏损的，做相反的会计分录；同时，将"利润分配"账户所属其他明细账户的余额转入本账户的"未分配利润"明细账户，结转后，本账户除"未分配利外，其他明细账户应无余额。

2. 盈余公积

该账户属于所有者权益类账户，核算企业从净利润中提取的盈余公积。该账户贷方登记提取的盈余公积数，借方登记盈余公积的减少数，包括弥补亏损、转增资本等，期末余额在贷方，反映企业按规定提取的盈余公积累计余额。

该账户应当分别按照"法定盈余公积""任意盈余公积"进行明细核算。

该账户常见的业务核算有：

企业按规定提取的盈余公积，借记"利润分配——提取法定盈余公积或提取任意盈余公积"账户，贷记该账户（法定盈余公积、任意盈余公积）。企业经股东大会或类似机构决议，用盈余公积弥补亏损或转增资本，借记该账户，贷记"利润分配——盈余公积补亏""实收资本""股本"等账户。

3. 应付股利

该账户属于负债类账户，核算企业应分配给投资者的现金股利或利润。企业分配的股票股利，不通过该账户核算。该账户贷方登记企业宣告向投资者分配的现金股利或利润，借方登记实际支付的现金股利或利润，期末贷方余额，反映企业尚未支付的现金股利或利润。

该账户应当按照投资者进行明细核算。

该账户常见的业务核算有：

企业应根据股东大会或类似机构通过的利润分配方案,按应支付的现金股利或利润,借记"利润分配"账户,贷记该账户。实际支付现金股利或利润时,借记该账户,贷记"银行存款""库存现金"等账户。

(三) 利润分配业务的总分类核算

【例 4.59】DN 公司 2018 年实现净利润 400 000 元,年末结转到利润分配。

  借:本年利润   400 000
   贷:利润分配——未分配利润   400 000

解析:这项经济业务的发生,把实现的净利润转入利润分配,一方面导致本年利润减少,记入"本年利润"账户借方;另一方面导致利润分配未分配利润增加,记入"利润分配—未分配利润"账户贷方。

【例 4.60】DN 公司 2018 年实现净利润 400 000 元,按照净利润的 10%提取法定盈余公积,按照股东会决议提取 20 000 元任意盈余公积,向股东宣告分配现金股利 200 000 元。

  借:利润分配——提取法定盈余公积   40 000
     ——提取任意盈余公积   20 000
     ——应付现金股利   200 000
   贷:盈余公积——法定盈余公积   40 000
     ——任意盈余公积   20 000
    应付股利——应付现金股利   200 000

解析:这项经济业务的发生,一方面使公司利润分配数额增加,导致所有者权益减少,应记入"利润分配"账户借方;另一方面使公司盈余公积和应付股利增加,应记入"盈余公积"、"应付股利"账户贷方。

【例 4.61】DN 公司年末结转本年度已分配利润。

  借:利润分配——未分配利润   260 000
   贷:利润分配——提取法定盈余公积 40 000
      ——提取任意盈余公积 20 000
      ——应付现金股利   200 000

解析:这项经济业务的发生,使"利润分配"账户所属明细科目有增有减,一方面记入"利润分配——未分配利润"账户借方;另一方面记入"利润分配——提取法定盈余公积、任意盈余公积、应付现金股利"账户的贷方。

本章小结

筹集资金为企业生产经营活动提供了前提条件,没有资金,企业就无法运转,任何一个企业都是从筹集资金开始的,因此筹集资金是企业资金运动的起点。企业的资金来源主要包括投资者投入和债权人投入。投资者投入企业的资本通过"实收资本"或"股本"科目进行核算。

在供应过程,为生产经营活动准备各种财产物资,做好生产经营活动准备工作,主要包括固定资产的构建和存货采购等,应通过"固定资产""在途物资""原材料"等账户进行核算。

在生产过程，按照一定的生产步骤和程序从事产品的生产，通过一定的时间和流程，生产出合格的产品。这个过程通过"生产成本""制造费用"等账户进行核算。

销售产品是企业生产经营的最后阶段，是企业产品价值的实现过程。这个过程通过"主营业务收入""主营业务成本""销售费用"等账户进行核算。

财务成果是指企业一定生产期间经营活动所产生的净利润或净亏损，即企业在一定会计期间所实现的各种收入与相关费用的差额。主要通过"本年利润""利润分配"等账户进行核算。年度终了，应将本年收入和支出相抵后结出的本年实现的净利润转入"利润分配"账户，借记本账户，贷记"利润分配——未分配利润"账户；如为净亏损，做相反的会计分录。

本章习题

一、思考题

1. 企业筹集资金的路径有哪些，各种筹资路径的优点、缺点是什么？
2. 制造企业供应过程的核算包括哪些内容？
3. 制造企业经营成果的核算包括哪些内容？
4. 企业的利润总额由哪几部分组成？如何计算？
5. 简述企业供应业务、生产业务和销售业务以及利润分配业务应设置哪些账户？

二、单项选择题

1. 某企业税前会计利润为 2 000 万元，其中营业外收入 80 万元，假设不存在纳税调整事项，所得税税率 25%，则应交所得税为（　　）万元。

   A. 500　　　　　B. 520　　　　　C. 480　　　　　D. 510

2. 某企业从外地购进甲种材料，买价 3 200 元，外地运杂费 120 元，那么该材料实际成本是（　　）元。

   A. 3 320　　　　B. 3 200　　　　C. 120　　　　　D. 3 080

3. 短期借款的期限通常在（　　）。

   A. 一年以上　　　　　　　　　　B. 一年以下（含一年）
   C. 一个经营周期以内　　　　　　D. 一个经营周期以上

4. 企业购入 A 公司股票作为交易性金融资产核算，共支付价款 11 900 元，其中含有已宣告但尚未发放的现金股利 1 500 元及相关税费 100 元，则该交易性金融资产的初始计量金额为（　　）元。

   A. 10 300　　　　B. 10 400　　　　C. 11 900　　　　D. 12 000

5. 冲销无法支付的应付账款，应该借记（　　）科目。

   A. 应付账款　　B. 应收账款　　C. 营业外支出　　D. 营业外收入

6. 开出现金支票一张，支付本月工资 120 000 元，应编制的会计分录为（　　）。

   A. 借：应付职工薪酬——工资　　　120 000
      　　贷：库存现金　　　　　　　　　　　　120 000
   B. 借：库存现金　　　　　　　　　120 000
      　　贷：银行存款　　　　　　　　　　　　120 000

C. 借：银行存款　　　　　　　　　　　　　120 000
　　　贷：应付职工薪酬——工资　　　　　　　　　120 000
D. 借：应付职工薪酬——工资　　　　　　　120 000
　　　贷：银行存款　　　　　　　　　　　　　　　120 000

7. 某企业从银行借入期限为9个月的借款10 000元，存入银行，应编制的会计分录为(　　)。
A. 借：银行存款　　　　　　　　　　　　　10 000
　　　贷：短期借款　　　　　　　　　　　　　　　10 000
B. 借：银行存款　　　　　　　　　　　　　10 000
　　　贷：长期借款　　　　　　　　　　　　　　　10 000
C. 借：长期借款　　　　　　　　　　　　　10 000
　　　贷：银行存款　　　　　　　　　　　　　　　10 000
D. 借：短期借款　　　　　　　　　　　　　10 000
　　　贷：银行存款　　　　　　　　　　　　　　　10 000

8. 下列各项中，不通过管理费用核算的是(　　)。
A. 开办费　　　　B. 职工差旅费　　　　C. 广告费　　　　D. 印花税

9. 某企业本月主营业务收入为1 000 000元，其他业务收入为80 000元，营业外收入为90 000元，主营业务成本为760 000元，其他业务成本为50 000元，营业税金及附加为30 000元，营业外支出为75 000元，管理费用为40 000元，销售费用为30 000元，财务费用为15 000元，所得税费用为75 000元。该企业本月利润总额为(　　)元。
A. 170 000　　　　B. 155 000　　　　C. 25 000　　　　D. 80 000

10. 以银行存款归还所借其他企业借款，所引起的变化为(　　)。
A. 一项资产减少，一项所有者权益减少　　B. 一项负债减少，一项资产增加
C. 一项资产减少，一项资产增加　　　　　D. 一项资产减少，一项负债减少

三、多项选择题

1. 下列费用应计入制造费用的有(　　)。
A. 车间设备折旧费　　　　　　　　　　　B. 车间管理人员的工资
C. 车间机物料消耗　　　　　　　　　　　D. 车间办公费

2. 下列属于资产与负债同时增加的经济业务有(　　)。
A. 购买材料8 000元，货款暂欠（不考虑增值税）
B. 向银行借入长期借款10万元存入银行
C. 以存款6 000元偿还前欠货款
D. 接受某单位机器一台作为投资，价值10万元

3. 收到投资者投入的固定资产20万元，正确的说法有(　　)。
A. 借记"固定资产"20万元　　　　　　　B. 贷记"实收资本"20万元
C. 贷记"固定资产"20万元　　　　　　　D. 借记"实收资本"20万元

4. 下列经济业务中，仅引起资产项目一增一减的有(　　)。
A. 从银行借款10万元
B. 以现金10万元支付职工工资

C. 以银行存款 20 000 元购入一项固定资产（不考虑增值税）

D. 将现金 5 000 元存入银行

5. 从银行取得借款 5 000 元，直接归还前欠货款，正确的说法有（　　）。

A. 借记"银行存款"5 000 元　　　　B. 贷记"短期借款"5 000 元

C. 借记"应付账款"5 000 元　　　　D. 贷记"应付账款"5 000 元

6. 企业从银行取得临时借款存入银行，该项业务引起会计要素的变化有（　　）。

A. 资产增加　　　B. 资产减少　　　C. 负债增加　　　D. 负债减少

7. 下列经济业务，引起资产和负债同时减少的有（　　）。

A. 用银行存款偿还前欠货款　　　　B. 用银行存款购买办公用品

C. 用现金发放职工工资　　　　　　D. 用银行存款支付应交的所得税

8. 以下可作工业企业其他业务收入的有（　　）。

A. 出售固定资产或无形资产　　　　B. 出租固定资产或无形资产

C. 出售不需要的材料　　　　　　　D. 出售产品

四、判断题

1. 短期借款的利息不可以预提，均应在实际支付时直接计入当期损益。（　　）

2. 支付所得税属于企业利润分配的一项内容。（　　）

3. 企业从银行取得期限为两年的借款，该业务会导致企业资产和所有者权益同时增加。（　　）

4. 如果一项业务只涉及某一个会计要素中的两个项目，那么会计分录中的借、贷方都是这个会计要素中的项目，借贷方向相反，这两个项目肯定是一增一减变动。（　　）

5. 产品成本由直接材料、直接人工、制造费用和期间费用四个成本项目构成。（　　）

6. 当月增加的固定资产，当月计提折旧；当月减少的固定资产，当月不计提折旧。（　　）

7. 企业支付现金，可从企业库存现金限额中支付或从开户银行中提取或从本企业的现金收入中直接支付。（　　）

五、实务题

1. DN 公司 2019 年 1 月份发生下列经济业务：

（1）收到国家投入资本 860 000 元，存入银行；

（2）收到乙企业投入固定资产一批，原始价值 500 000 元，经评估确认价值 350 000 元；

（3）收到丙企业投入专利权一项，价值 250 000 元；

（4）向银行借入短期借款 60 000 元、长期借款 300 000 元，存入银行。

要求：根据上述经济业务编制会计分录。

2. DN 公司 2019 年 2 月份发生下列经济业务：

（1）向 HG 厂购入甲材料一批，材料价款 50 000 元，增值税进项税 6 500 元，材料已验收入库，货款已通过银行支付；

（2）向 DF 厂购入乙材料一批，材料价款 20 000 元，增值税额 2 600 元，材料尚未验收入库，货款尚未支付；

（3）上述向 DF 厂购入的乙材料经验收入库；

（4）从 TP 厂购入丙材料一批，材料价款 60 000 元，增值税额 7 800 元，材料已验收入库，货款上月已预付 50 000 元，不足部分用银行存款补付；

（5）从 MS 厂购入丁材料一批，材料价款 70 000 元，增值税额 11 900 元，材料尚未运达，货款用一张为期一个月的商业汇票抵付。

要求：根据上述经济业务编制会计分录。

3. DN 公司 2019 年 3 月份发生下列经济业务：

（1）生产 A 产品领用甲材料 40 000 元，生产 B 产品领用乙材料 26 000 元，车间管理领用丙材料 2 000 元，厂部管理领用丙材料 1 700 元；

（2）以现金预付采购员差旅费 500 元；

（3）从银行提取现金 90 000 元，准备发放职工薪酬；

（4）以现金发放本月职工薪酬 90 000 元；

（5）根据下列工资用途，分配工资费用：

A 产品生产工人工资	40 000 元
B 产品生产工人工资	30 000 元
车间管理人员工资	8 000 元
厂部管理人员工资	12 000 元
合　　计	90 000 元

（6）预提应由本月负担的短期借款利息 700 元；

（7）以银行存款支付厂部办公费 1 400 元，车间办公费 600 元；

（8）以银行存款支付第二季度已经预提的短期借款利息 2 100 元；

（9）按规定计提本月固定资产折旧 5 000 元，其中厂部管理部门折旧 3 500 元，生产车间折旧 1 500 元；

（10）分配结转本月发生的制造费用（假定按 A、B 产品生产工人工资比例分配）；

（11）结转本月完工 A 产品的实际生产成本（假定 A 产品本月全部完工）。

要求：根据上述经济业务编制会计分录。

4. DN 公司 2019 年 4 月份发生下列经济业务：

（1）销售 A 产品一批，不含税销售额 250 000 元，增值税率 13%，货款已存入银行；

（2）销售 B 产品一批，不含税销售额 180 000 元，增值税率 13%，货款 100 000 收到已存入银行，其余部分对方尚欠；

（3）销售甲材料一批，不含税销售额 8 000 元，增值税率 13%，货款尚未收到；

（4）用银行存款支付广告费 3 000 元；

（5）结转本月已售产品的生产成本 280 000 元，其中 A 产品成本 160 000 元，B 产品成本 120 000 元；

（6）结转本月已售甲材料的实际成本 7 000 元；

（7）按规定计算本月已销产品的应交消费税，消费税率 A 产品为 30%、B 产品为 10%。

要求：根据上述经济业务编制会计分录。

5. DN 公司 2019 年 5 月份发生下列经济业务：

（1）取得罚款收入 4 600 元，存入银行；

（2）用银行存款捐赠给职工子弟学校 8 000 元；

（3）收到对外投资收益 17 000 元，存入银行；

（4）结转本月主营业务收入 580 000 元、其他业务收入 36 000 元、投资收益 17 000 元、营业外收入 4 600 元；

（5）结转本月主营业务成本 400 000 元、其他业务成本 31 000 元、销售费用 13 000 元、税金及附加 40 000 元、营业外支出 8 000 元、管理费用 54 000 元、财务费用 11 600 元；

（6）根据本月实现的利润总额，按 25%的税率计算应交所得税；

（7）结转本月所得税费用；

（8）结转本月实现的净利润；

（9）按本月净利润的 50%作为应付给投资者的利润。

要求：根据上述经济业务编制会计分录。

6. DN 公司 2019 年 12 月份发生下列经济业务（不考虑 1—11 月份数据）：

（1）收到 H 公司投入资本 800 000 元，存入银行；

（2）收到 F 公司投入全新机器设备一台，价值 150 000 元；

（3）向 HX 公司购入甲材料一批，材料价款 700 000 元，增值税额 91 000 元，材料已验收入库，货款尚未支付；

（4）开出商业汇票一张，向 XN 公司购入乙材料一批，材料价款 50 000 元，增值税额 6 500 元，材料已验收入库；

（5）用银行存款 100 000 元偿还前欠 B 公司购货款；

（6）向 E 公司购入丙材料一批，材料价款 9 000 元，增值税额 1 170 元，材料尚未运到，货款尚未支付；

（7）向 E 公司购入的丙材料运到，验收入库；

（8）向银行借入期限一年的借款 500 000 元，存入银行；

（9）用银行存款支付本月欠 HX 公司的材料款；

（10）为生产 A 产品领用甲材料 80 000 元、B 产品领用乙材料 30 000 元，车间管理领用丙材料 5 000 元，厂部管理部门领用丙材料 3 000 元；

（11）从银行提取现金 188 000 元，并于当日发放职工工资；

（12）采购员报销差旅费 1 000 元，上月已预付 800 元，不足部分以现金补付；

（13）收到 XN 公司上月的购货款 92 000 元，存入银行；

（14）预提应由本月负担的短期借款利息 2 000 元；

（15）摊销应由本月负担的自用无形资产价值额为 2 000 元；

（16）摊销应由本月负担的长期待摊费用 800 元；

（17）计提固定资产折旧 8 000 元，其中车间折旧 7 000 元，厂部折旧 1 000 元；

（18）分配本月工资费用 188 000 元，其中 A 产品生产工人工资 90 000 元，B 产品生产工人工资 70 000 元，车间管理人员工资 8 000 元，厂部管理人员工资 20 000 元；

（19）按职工工资总额的 14%计提职工福利费；

（20）将本月发生的制造费用按生产工人工资比例分配计入 A、B 两种产品成本；

（21）A 产品月初在产品成本 280 000 元，本月 A 产品全部完工，并已验收入库，按其实际生产成本结转，B产品尚未制造完工；

（22）本月销售A产品一批，不含税销售额900 000元，增值税率13%，货款600 000元已收到，存入银行，其余款项尚未收到；

（23）出售材料一批，不含税销售额为3 000元，增值税率13%，款已收到，存入银行；

（24）用银行存款支付广告费80 000元；

（25）结转已销A产品的实际生产成本700 000元；

（26）结转出售材料的实际成本2 400元；

（27）用现金支付罚款支出100元；

（28）收到罚款收入1 000元，存入银行；

（29）计算并结转本月的利润总额；

（30）根据企业全年实现的利润总额，按25%的税率计算应交所得税；

（31）结转本年的所得税费用；

（32）结转本年实现的净利润；

（33）按本年净利润的10%提取盈余公积金；

（34）按本年净利润的40%作为应付给投资者的利润。

要求：根据12月份发生的经济业务，编制相关会计分录。

第五章 账户的分类

【学习目标】

通过本章的学习，学生应了解账户分类的意义，理解账户分类的原则和标志；掌握账户按经济内容的分类和按用途、结构的分类，以及按会计报表的关系分类。

【学习重点及难点】

重点掌握账户按经济内容的分类和按用途、结构的分类；难点是账户的结构内容及变化情况。

【引言】

企业的主要经济业务核算，必须设置和运用一系列的账户。事实上，每个账户都有其特定的核算内容、用途和结构，但它只能反映经济活动中的某一部分内容。为了实现会计核算的连续性、系统性、完整性，必须建立一个完整的账户体系，使各个账户之间既有区别，又有联系，从而能够完整地记录经济活动。因此，让我们一起来学习"账户的分类"。

第一节 账户分类的意义

一、账户分类的目的与标志

（一）账户分类的目的

各企业、行政、事业单位为了分类核算和监督其会计对象的具体内容，以便取得经营管理上所需要的各种会计核算资料，都必须设置和运用一系列的账户。每个账户都各有其特定的核算内容、用途和结构，但它只能反映经济活动中的某一部分内容。为了实现会计核算的连续性、系统性、完整性，必须建立一个完整的账户体系，使各个账户之间既相互联系又彼此独立，从而能够记录全部经济活动。各个彼此独立、作用互补的、具有内在联系的账户所组成的完整的账户系列，就称为账户体系。在这个账户体系中，有些账户之间存在着一定的共性，从某一角度按照一定标准划分，它们是一种类型。一种类型与另一种类型账户之间，又显出不同的特性。账户的分类，就是按照账户的本质特性，从各账户之间的区别和联系入手，依据一定的原则，对全部账户进行科学的概括和归类。

企业的经济业务是复杂多样的，不同的经济业务包含不同的经济内容。在实际工作中，通过账户的分类，可以分类整理不同的经济信息，提供经济管理所需要的各种资料；通过账户的分类，可以建立一套完整的账户体系，提供系统的会计信息。因此，对账户进行分类，目的在于了解各类账户能够提供什么性质的经济指标，进一步理解各类账户之间的联系和区别以及各自的使用方法，揭示账户的共性和特性，完善账户体系，进一步掌握各类账户在提供核算指标方面的规律性，以便科学地设置账户，正确地使用账户。

（二）账户分类的标志

同类账户具有共性，凡是在提供核算指标方面具有共同性的账户，就属同类账户。账户分类的标志主要有三种：

（1）账户按经济内容分类；

（2）账户按用途和结构分类；

（3）账户按其与会计报表的关系分类。

第一种分类方法是将账户按其所反映的经济内容进行分类。这种分类便于从理论上认识各类账户不同的性质，为编制会计报表提供便利条件。

第二种分类方法是将账户按其用途和结构进行分类，便于从账户操作的角度来认识各类账户的用途和结构特征，为账户的设置和运用提供方便。

账户的用途决定于账户的经济内容，只有理解了账户的经济内容，才能运用账户，并了解账户的结构。因此，账户按经济内容分类是账户分类的基础，在此基础上，再研究账户按用途和结构分类。

二、账户分类的作用

（1）账户的分类有利于从理论上加深对账户的全面认识，了解账户体系的设置和运用在会计核算体系中的地位和作用，以便科学地设置账户，正确地运用账户，建立起更加完善的会计核算体系。

（2）账户的分类便于进一步了解账户体系中各类账户的共性和个性，以及各个账户之间的联系与区别，揭示账户使用中的规律，从而能够正确、熟练地使用账户。

（3）账户的分类能够使我们正确地认识各会计要素的经济内容，从而为经济管理提供系统的、分门别类的会计资料。

（4）账户的分类能够揭示全部账户在反映会计内容上存在的既分工又协作的关系。当会计账户随各个时期经济管理的不同要求而变动时，能够根据企业实际情况增设或合并会计账户。

第二节　账户按经济内容的分类

为了深入地掌握账户的设置和运用，有必要对各种账户进行适当的分类。研究账户的分类，可以进一步认清账户的结构、用途以及特定的核算内容，以便熟练地正确运用各个账户，使之充分有效地为会计核算服务。

组成账户体系的各个账户，相互间存在一定的区别。这种区别首先在于每个账户反映的经济内容不同。账户反映的经济内容决定着账户的性质。因此，对账户进行分类研究，首先要将账户按其反映的经济内容进行分类。按经济内容对账户进行分类是账户分类的基础，是其他各种账户分类方法的前提。

账户的经济内容就是账户反映的会计对象的具体内容。研究账户按经济内容分类的目的在于理解和掌握如何设置账户以及提供会计信息的规律性，以便正确地运用账户，为经济管理提供一套完整的会计核算指标体系。

在我国的《企业会计制度》中，账户按其所反映的经济内容，一般可分为资产类、负债类、所有者权益类、成本类、损益类五大类账户。

一、资产类账户

资产类账户是反映资产增减变动以及结存情况的账户。该类账户的特点是：借方反映资产的增加数，贷方反映资产的减少额，余额在借方，表示各类资产的结存数。

资产类账户反映的会计内容既有货币的，又有非货币的；既有有形的，又有无形的。资产类账户按照资产的流动性不同，可以分为以下两类：

（一）反映流动资产的账户

按照各项流动资产的经济内容又可分为：① 反映货币资金的账户，如"库存现金""银行存款""其他货币资金"等账户；② 反映结算债权的账户，如"应收账款""应收票据""预付账款""其他应收款"等账户；③ 反映流动性金融资产的账户，如"交易性金融资产"等账户；④ 反映存货的账户，如"原材料""在途材料"、"库存商品"等账户。

（二）反映非流动资产的账户

按照各项非流动资产的经济内容又可分为"可供出售金融资产""持有至到期投资""长期股权投资""投资性房地产""固定资产""无形资产"等账户。

二、负债类账户

负债类账户是用来反映负债增减变动及其结存情况的账户,该类账户的特点是:贷方登记负债的增加数,借方登记负债的减少额,余额在贷方,反映债权人资本的实有数。按照负债的偿还期限不同,可以分为以下两类:

(一)反映流动负债的账户

反映流动负债的账户,主要有"短期借款""应付票据""应付账款""预收账款""其他应付款""应付职工薪酬""应交税费""应付利息"等账户。

(二)反映长期负债的账户

反映长期负债的账户,如"长期借款""应付债券""长期应付款"等账户。

三、所有者权益类账户

所有者权益类账户是用来反映所有者权益增减变动及其结存情况的账户。该类账户的特点是:贷方登记所有者权益的增加数,借方登记所有者权益的减少额,余额在贷方,表示投入资本及其增值的实有数。按照所有者权益的来源和构成不同,可以分为以下两类:

(一)反映投资者投入资本的账户

反映投资者投入资本的账户,如"实收资本""资本公积"等账户。

(二)反映所有者投入资本增值的账户

反映所有者投入资本增值的账户,如"盈余公积""本年利润""利润分配"等账户。

四、成本类账户

成本类账户是用来反映企业生产经营过程中和对外提供劳务时发生的各种成本费用的账户。该类账户的特点是:借方登记成本的增加数,贷方登记成本的减少额,余额在借方,表示尚未完成的某一生产经营过程业务的成本实有数。成本类账户可以分为以下三类。

(一)反映供应过程中成本的账户

这是指用来归集材料购入并达到可供使用状态所发生的价款及采购费用,计算材料的采购成本的账户,如"在途物资"或"材料采购"账户。

(二)反映生产过程成本的账户

这是指用来归集产品的生产费用,计算产品生产成本的账户,如"生产成本""制造费用"等账户。

(三)反映提供劳务成本的账户

这是指用来归集和计算企业对外提供劳务发生的成本的账户,如"劳务成本"账户。

五、损益类账户

损益类账户指用来反映企业一定期间内发生的损益的账户,包括经营成本和经营损益。这类账户按照损益的内容不同,可以分为以下三类:

(一)反映营业损益的账户

反映营业损益的账户,主要有"主营业务收入""其他业务收入""主营业务成本""其他业务成本""税金及附加""销售费用""财务费用""管理费用"等账户。

(二)反映营业外收支的账户

反映营业外收支的账户,主要有"营业外收入""营业外支出"等账户。

(三)反映所得税费用的账户

反映所得税费用的账户,如"所得税费用"账户。

需要说明的是,资产与费用、成本有着密不可分的联系。资产一经耗用,瞬间便转化为成本与费用。因此,资产类账户与成本、费用类账户有着密切的联系。成本类账户的期末借方余额属于企业的资产,如"在途物资"账户的借方期末余额为在途材料;"生产成本"账户借方期末余额为在产品,如在途材料、在产品都属于流动资产。

账户按经济内容分类,可用图5.1表示。

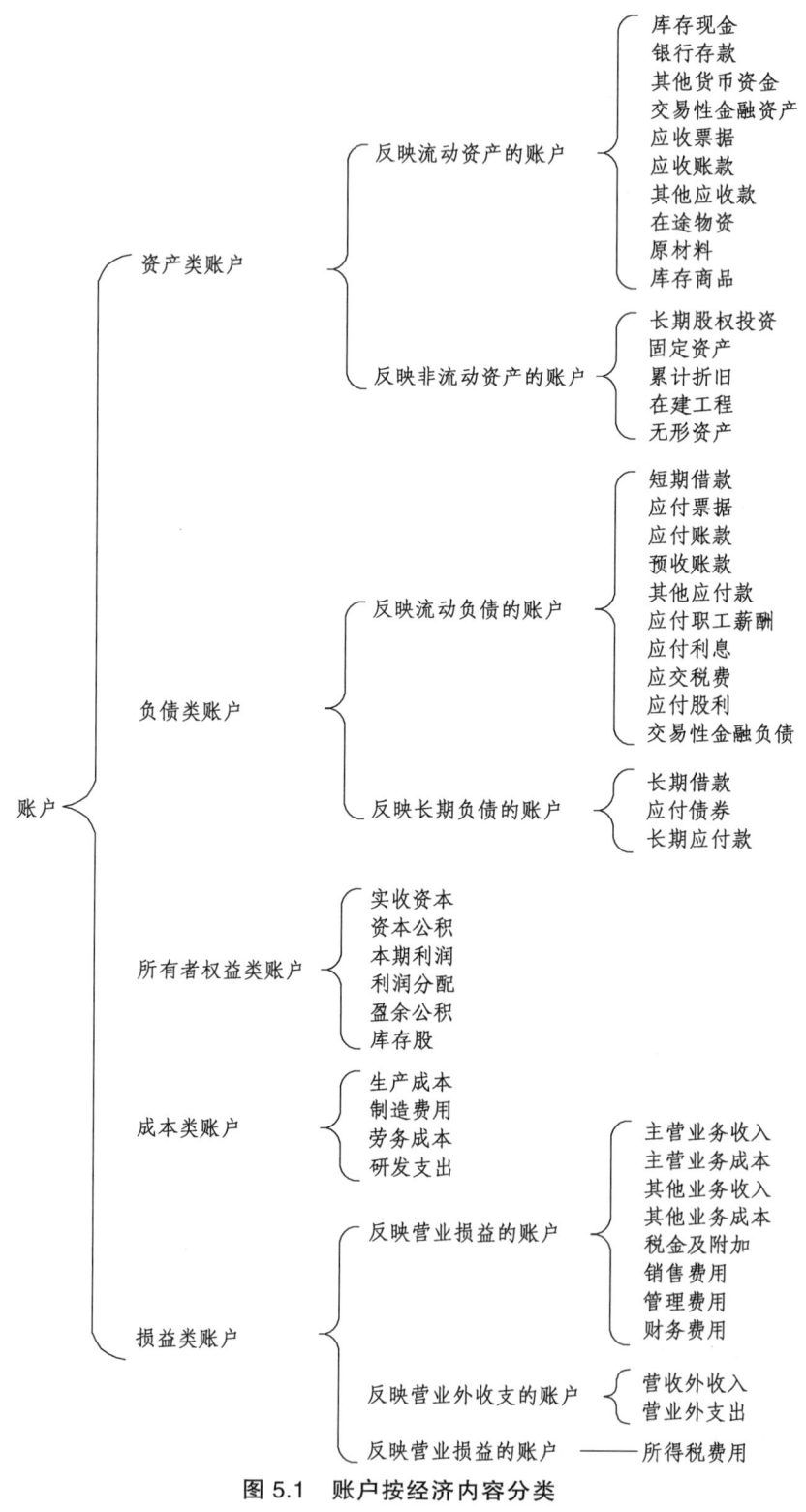

图 5.1 账户按经济内容分类

第三节 账户按用途和结构的分类

按经济内容的分类,可以明确各类账户所反映的具体内容,为账户设置和运用打下基础。但是,账户按经济内容分类,并不能明确在什么情况下使用什么账户,也没有明确如何使用各种账户,以及各类账户的基础结构、内容,也即是账户的用途和结构是什么?如"固定资产"和"累计折旧"账户,从经济内容看都是反映"固定资产"的,但是,这两个账户在使用中究竟提供什么指标,怎样提供,从经济内容角度就无从知晓。因此,为了正确运用账户来记录经济业务,有必要在账户按经济内容进行分类的基础上,对用途和结构基本相同的账户进行适当归类,以便准确地掌握账户和熟练地运用账户创造条件。

账户的用途是指设置和运用账户的目的,即通过账户记录提供哪些核算指标。账户的结构是指在账户中如何记录经济业务,以取得各种必要的核算指标,也就是账户的借方登记什么经济内容,贷方登记什么经济内容,期末账户有无余额,如有余额在账户的哪方,表示什么经济内容。如库存商品账户的借方反映已完工入库的产品成本;贷方反映销售产品的成本;余额在借方,反映库存商品的成本。

账户按用途和结构分类,可以使我们明确各个账户不同的使用方法和各个账户的具体作用,从而更好地认识、管理和运用每一个账户。

账户按用途和结构,可以分为盘存账户、结算账户、资本账户、集合分配账户、成本计算账户、收入账户、费用账户、财务成果计算账户、计价对比账户和调整账户十类。

一、盘存账户

盘存账户是用来反映和监督各项货币资金和实物资产的增减变动及其实存数额的账户。它是任何企业都必须设置的账户,主要包括"库存现金""银行存款""原材料""库存商品""固定资产"等账户。这类账户的结构特点是:借方登记各项货币资金和实物资产的增加数,贷方登记各项货币资金和实物资产的减少额,余额在借方,表示期末各项货币资金和实物资产的结存数额。

盘存账户的结构如图 5.2 所示。

借方	盘存账户	贷方
期初余额:财产物资和货币资金的期初结存数额 本期发生额:财产物资和货币资金的本期增加额		本期发生额:财产物资和货币资金的本期减少额
期末余额:财产物资和货币资金的期末结存额		

图 5.2 盘存账户的结构

盘存账户的特点如下:

(1) 盘存账户反映的实物资产和货币资金,可以通过财产清查的方法,即实地盘点或对账的方法,对货币资金和实物资产的实际结存数与账面结存数进行核对,检查账实是否相符,并检查其在经营管理上存在的问题。

(2) 盘存账户所反映的内容属于资产性质,除货币资金账户外,其他盘存账户都可通过设置和运用明细账,提供实物数量和金额两种指标。

二、结算账户

结算账户是用来核算和监督企业与其他单位或个人之间债权债务结算业务的账户。由于债权债务的性质不同,结算账户可分为债权结算账户、债务结算账户和债权债务结算账户三类。

(一) 债权结算账户

债权结算账户,亦称资产结算账户,是专门用来核算和监督企业与其他债务单位或个人之间的债权结算业务的账户,主要包括"应收账款""应收票据""预付账款""应收利息""应收股利""其他应收款"等账户。这类账户反映的内容均属资产性质,其账户的结构特点是:借方登记债权的增加数,贷方登记债权的减少额,余额在借方,表示期末尚未收回或核销的债权的实有数额。

债权结算账户的结构如图 5.3 所示。

借方	债权结算账户	贷方
期初余额:债权的期初实有额		
本期发生额:债权的本期增加额	本期发生额:债权的本期减少额	
期末余额:债权的期末实有额		

图 5.3 债权结算账户的结构

(二) 债务结算账户

债务结算账户,亦称负债结算账户,是专门用来核算和监督企业与其他债权单位或个人之间的债务结算业务的账户,主要包括"短期借款""应付账款""应付票据""预收账款""其他应付款""应交税费""应付利息"等。其账户的结构特点是:贷方登记债务的增加数,借方登记债务的减少数,余额在贷方,表示期末尚未偿付的债务的实有数额。

债务结算账户的结构如图 5.4 所示。

借方	债务结算账户	贷方
	期初余额:债务的期初实有额	
本期发生额:债务的本期减少数	本期发生额:债务的本期增加额	
	期末余额:债务的期末实有额	

图 5.4 债务结算账户的结构

(三) 债权债务结算账户

债权债务结算账户亦称资产负债结算账户,是用来核算和监督企业同其他单位或个人之间往来结算业务的账户。这类账户既核算债权结算业务,又核算债务结算业务,属于双重性质的账户。其账户结构的特点是:借方登记债权的增加数和债务的减少额,贷方登记债务的增加数和债权的减少额,期末余额如在借方,表示尚未收回的债权净额(尚未收回的债权大于尚未偿还的债务的差额);期末余额如在贷方,表示尚未偿还的债务净额(尚未偿还的债务大于尚未收回的债权的差额)。

债权债务结算账户的结构如图 5.5 所示。

借方	债权债务结算账户	贷方
期初余额: 债权大于债务的期初差额 本期发生额: 债权的本期增加额或债务的本期减少额		期初余额: 债务大于债权的期初差额 本期发生额: 债务的本期增加额或债权的本期减少额
期末余额: 债权大于债务的期末差额		期末余额: 债务大于债权的期末差额

图 5.5 债权债务结算账户的结构

在实际工作中,企业与某一个单位经常发生往来结算业务,有时企业是债权人,有时企业是债务人。为了集中核算企业与同一单位发生的债权、债务的往来结算业务,可以设置债权债务账户,用来核算应收款项和预付款项或者应付款项和预收款项的增减变动及其结存数额。例如,如果企业预收账款不多时,可以不单设"预收账款"账户,而使用"应收账款"账户,同时反映企业应收款和预收款的增减变动及结存。此时,"应收账款"就是一个债权债务结算账户。同样,如企业不设"预付账款"账户,而用"应付账款"账户,同时核算企业应付、预付增减变动及结果,则"应付账款"为债权债务结算账户。

设置债权债务账户的企业应注意,债权债务结算账户的借方余额或贷方余额只是表示债权和债务增减变动的差额,并不一定表示企业债权债务的实际余额。在编制资产负债表时,应根据有关明细分类账户的余额,将所有明细分类账户的借方余额之和列入资产负债表的资产方;贷方余额之和列入资产负债表的负债方,以如实反映债权、债务的实际情况。

三、资本账户

资本账户是用来核算和监督所有者投入资本和盈余积累资本的增减变化及其实有数额的账户,包括"实收资本""资本公积""盈余公积"等账户。资本账户反映的内容属于所有者权益的性质,其账户结构的特点是:贷方登记所有者投入资本和盈余积累资本的增加数,借方登记所有者投入资本和盈余积累资本的减少额,余额在贷方,表示期末所有者投入资本和盈余积累资本的实有数。

资本类账户的结构如图 5.6 所示。

借方	资本账户	贷方
本期发生额：所有者投入资本和盈余积累资本的减少额	期初余额：期初所有者投入资本和盈余积累资本的实有额 本期发生额：期初所有者投入资本和盈余积累资本的增加额	
	期末余额：期末所有者投入资本和盈余积累资本的实有额	

图 5.6　资本账户的结构

资本账户的特点如下：

（1）为了反映各投资者对企业实际投资情况，实收资本账户要按投资者分别设置明细分类账。

（2）所有资本账户都只需提供金额指标，不需提供数量指标。

四、集合分配账户

集合分配账户是用来归集在生产经营过程中，某一阶段所发生的应由多个成本计算对象共同负担的某种费用，然后按一定标准，并在一定的对象中加以分配的账户。属于这类账户的有"制造费用"账户。该类账户反映的内容属于费用类性质，其账户结构的特点是：借方登记费用的发生额，贷方登记费用的分配额，没有期末余额。

集合分配账户的结构如图 5.7 所示。

借方	集合分配账户	贷方
本期发生额：归集经营过程中某一方面费用的本期发生额	本期发生额：本期中按一定标准在一定对象间分配的费用数	

图 5.7　集合分配账户的结构

五、成本计算账户

成本计算账户是用来核算和监督生产经营过程中某一阶段所发生的全部费用，并确定该阶段各个成本计算对象的实际成本的账户，包括"材料采购""在途物资""生产成本""劳务成本"等账户。成本计算账户结构的特点是：借方登记应记入成本的全部费用（其中，一部分是在费用发生时直接记入的直接费用，另一部分是在期末通过集合分配账户转来的间接费用),贷方登记转出的成本计算对象的实际成本,期末如有余额一定在借方,表示尚未完成某一阶段的成本计算对象的实际成本。

成本计算账户的结构如图 5.8 所示。

借方	成本计算账户	贷方
期初余额:期初尚未完成的经营过程某一阶段的成本计算对象的实际成本 本期发生额:归集经营过程某一阶段发生的全部费用		本期发生额:转出的已完成成本计算对象的实际成本
期末余额:期末尚未完成的经营过程某一阶段成本计算对象的实际成本		

图 5.8 成本计算账户的结构

成本计算账户同集合分配账户有三点不同:

(1)成本计算账户归集的是某一成本计算对象的全部费用,而集合分配账户所归集的只是某一部分费用。

(2)成本计算账户要将已完成成本计算对象的成本从账户的贷方转出,未完成成本计算对象的费用作为账户的期末余额;而集合分配账户是将所归集的费用,全额转到有关成本计算账户中去。

(3)成本计算账户期末一般有余额,而集合分配账户期末没有余额。

六、收入账户

收入账户是用来核算和监督企业在某一时期内所取得的各种收入和利得的账户,包括"主营业务收入""其他业务收入""营业外收入""投资收益"等账户。收入账户反映的内容属于收入性质,其账户结构的特点是:贷方登记本期收入和利得的增加额,借方登记当期收入和利得的减少数额以及期末转入"本年利润"账户的收入和利得数。由于企业当期实现的全部收入和利得都应于期末结转至本年利润账户的贷方,所以,收入账户期末没有余额。

收入账户的结构如图 5.9 所示。

借方	收入账户	贷方
本期发生额:收入和利得的减少数;期末转入本年利润账户的收入和利得数		本期发生额:本期收入和利得的增加额

图 5.9 收入账户的结构

七、费用账户

费用账户是用来反映和监督企业在某一时期内所发生的应计入当期损益的各项费用、成本、支出的账户，包括"主营业务成本""其他业务成本""营业税金及附加""销售费用""管理费用""财务费用""所得税费用"等账户。费用账户反映的内容属于费用性质，其账户结构的特点是：借方登记一定会计期间发生的各项费用的增加额，贷方登记费用减少额和期末转入"本年利润"账户的费用支出结转数。由于当期发生的各项费用支出都应于期末转入本年利润账户的借方，所以，费用账户期末没有余额。

费用账户的结构如图 5.10 所示。

借方	费用账户	贷方
本期发生额：本期费用支出的增加额		本期发生额：本期费用支出的减少额；期末转入本年利润账户的费用支出数

图 5.10 费用账户的结构

八、财务成果计算账户

财务成果账户是用来核算和监督企业在一定时期内全部生产经营活动最终财务成果的账户，"本年利润"账户是财务成果计算账户的典型。该类账户反映的内容属于所有者权益性质，其账户的结构特点是：贷方登记期末从各收入类账户转入的数额，借方登记期末从各费用类账户结转的数额，期末如为贷方余额，表示收入大于费用的差额，为本期获得的利润；若为借方余额，表示本期费用大于收入的差额，为本期发生的亏损总额。到了年终结算时，通常要把本年度实现的利润或发生的损失从本年利润账户转入利润分配账户。该账户年终结算后应无余额。

财务成果计算账户的结构如图 5.11 所示。

借方	财务成果计算账户	贷方
本期发生额：期末从各费用类账户结转的数额		本期发生额：期末从各收入类账户结转的数额
期末余额：本期累计发生的亏损总额		期末余额：本期累计实现的净利润额

图 5.11 财务成果计算账户的结构

九、计价对比账户

计价对比账户是用来核算和监督经营过程某项经济业务，按照两种不同的计价标准进行分析，借以确定其业务成果的账户，如工业企业材料日常收发按计划成本核算时所设置的"材料采购"账户就是计价对比账户。这类账户结构的特点是：借方记录某项经济业务的一种计价标准，贷方记录该项经济业务的另一种计价标准，期末将两种计价结果进行对比，从而确定业务成果。如在"材料采购"账户中，借方登记材料的实际采购成本，贷方登记按计划价格核算的材料的计划成本。通过借贷双方计价的对比，就可以确定材料采购业务的成果。实际成本大于计划成本为超支差异，实际成本小于计划成本为节约差异。由于确定的材料采购业务成果应全部从"材料采购"账户转入"材料成本差异"账户，计价对比账户期末一般无余额。

计价对比账户的结构如图 5.12 所示。

借方	计价对比账户	贷方
本期发生额：某一经济业务的一种计价贷差结转		本期发生额：同一经济业务的另一种计价结转

图 5.12 计价对比账户的结构

十、调整账户

调整账户是用来调整被调整账户的余额，以确定被调整账户实际数额而设置的账户。由于管理上的需要，在会计核算中，需要对同一项目设置两个账户，一个账户反映原始数字；另一个账户反映对原始数额的调整数字。将原始数字同调整数字相加或相减，即可求得被调整后的实际余额。

调整账户按其调整方式的不同，可以分为备抵调整账户、附加调整账户、备抵附加调整账户三类。

（一）备抵调整账户

备抵调整账户亦称抵减账户，是用来抵减被调整账户的余额，以求得被调整账户实际余额的账户。其调整方式，可用下列计算公式表示：

被调整账户的实际数额 = 被调整账户的余额 − 备抵账户的余额

备抵调整账户与被调整账户所反映的经济内容相同，但账户余额方向相反，如果被调整账户的余额在借（贷）方，则被调整账户的余额一定在贷（借）方。

按照被调整账户的性质，备抵调整账户又可分为资产备抵账户和权益备抵账户两类。

1. 资产备抵账户

资产备抵账户是用来调减某一资产账户,以求得该资产账户实际余额的账户,包括"累计折旧""累计摊销""坏账准备"等账户等。其中,"累计折旧"账户是"固定资产"账户的备抵账户,"累计摊销"账户是"无形资产"账户的备抵账户,"坏账准备"账户是"应收账款"账户的备抵账户。资产备抵账户的调整方式,可用下列计算公式表示:

$$被调整账户的实际余额=被调整账户的借方余额-备抵账户的贷方$$

2. 权益备抵账户

权益备抵账户是用来调减某一权益账户,以求得权益账户实际余额的账户,包括"利润分配"等账户。"利润分配"账户是"本年利润"账户的备抵账户。权益备抵账户的调整方式,可用下列计算公式表示:

$$被调整账户的实际数额=被调整账户的贷方余额-备抵账户的借方余额$$

(二)附加调整账户

附加调整账户是用来增加被调整账户的余额,以求得被调整账户实际余额的账户。其调整方式,可用下列计算公式表示:

$$被调整账户的实际金额=被调整账户的余额+附加调整账户余额$$

被调整账户的余额与附加调整账户的余额在相同方向,上述公式才能成立。在我国的会计实务中,纯粹的附加调整账户很少使用。

(三)备抵附加调整账户

备抵附加调整账户亦称抵减附加调整账户,是指可以用来调减,又可以用来高增被调整账户的余额,以求得被调整账户实际余额的账户。备抵附加调整账户是一个双重性质的账户,其余额与被调整账户的余额在相反方向时,它是备抵调整账户;当其余额与被调整账户的余额在相同方向时,它是附加调整账户。备抵附加调整账户的调整方式,可用以下公式表示:

$$被调整账户实际余额=被调整账户的余额\pm 备抵附加调整账户余额$$

制造业企业采用计划成本进行材料的日常核算时,所设置的"材料成本差异"账户就属于备抵附加调整账户,该账户的用途与结构是财务会计阐述的内容,在此不赘述。

账户按用途和结构的分类,可用图5.13表示。

此外,账户还可按其他标准进行分类。如按其提供会计核算指标的详细程度分类,可分为总分类账户和明细分类账户;按其与会计报表的关系分类,可分为资产负债表账户和利润表账户;按账户期末是否有余额分类,可分为实账户和虚账户,等等。

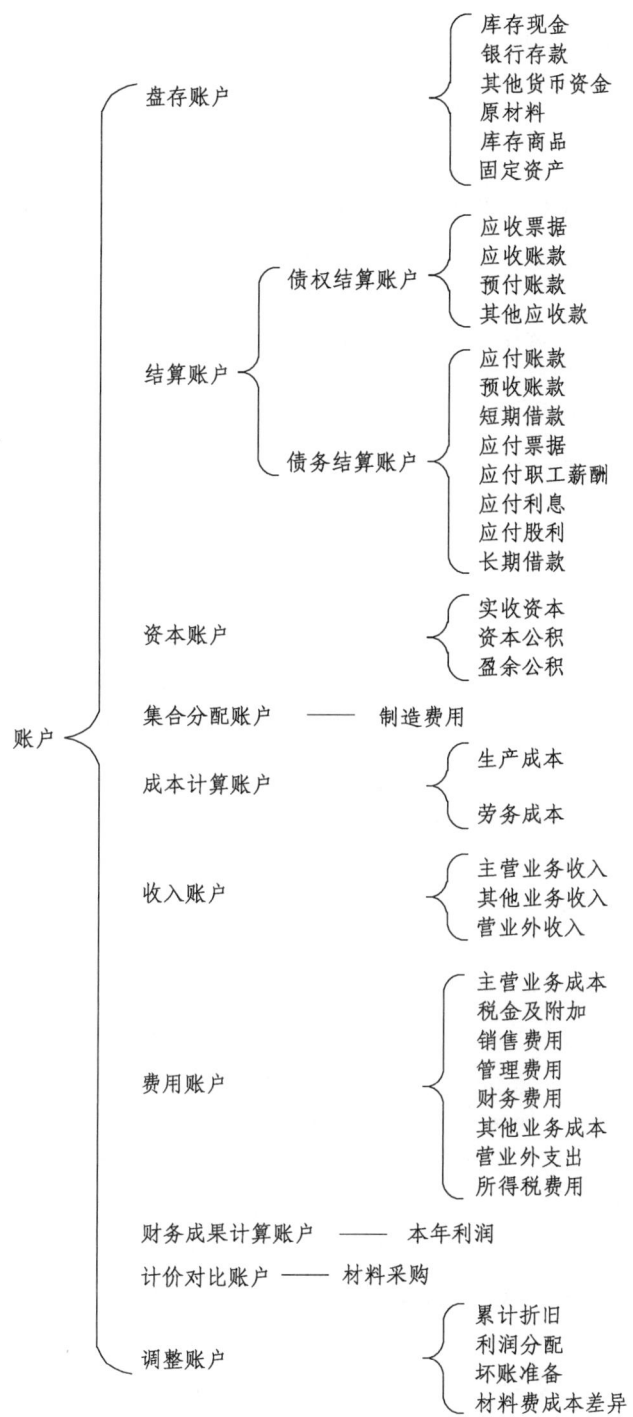

图 5.13 账户按用途和结构分类

本章小结

账户分类，就是从账户之间的联系和区别入手，从不同角度按一定标准对账户加以归类。通过账户的分类，可以揭示各类账户的共性和特性，掌握各类账户运用的规律性，进一步熟悉账户和正确地使用账户，以便正确地提供会计核算资料。

账户可以按照不同的标准，从不同角度进行分类。其中最主要的是按照账户的经济内容和用途与结构分类。账户按经济内容分类是账户分类的基础。账户按其所反映的经济内容，可以分为资产类、负债类、所有者权益类、成本类和损益类五大类。账户按用途和结构分类是对按经济内容分类的必要补充，可以分为盘存账户、结算账户、资本账户、集合分配账户、成本计算账户、收入账户、费用账户、财务成果计算账户、计价对比账户和调整账户十大类账户。

此外，账户还可按其他标准进行分类。如按其提供会计核算指标的详细程度分类，可分为总分类账和明细分类账户；按其与会计报表的关系分类，可分为资产负债表账户和利润表账户；按账户期末是否有余额分类，可分为实账户和虚账户，等等。

本章习题

一、思考题

1. 账户的经济内容是什么？账户按经济内容分类，可以分为哪几类？
2. 账户按用途和结构分类，可以分哪几类？
3. 什么是结算账户？结算账户分为哪几类？
4. 什么是调整账户？调整账户分为哪几类？举例说明调整账户的调整方式。
5. 什么是集合分配账户和成本计算账户？两者有什么区别？

二、单项选择题

1. 账户分类的基础是（　　）。
   A. 账户的用途　　　　　　　　　　B. 账户的结构
   C. 账户的用途和结构　　　　　　　D. 账户的经济内容
2. 下列账户中，既属于盘存账户，又属于成本类账户的是（　　）。
   A. 库存商品账户　　　　　　　　　B. 生产成本账户
   C. 原材料账户　　　　　　　　　　D. 固定资产账户
3. 下列账户中，属于调整账户但不属于资产类账户的有（　　）。
   A. 累计折旧　　　B. 利润分配　　　C. 坏账准备　　　D. 材料成本差异
4. 债权债务结算账户的借方登记（　　）。
   A. 债权的减少、债务的增加　　　　B. 债权的减少、债务的减少
   C. 债权的增加、债务的减少　　　　D. 债权的增加、债务的增加
5. 下列账户中，属于集合分配账户的是（　　）。
   A. 利润分配账户　　B. 制造费用账户　　C. 管理费用账户　　D. 材料采购账户

6. 按照账户的用途和结构分类，"固定资产"属于（　　）。
   A. 资产类账户　　　　　　　　　　B. 成本类账户
   C. 盘存账户　　　　　　　　　　　D. 财务成果计算账户
7. 调整账户和被调整账户所反映的经济内容是（　　）。
   A. 不同的　　　B. 相同的　　　C. 原始数据　　　D. 调整数据
8. 结算账户的期末余额在（　　）。
   A. 在借方　　　　　　　　　　　　B. 在贷方
   C. 可能在借方，也可能在贷方　　　D. 为 0
9. 下列账户中属于成本计算账户的是（　　）。
   A. 主营业务成本　B. 物资采购　　C. 营业费用　　　D. 管理费用
10. 属于计价对比账户的是（　　）。
   A. 利润分配　　　B. 累计折旧　　C. 本年利润　　　D. 材料成本差异

三、多项选择题

1. 下列反映流动资产的账户有（　　）。
   A. 材料采购　　　　　　　　　　　B. 原材料
   C. 短期借款　　　　　　　　　　　D. 在途物资
2. 下列各账户中按用途和结构分类属于盘存账户的有（　　）。
   A. 库存现金账户　B. 原材料账户　C. 固定资产账户　D. 生产成本账户
3. 下列账户中属于债权债务结算账户的有（　　）。
   A. 应收账款账户　B. 预收账款账户　C. 应付账款账户　D. 预付账款账户
4. 下列账户期末一般没有余额的是（　　）。
   A. 收入类账户　　B. 费用类账户　　C. 成本计算账户
   D. 集合分配账户　E. 结算类账户
5. 账户的结构，应该包括（　　）。
   A. 账户借方登记的内容　　　　　　B. 账户贷方登记的内容
   C. 账户期末余额及方向　　　　　　D. 账户余额反映的内容
6. 以下属于成本计算的账户有（　　）。
   A. 原材料　　　　B. 管理费用　　　C. 材料采购
   D. 销售费用　　　E. 生产成本
7. 下列账户中，属于跨期摊提账户的有（　　）。
   A. 待摊费用　　　　　　　　　　　B. 利润分配
   C. 预提费用　　　　　　　　　　　D. 税金及附加

四、判断题

1. 盘存账户的借方登记各种财产物资的减少数或货币资金的支出。（　　）
2. 债权结算账户在一定条件下可以转化为债务结算账户。（　　）
3. 期间费用账户是专门用于归集企业在经营过程中各项收入的账户。（　　）
4. 成本计算账户可以提供有关成本计算对象的货币指标和实物指标。（　　）

5. 抵减账户与被调整账户的关系可以表示为：抵减账户余额－被调整账户余额＝被调整账户账面价值。   (   )

五、实务题

1. 目的：练习账户按经济内容和用途结构分类。

2. 账户名称：应收账款、应付账款、短期借款、制造费用、银行存款、应付票据、预付账款、原材料、本年利润、实收资本、财务费用、管理费用、库存现金、生产成本、累计折旧、盈余公积、库存商品、利润分配、应交税费、固定资产、主营业务收入、主营业务成本、其他业务成本、材料成本差异、固定资产清理。

3. 要求：将上列账户填入表 5.1 相应的栏内。

表 5.1

	资产类账户	负债类账户	所有者权益类账户	成本账户	损益账户
盘存账户					
结算账户					
资本账户					
集合分配账户					
成本计算账户					
收入账户					
费用账户					
财务成果账户					
计价对比账户					
调整账户					

第六章 会计凭证

【学习目标】

通过本章学习，学生要了解会计凭证的概念、作用与分类，包括原始凭证和记账凭证的分类方法和基本内容；掌握原始凭证和记账凭证的填制要求、填制方法以及审核内容；了解会计凭证的传递和保管要求。

【学习重点及难点】

重点掌握原始凭证和记账凭证的填制要求和填制方法；难点是理解原始凭证和记账凭证的审核内容。

【引言】

黄某，系某公司总经理，2002年8月至2004年9月，黄某利用职务便利，在未订立相关借款合同的情况下，以转账支票的方式，先后分7次将公司160万元人民币拆借给某电器总厂，且均未在公司财务中反映借款事项。

2002年以来，黄某为掩盖其贪污、挪用公款的违法犯罪行为，为逃避法律制裁，故意隐匿、故意销毁应当保存的会计凭证、会计账簿。

这个案例说明了什么？

第一节 会计凭证的意义和种类

一、会计凭证的概念和作用

会计凭证是记录经济业务、明确经济责任、具有法律效力的书面证明，也是登记账簿的依据。例如，购买商品、原材料由供货方开出发票；支出款项由收款方开出收据；接收商品、材料入库要有收货单；发出商品要有发货单；发出材料要有领料单等。发票、收据、收货单、发货单、领料单等都是会计凭证。

填制和取得会计凭证是会计工作的起点和基础。任何会计主体每发生一笔经济业务，都要填制或取得会计凭证，并由有关经办人员在会计凭证上签名或盖章，以对凭证上所记载的内容负责。只有经过有关人员审核无误的会计凭证，才可以作为记账的依据。因此，填制和审核会计凭证，对于如实反映经济业务的内容，保证账簿记录的真实性和可靠性，有效监督和控制经济业务的合法性和可靠性，为会计信息的使用者提供真实可靠的会计信息，具有重要的意义。

（一）会计凭证是登记账簿的依据

任何经济业务的发生都必须取得或填制会计凭证，记账必须以审核无误的会计凭证为依据，没有凭证，就不能作账。这就保证了会计记录的客观性、真实性和可靠性，防止主观臆断和弄虚作假等行为，使会计信息的质量得到了可靠保障。

（二）会计凭证是审核经济业务的依据

经济业务是否真实、正确、合法、合理，在记账前都要根据会计凭证进行逐笔审核。审核会计凭证，可以监督和检查每笔经济业务是否符合国家有关法律、法规和制度的规定，符合计划、预算进度，是否有违法乱纪、铺张浪费等行为，从而充分发挥会计监督的作用，保护财产安全，保证经济活动健康运行。

（三）会计凭证可以加强经济责任制

由于每一项经济业务都要取得或填制会计凭证，并由相关单位和人员在凭证上签名或盖章，以示责任，这样就加强了经济责任制，促使有关人员在自己的职责范围内严格按照规章制度办事。一旦出现经济纠纷等有关问题，也便于查明原因、分清责任。

二、会计凭证的分类

会计凭证的种类很多，可以按照不同的标准予以分类，其最基本的方法是按照填制的程序和用途分类。按填制程序和用途，会计凭证可以分为原始凭证和记账凭证两大类。

（一）原始凭证

原始凭证又称单据，是在经济业务发生或完成时取得或填制的，用以记录或证明经济业务的具体内容和完成情况，明确经济责任，具有法律效力的一种原始书面证明。它是进行会计核算的原始资料和重要依据。原始凭证的种类、格式多种多样，可以按照不同的标准进行分类。

1. 原始凭证按其来源的不同，分为外来原始凭证和自制原始凭证

（1）外来原始凭证，是指经济业务发生时，从其他单位或个人直接取得的原始凭证。

例如，购货时从供应单位取得的增值税专用发票，归还欠款时由收款单位或个人开来的收据，出差乘坐交通工具时取得的车票、飞机票等。其格式如表6.1所示。

表 6.1 增值税专用发票

开票日期：　　　　　　　　发票联　　　　　　　　　　　　NO：

购货单位	名称			纳税人登记号		
	地址电话			开户银行及账号		

商品或劳务名称	计量单位	数量	单价	金　额	税率	税　额

销货单位	名称			纳税人登记号		
	地址电话			开户银行及账号		
收款人				开票单位（未盖章无效）		

（2）自制原始凭证，自制原始凭证是指本单位内部具体经办业务的部门和人员，在执行或完成某项经济业务时所填制的原始凭证。如商品、材料物资验收入库时的收货单、收料单，销售商品时开出的发货单等。

其格式如表 6.2~6.4 所示。

表 6.2 领料单

领料部门：加工车间　　　　　　　　　　　　　　　　　凭证编号：领 012
用　　途：电线生产　　　　　2018 年 7 月 12 日　　　　收料仓库：第一仓库

材料编号	材料规格及名称	计量单位	数　量		价　格	
			请领	实领	单价	金额（元）
1102	甲材料	千克	1 800	1 800	2	3 600
		备注			合计	3 600
记账：××		发料：××		审批：××		领料：××

表 6.3 收料单

供货单位：××公司　　　　　　　　　　　　　　　　　凭证编号：收 012
发单号码：0054712　　　　　　2018 年 7 月 13 日　　　仓库：　第二仓库

材料编号	材料规格及名称	计量单位	数　量		实际成本			
			应收	实收	单价（元/克）	金额（元）	运杂费（元）	其他	合计（元）
1403	乙材料	千克	4 500	4 500	3	13 500	400		13 900
备注			合　计						139 00
仓库负责人：××		记账：××		发料：××			制单：××		

表 6.4 产品入库单

交库单位：第一分厂　　　　　　2018 年 7 月 14 日　　　　　　凭证编号：领 013
　　　　　　　　　　　　　　　　　　　　　　　　　　　　　　收料仓库：

产品编号	产品名称	规格	计量单位	交付数量	检验结果		实收数量	单价	金额
					合格	不合格			
3101	电吹风	F202	只	2 000	2 000	—	2 000	42.00	84 000
备　注							合　计		84 000

2. 原始凭证按其填制方法不同，可分为一次凭证、累计凭证、汇总凭证和记账编制凭证四种

（1）一次凭证，是指对一项或若干项同类经济业务，在发生或完成时一次填制完成的原始凭证。所有的外来原始凭证和绝大多数的自制原始凭证都属于一次凭证，如"现金收据""发货票""收料单""领料单""产品入库单""借款单"等。一次凭证能够清晰地反映经济业务的情况，使用方便灵活，但数量较多。

（2）累计凭证，它是指在一定时期内连续记载不断重复发生的同类经济业务，至期末根据其累计数作为记账依据的原始凭证。累计凭证是随着经济业务的发生而分次登记使用的，可以减少凭证张数，简化填制手续；同时，也可以随时计算累计发生数，以便与计划或定额数量进行比较，反映经济业务执行或完成的情况，便于控制管理。如"费用限额卡""限额领料单"等。限额领料单的格式如表 6.5 所示。

表 6.5 限额领料单
年　月　日

领导部门：　　　　　　　　　　　　　　　　　　　　　　　　　　　凭证编号：
产品名称、号码：　　　　　　计划产量：　　　　单位消耗定额：　　　编号：

材料编号	材料名称	规格	计量单位	计划单位	领料限额	全月实用	
						数量	金额
领料日期	请领数量	实发数量	领料人签章	发料人签章		限额结余	
合　计							

供应部门负责人：　　　　　生产部门负责人：　　　　　仓库管理员：

表 6.6　发出材料汇总表

年　月　日

会计科目		领料部门	原材料	辅助材料	燃料	包装物	合　计
生产成本	基本生产车间	一车间					
		二车间					
		小计					
	辅助生产车间	供水车间					
		供电车间					
		小计					
制造费用		一车间					
		二车间					
		小计					
管理费用		行政部门					
合　计							

财会负责人：　　　　　　　　复核：　　　　　　　　制表：

（3）汇总凭证，也叫原始凭证汇总表，是根据许多同类经济业务的原始凭证或会计核算资料定期加以汇总而重新编制的原始凭证。如"收料凭证汇总表""发料凭证汇总表""工资结算汇总表""差旅费报销单"等。"发料凭证汇总表"的格式如表 6.6 所示。

（4）记账编制汇总表，是指根据账簿记录结果和其他有关资料，把某一项经济业务加以归类、整理而重新编制的一种自制原始凭证。如月末计提折旧时编制的固定资产折旧计算表；月末分配制造费用时编制的制造费用分配表；月末分摊待摊费用时编制的待摊费用分配表，等等。制造费用分配表的格式如表 6.7 所示。

表 6.7　制造费用分配表

年　月　日

车间：

分配对象	分配标准	分配率	分配额
合　计			
会计主管		审核	制表

3. 原始凭证按其格式不同，分为通用凭证和专用凭证

（1）通用凭证，是指全国或某一地区、某一部门统一格式的原始凭证。如由银行统一印制的结算凭证、税务部门统一印制的发票等。

（2）专用凭证是指一些单位具有特定内容、格式和专门用途的原始凭证。如高速公路通过费收据、养路费缴款单等。

以上是按不同的标准对原始凭证进行的分类。它们之间是相互依存、密切联系的，有些原始凭证按照不同的分类标准分别属于不同的种类。如现金收据对于出具的单位来说是自制原始凭证，而对于接收收据的单位来说则是外来原始凭证；同时，它既是一次凭证，又是专用凭证。外来凭证大多为一次凭证，累计凭证大多为自制原始凭证。

（二）记账凭证

由于原始凭证内容广泛、种类繁多、格式不一，不能直接表明应记入会计账户的名称和方向，不适于作为直接登记账簿的依据。所以为了便于登记账簿和查账，必须填制记账凭证。编制记账凭证，不仅可以减少记账错误，而且便于对账和查账，保证记账工作的质量。我国《会计基础工作规范》规定：会计机构、会计人员要根据审核无误后的原始凭证编制记账凭证。

所谓记账凭证是指会计人员根据审核无误的原始凭证或原始凭证汇总表，用来确定经济业务应借、应贷的会计科目和金额而填制的，作为登记账簿直接依据的会计凭证。

由于会计凭证记录和反映的经济业务多种多样，因此，记账凭证也是多种多样的。记账凭证按不同的标准，有不同的分类。

1. 记账凭证按其适用的范围，分为专用记账凭证和通用记账凭证

（1）专用记账凭证。它是指用来专门记录某一类经济业务的记账凭证。专用记账凭证按其反映经济业务的内容的不同，可分为收款凭证、付款凭证和转账凭证三种。

① 收款凭证。它是用来专门记录现金和银行存款收款业务的记账凭证。它是根据现金和银行存款收款业务的原始凭证填制的。收款凭证是出纳人员收讫款项的依据，也是登记总账、现金日记账和银行存款日记账以及有关明细账的依据。

收款凭证的格式如表 6.8 所示。

表 6.8　收款凭证

年　　月　　日

借方科目：　　　　　　　　　　　　　　　　　　　　　　　　　收字第　　号

摘　要	贷方科目		金　额	记账符号	附单据　张
	总账科目	明细科目			
合　　计					

会计主管：　　　　记账：　　　　审核：　　　　制证：　　　　出纳：

② 付款凭证。它是用来记录现金和银行存款付款业务的记账凭证,是根据现金和银行存款付款业务的原始凭证填制的。付款凭证是出纳人员支付款项的依据,也是登记总账、现金日记账和银行存款日记账以及有关明细账的依据。

付款凭证的格式如表 6.9 所示。

表 6.9　付款凭证

年　　月　　日

贷方科目：　　　　　　　　　　　　　　　　　　　　　　　付字第　　号

摘要	借方科目		金额	记账符号	附单据　　张
	总账科目	明细科目			
合计					

会计主管：　　　记账：　　　审核：　　　制证：　　　出纳：

③ 转账凭证。它是用来记录不涉及现金和银行存款业务收付业务的转账业务的记账凭证。凡是不涉及现金收付和银行存款收付的其他经济业务,均为转账业务,应据此编制转账凭证。

转账凭证的格式如表 6.10 所示。

表 6.10　转账凭证

年　　月　　日

　　　　　　　　　　　　　　　　　　　　　　　　　　　　转字第　　号

摘要	会计科目		借方金额	贷方金额	记账符号	附单据　　张
	总账科目	明细科目				
合计						

会计主管：　　　记账：　　　审核：　　　制证：

收款凭证、付款凭证、转账凭证分别用以记录现金及银行存款的收款业务、付款业务和转账业务(与现金、银行存款收支无关的业务)。但需要注意的是,在会计实务中,对于涉及现金和银行存款之间相互划转的经济业务,如从银行提取现金,或将现金存入银行,在编制记账凭证时,一般只编制付款凭证,而不编制收款凭证,即:从银行提取现金业务编制银行存款付款凭证,将现金存入银行业务编制现金付款凭证。这样做,既可避免重复记账,又可加强对付款的审核与检查。

（2）通用记账凭证。它是指凭证格式具有通用性，可以记录各种经济业务的记账凭证。这种凭证不再分为收款凭证、付款凭证和转账凭证，适用于规模小、经济业务较简单、收付款业务较少的经济单位。

通用记账凭证的格式如表6.11所示。

表6.11 记账凭证

年   月   日

字第   号

摘 要	会计科目		借方金额	贷方金额	记账符号	附单据 张
	总账科目	明细科目				
合 计						

会计主管：　　　记账：　　　审核：　　　制证：　　　出纳：

2. 记账凭证按其填制方式的不同，可分为单式记账凭证和复式记账凭证

（1）单式记账凭证，又称单科目记账凭证，是在每张记账凭证上只填列一个会计科目，而对应科目的名称仅作参考，不据以记账。其中填列借方科目的称为借项记账凭证（见表6.12），填列贷方科目的称为贷项记账凭证（见表 6.13）。一项经济业务涉及几个会计科目就要编制几张记账凭证，并用一定的编号方法将它们联系起来，以便查对。单式记账凭证的优点是：内容单一，便于记账工作的分工，也便于按科目汇总，并可加速凭证的传递；其缺点是：凭证张数多，内容分散，在一张凭证上不能完整地反映一笔经济业务的全貌，不便于检验会计分录的正确性，故需加强凭证的复核、装订和保管工作。

表6.12 借项记账凭证

2018年7月10日

对应科目：银行存款　　　　　　　　　　　　　记字第9 1/2 号

摘 要	一级科目	明细科目	金 额	记账	附单据1张
提取现金	库存现金		1 000	√	
合 计			¥1 000		

会计主管：　　　记账：　　　出纳：　　　复核：　　　制证：

表 6.13　贷项记账凭证

2018 年 7 月 10 日

对应科目：库存现金　　　　　　　　　　　　　　　　　　　记字第 9 2/2 号

摘　要	一级科目	明细科目	金　额	记账
提取现金	银行存款		1 000	√
合　　计			¥1 000	

附单据 1 张

会计主管：　　　记账：　　　出纳：　　　复核：　　　制证：

（2）复式记账凭证，是指将每一笔经济业务事项所涉及的全部会计科目及其发生的额均在同一张凭证中反映的一种记账凭证。即一张记账凭证上登记一项经济业务所涉及的两个或两个以上的会计科目。即有"借方"，又有"贷方"。复式记账凭证的优点是：可以集中反映账户的对应关系，有利于了解经济业务的全貌，同时还可以减少凭证的数量，减轻编制记账凭证的工作量，便于检验会计分录的正确性。其缺点是：不便于汇总计算每一会计科目的发生额和进行分工记账。在实际工作中，普遍使用的是复式记账凭证。上述收款凭证、付款凭证和转账凭证都是复式记账凭证。

3. 记账凭证按汇总方法不同，分为单一记账凭证、汇总记账凭证和科目汇总表（亦称记账凭证汇总表）

（1）单一记账凭证，是指只包括一笔会计分录的记账凭证，上述的专用记账凭证和通用记账凭证均为单一记账凭证。

（2）汇总记账凭证，是指根据许多同类的单一记账凭证定期加以汇总而重新编制的记账凭证。其目的是为了简化总分类账的登记手续。根据所反映经济业务的内容，汇总记账凭证又可进一步分为汇总收款凭证（见表 6.14）、汇总付款凭证（见表 6.15）和汇总转账凭证（见表 6.16）。

表 6.14　汇总收款凭证

年　　月　　日

借方科目：库存现金

贷方科目	金　额				总账页数	
	1～10 日收款证号至　号	11～20 日收款凭证号至　号	21～30 日收凭证号至　号	合　计	借方	贷方
合　计						

会计负责人：　　　记账：　　　出纳：　　　复核：　　　制证：　　　附件　张

表 6.15 汇总付款凭证

年　月　日

借方科目：库存现金

贷方科目	金　额			合　计	总账页数	
	1～10日付款凭证号至号	11～20日付款凭证号至号	21～30日付款凭证号至号		借方	贷方
合　计						

会计负责人：　　　记账：　　　出纳：　　　复核：　　　制证：　　　附件　张

表 6.16 汇总转账凭证

年　月　日　　　　　　　　　　　　　汇字　号

贷方科目：

借方科目	金　额			合　计	总账页数	
	1～10日转账凭证号至号	11～20日转账凭证号至号	21～30日转账凭证号至号		借方	贷方
合　计						

会计负责人：　　　记账：　　　出纳：　　　复核：　　　制证：　　　附件　张

（3）科目汇总表是指根据一定时期内所有的单一记账凭证定期加以汇总而重新编制的记账凭证。其目的是为了简化总分类账的登记手续。其格式如表 6.17 所示。

表 6.17 科目汇总表

年　月　日　　　　　　　　　　　　　汇字　号

会计科目	总账页次	本期发生额	
		借方	贷方
库存现金			
银行存款			
原材料			
固定资产			
长期借款			
短期借款			
应付账款			
应付职工薪酬			
实收资本			
资本公积			
管理费用			
合　计			

会计负责人：　　　记账：　　　出纳：　　　复核：　　　制证：　　　附凭证　张

记账凭证的分类如图 6.1 所示。

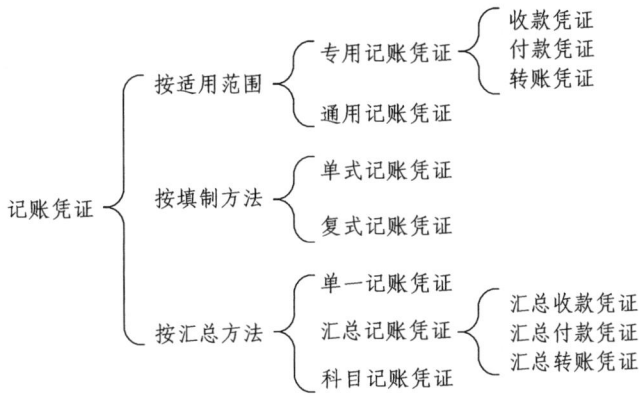

图 6.1　记账凭证的分类

第二节　原始凭证的填制和审核

一、原始凭证的基本内容

由于经济业务是多种多样的，因而用来记录经济业务的原始凭证，其内容和格式也不尽相同。但不管怎样，它们都必须具备下列基本内容，这些基本内容就是每张原始凭证所应该具备的要素，通常称为凭证要素，主要包括如下内容：

（1）原始凭证的名称和编号；
（2）填制凭证的日期；
（3）交易双方单位的名称；
（4）经济业务的内容；
（5）经济业务所涉及的财物数量、单价和金额；
（6）有关经办人员的签名或盖章；
（7）原始凭证的联次及附件。

此外，有些原始凭证不仅要满足会计工作的需要，还应满足其他管理工作的需要。因此，在有些凭证上，除具备上述内容外，还应具备其他一些项目，如与业务有关的经济合同、结算方式、费用预算等，以更加完整、清晰地反映经济业务。

二、原始凭证的填制要求

原始凭证作为经济业务的原始证明，其填制必须符合一定的要求。这些要求主要包括以下几方面：

（一）记录真实

原始凭证上填制的日期、经济业务内容和数字必须按照经济业务的实际发生或完成情况来填制，保证其真实、可靠，不得弄虚作假，不得以匡算数或估计数填入，不得涂改、挖补。

（二）内容完整

原始凭证上规定的填写项目必须填列齐全，不得漏掉和省略任何一项。凭证上的文字和数字必须书写清楚，易于辨认；名称要写全，不能简化；品名和用途要填写明确，不能含糊不清；数量、单价、金额等的计算必须正确无误，有关部门和人员的签名和盖章必须齐全。项目填写不齐全的原始凭证不能作为经济业务的合法证明，也不能作为编制记账凭证的附件和依据。

（三）手续完备

单位自制的原始凭证必须有经办业务人的部门和人员签名或盖章；对外开出的凭证必须加盖本单位的公章或财务专用章；从外部取得的原始凭证必须有填制单位公章或财务专用章。总之，取得的原始凭证必须符合手续完备的要求，以明确经济责任，确保凭证的合法性和真实性。

【知识拓展】

"公章"的含义

"公章"是指具有法律效力和特定用途，能证明单位身份和性质的印鉴，包括业务公章、财务专用章、发票专用章、结算专用章等。不同的行业、单位对票据上的单位公章有不同的要求。填制原始凭证时，凡单位公章模糊或不符合规定的，均不能作为经济业务的合法证明，也不能作为有效的会计凭证。

（四）填制及时

每项经济业务在发生或完成以后，都要立即填制原始凭证，做到不积压、不误时、不事后补制。原始凭证经签章后即递交会计部门，以便会计部门审核后及时据以编制记账凭证，保证会计工作的时效性。

（五）编号连续

原始凭证要顺序连续或分类编号，在填制时要按照编号的顺序使用，跳号的凭证要加盖"作废"戳记，连同存根一起保管，不得撕毁。

（六）书写规范

原始凭证要用蓝色或黑色墨水书写。原始凭证中文字、数字的书写要清晰、工整、规范，做到字迹端正，易于辨认，不得随意使用未经国务院颁布的简化字，大、小写金额要一致。复写的凭证要不串行、不串格、不模糊，一式几联的原始凭证应当注明各联的用途。

（1）阿拉伯数字应当一个一个地写，不得连笔写。特别是连写几个"0"时，也一定要单个地写，不能将几个"0"连在一起一笔写完。阿拉伯数字的书写要求数字的高度应占凭证横格的 1/2 为宜，书写时还要注意紧靠横格底线，使上方留有一定的空位，以便在需要进行更正时可以再次书写。数字排列要整齐，数字之间的空格要均匀，不宜过大。

（2）阿拉伯小写金额数字前面应当书写货币币种或者货币名称简写和币种符号，如人民币符号"￥"，美元符号"US＄"。币种符号与阿拉伯金额数字之前不得留有空白。凡阿拉伯数字前写有币种符号的，数字后面不再写货币单位。所有以元为单位（其他货币种类为货币基本单位，下同）的阿拉伯数字，除表示单价等情况外，一律填写到角分；无角分的，角位和分位可写"00"、或符号"－"；有角无分的，分位应当写"0"，不得用符号"－"代替。

（3）汉字大写金额数字如零、壹、贰、叁、肆、伍、陆、柒、捌、玖、拾、佰、仟、万、亿等，一律用正楷字或者行书体书写，不得用〇、一、二、三、四、五、六、七、八、九、十等简化字代替，不得任意自造简化字。大写金额数字到元或角为止的，在"元"或者"角"字之后应写"整"或者"正"；大写金额数字有分的，分字后面不写"整"或者"正"字。

（4）大写金额数字前未印有货币名称的，应当加填货币名称，名称与金额数字之间不得留有空白。

（5）阿拉伯金额数字中间有"0"时，汉字大写金额要写"零"字，如 103 452，汉字大写金额为"人民币壹拾万零叁仟肆佰伍拾贰元整"；阿拉伯数字金额中间连续有几个"0"时，汉字大写金额中可以只写一个"零"字，如 100 052，汉字大写金额为"人民币壹拾万零伍拾贰元整"；阿拉伯数字元位是"0"，或者数字中间连续有几个"0"但角位不是"0"时，汉字大写金额可以只写一个"零"字，也可以不写"零"字。如人民币 100 000.52 元，汉字大写金额可以写成"人民币壹拾万元零伍角贰分"，也可以写成"人民币壹拾万元伍角贰分"。

三、原始凭证的审核

为了正确地反映经济业务的发生或完成情况，充分发挥会计的监督职能，保证原始凭证的合法性、真实性、合理性，会计机构负责人或经其指定的审核人员必须认真地、严格地审核原始凭证。在会计核算中，只有审核无误的原始凭证才能作为编制记账凭证的依据。

原始凭证的审核，主要包括以下几个方面：

1. 真实性审核

原始凭证作为会计信息的基本信息源，其真实性对会计信息的质量具有至关重要的影响。其真实性的审核包括凭证日期是否真实、业务内容是否真实、数据是否真实等内容审查。对于自制的原始凭证，必须有经办部门和经办人员的签名或盖章；对于外来的原始凭证，必须有填制单位的公章和填制人员的签章。

2. 合规性审核

这种审查是以有关政策、法规和制度等为依据，审查凭证所记录的经济业务是否符合有关规定，有无贪污盗窃、虚报冒领、伪造凭证等违法现象，有无不讲经济效益，违反计划和标准的要求等。不合法、不合理的原始凭证包括：多计或少计收入、支出、费用、成本；擅自扩大开支范围；提高开支标准；巧立名目，虚报冒领，违反规定出借公款、公物；套取现金，签发空头支票；私分公共财物和资金；擅自动用公款、公物请客送礼等现象。

3. 合理性审核

审核原始凭证所记录经济业务是否符合企业生产经营管理的需要，是否符合有关的计划和预算等。

4. 完整性和正确性审核

完整性主要审核其原始凭证上的项目是否填写齐全，手续是否完备。正确性主要是审核原始凭证的摘要和数字是否填写清楚、正确，数量、单价、金额计算有无差错，大小写金额是否相一致等。

5. 及时性审核

审核经济业务发生或完成时是否及时填制了有关原始凭证，是否及时进行了凭证的传递。审查时应注意审核凭证的填制日期，尤其是支票、商业汇票等时效性较强的原始凭证，更应仔细验证其签发日期。

会计人员在审核原始凭证时，一定要坚持原则，认真履行职责。《会计法》第十四条规定："会计机构、会计人员必须按照国家统一的会计制度的规定对原始凭证进行审核，对不真实、不合法的原始凭证有权不予接受，并向单位负责人报告；对记载不准确、不完整的原始凭证予以退回，并要求按照国家统一的会计制度的规定更正、补充。"

第三节　记账凭证的填制和审核

一、记账凭证的基本内容

记账凭证虽然有不同的种类，但都是通过原始凭证归类、整理，用来确定会计分录并据以登记账簿的一种会计凭证。因此，作为记账凭证，必须具备以下一些共同的基本内容：

（1）记账凭证的名称；
（2）填制凭证的日期；
（3）凭证编号；
（4）经济业务的内容摘要；
（5）会计科目和记账方向；
（6）记账金额，即会计科目（包括一级科目和明细科目）应计金额；

（7）所附原始凭证的张数和其他附件资料；

（8）填制凭证人员、稽核人员、记账人员、会计主管人员的签名或盖章。

原始凭证和记账凭证同属于会计凭证，但两者存在着以下差别：

（1）填制人员不同。原始凭证是由经办人员填制的；记账凭证一律由会计人员填制。

（2）填制时间不同。原始凭证是根据发生或完成的经济业务填制的；记账凭证是根据审核后的原始凭证填制的。

（3）填制依据不同。原始凭证仅用以记录、证明经济业务已经发生或完成；记账凭证要依据会计科目对已经发生或完成的经济业务进行归类、整理。

（4）填制用途不同。原始凭证是填制记账凭证的依据，记账凭证是登记账簿的依据。

二、记账凭证的填制要求

为了提高编制记账凭证的质量，发挥记账凭证的作用，记账凭证必须按照规定的格式，内容正确、及时地填制。各种记账凭证除严格按原始凭证的填制要求填制外，还应注意以下填制要求：

1. 依据真实

填制记账凭证，必须以审核无误的原始凭证及有关资料为依据。记账凭证应附有原始凭证，并注明张数。如果原始凭证需要另行保管，则应在附件栏中加以说明，以便查阅。

2. 内容完整

记账凭证应具备的内容都要具备，要按照记账凭证上所列项目逐一填写清楚，有关人员的签名或盖章要齐全，不可缺漏。如有以自制的原始凭证或者原始凭证汇总表代替记账凭证使用的，也必须具备记账凭证应有的内容。"金额"栏内数字的填写必须规范、准确，与所附原始凭证的金额相符。金额登记的方向，数字必须正确，角分位不留空格。

3. 分类正确

填制记账凭证，应根据经济业务的内容，正确区别不同类型的原始凭证，正确运用会计科目。在此基础上，记账凭证可以根据每一张原始凭证，或者根据若干张同类原始凭证汇总编制，也可以根据原始凭证汇总表编制，但不得将不同内容和类别的原始凭证汇总填制在一张记账凭证上。

4. 日期正确

记账凭证的填制日期一般应填制记账凭证当天的日期，不能提前或拖后；按权责发生制原则计算收益、分配费用、结转成本利润等调整分录和结账分录的记账凭证，虽然需要到下个月才能填制，但为了便于在当月的账内进行登记，仍应填写当月月末的日期。

5. 编号连续

记账凭证应按业务发生顺序，按不同种类的记账凭证连续编号。编号的方法主要有以下两种：

（1）顺序编号法。即将全部记账凭证作为一类统一编号，每月从第一号记账凭证起，按经济业务发生的顺序，依次编号。

（2）分类编号法。即按经济业务的内容加以分类，采用收字、付字、转字编号或采用现收字、现付字、银收字、银付字和转字五类编号。若一笔经济业务事项需要填制两张或两张以上记账凭证的，应编写分号，即在原编记账凭证号码后面用分数的形式表示。例如，某企业采用三类编号的记账凭证，×月×日发生一笔转账业务需要填制三张记账凭证，凭证的顺序号为10时，则这笔经济业务所凭证的编号应分别是：转字 10 1/3、转字 10 2/3、转字 10 3/3。当月记账凭证的编号，可以在填写记账凭证的当日填写，也可以在月末或装订凭证时填写，但应在月末最后一张记账凭证编号的旁边加注"全"字，以免凭证丢失造成汇总、对账困难或错误。记账凭证无论是统一编号还是分类编号，均应分月份按自然数字顺序连续编号。

6. 简明扼要

记账凭证的摘要栏主要填写经济业务简要说明，摘要内容应与原始凭证内容一致，能正确反映经济业务的主要内容，即要防止简而不明，又要防止过于烦琐。应能使阅读者通过摘要就能了解该项经济业务的性质、特征，判断出会计分录的正确与否，一般不需要再去翻阅原始凭证或询问有关人员。

7. 分录正确

会计分录是记账凭证中重要的组成部分，在记账凭证中，要正确编制会计分录并保持借贷平衡，就必须按会计制度统一规定的会计科目填写，不得任意简化或改动，不得只写科目编号，不写科目名称；凡有二级和明细科目者，必须填齐。应借、应贷的记账方向和账户对应关系必须清楚。

8. 附件齐全

记账凭证所附的原始凭证必须完整无缺，并在记账凭证上注明原始凭证的张数，以便核对摘要及所编会计分录是否准确无误。对于同一张原始凭证需填制两张记账凭证的，应在未附原始凭证的记账凭证上注明其原始凭证在哪张记账凭证下，以便查阅。数量过多的原始凭证，如收料单、发料单等，可以单独装订编号保管，在封面上说明记账凭证日期、种类、编号，同时在记账凭证上注明"附件另订"和原始凭证名称、编号相互关联。

9. 签章齐全

记账凭证上必须有填制人员、审核人员、记账人员和会计主管的签章。对收款凭证和付款凭证，必须先审核后办理收付款业务。出纳人员应在有关凭证上签章，以明确经济责任。

对已办妥收款或付款的凭证和所附的原始凭证，出纳人员要当即加盖"收讫"或"付讫"戳记，以免重收、重付。

10. 填错更改

若记账凭证填制错误，则应当重新填制。已经登记入账的记账凭证，在当年内发现填写错误的，可以用红字填写一张与原内容相同的记账凭证，在摘要栏注明"注销某月某日某号凭证"字样，同时再用蓝字重新编制一张正确的记账凭证。如果会计科目没有错误，只是金额错误，也可以将正确数字与错误数字之间的差额，另编一张调整的记账凭证，调增金额用蓝字，调减金额用红字。发现以前年度记账凭证有错误的，应当用蓝字填制一张更正的记账凭证。具体方法将在第六章会计账簿中介绍。

三、记账凭证的填制方法

对每项经济业务，都要根据审核无误的原始凭证，采用复式记账的方法，按照各种记账凭证的格式和基本内容，遵循记账凭证填制的基本要求正确地填写记账凭证。下面分别介绍各种记账凭证的填制方法。

（一）专用记账凭证的填制方法

专用记账凭证按其反映的经济业务是否与货币资金有关，可以分为收款凭证、付款凭证和转账凭证。为便于识别，各种记账凭证一般印制成不同颜色。

1. 收款凭证的填制

收款凭证是用来记录货币资金收款业务的凭证，它是根据审核无误的有关现金和银行存款收款业务的原始凭证填制的。凡是涉及增加现金或银行存款账户的金额的，都必须填写收款凭证。

收款凭证的摘要栏应填列经济业务的简要说明，左上方的借方科目应填写"库存现金"或"银行存款"科目；右上角应填写凭证的编号，应按顺序编写，一般按现收×号和银收×号分类，不得漏号、重号、错号；"贷方科目"栏内应填写"银行存款"或"库存现金"科目的对应科目，为了便于登记各种总账和明细账，在此栏中应注明一级科目、二级科目和明细科目。"记账"栏应注明记入分类账或日记账的页码，或以"√"代替，表示已经记账。在金额栏按规定的位数填写该项经济业务的发生额。"附单据 张"栏填写记账凭证所附原始凭证张数。"合计"栏填列各项目金额之和，表明借贷双方的记账金额。收款凭证下面分别由会计主管、记账、稽核、制单等人员签章，以明确经济责任。

【例 6.1】2018 年 7 月 5 日，某公司销售甲产品 1 000 箱，每箱出厂价格为 100 元，增值税额 17 000 元，款项已全部收到存入银行，根据销售发票和银行结算凭证编制收款凭证，如表 6.18 所示。

表 6.18 收款凭证

借方科目：银行存款　　　　　2018 年 7 月 5 日　　　　　银收字 69 号

摘要	贷方		金额									记账符号	附单据1张
	总账科目	明细科目	百	十	万	千	百	十	元	角	分		
销售甲产品	主营业务收入	甲产品		1	0	0	0	0	0	0	0		
1 000 箱	应交税费	应交增值税			1	7	0	0	0	0	0		
	合　　计			1	1	7	0	0	0	0	0		

会计主管：×××　　记账：×××　　审核：×××　　制证：×××　　出纳：×××

2. 付款凭证的填制

付款凭证是用来记录现金和银行存款付款业务的记账凭证。它是根据现金和银行存款付款业务的原始凭证填制的。付款凭证左上角的"贷方科目"应填列"库存现金"或者"银行存款"，"借方科目"栏应填写与"库存现金"或"银行存款"相对应的总账科目及其所属的明细科目。其余各部分的填制方法与收款凭证基本相同，不再述及。

【例 6.2】2018 年 7 月 10 日，某公司以现金支付业务招待费 1 600 元，根据餐饮服务业专用发票编制付款凭证，如表 6.19 所示。

表 6.19 付款凭证

贷方科目：库存现金　　　　　2018 年 7 月 10 日　　　　　现付字 59 号

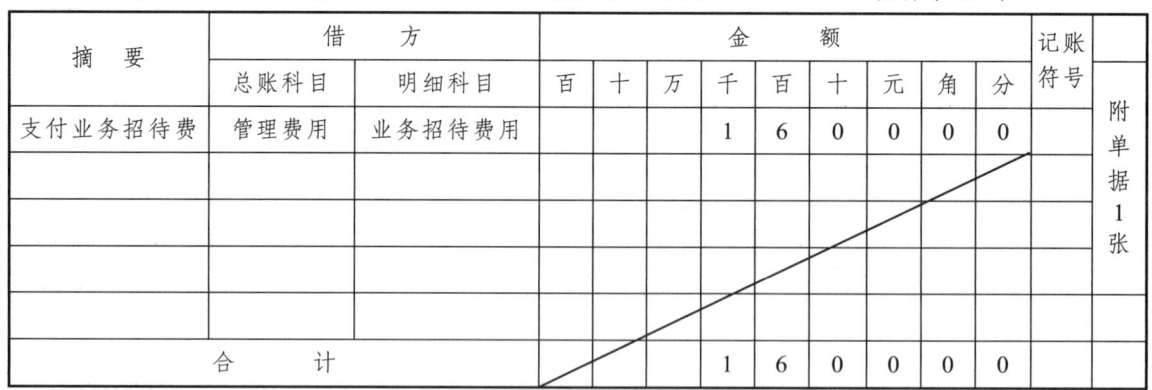

摘要	借方		金额									记账符号	附单据1张
	总账科目	明细科目	百	十	万	千	百	十	元	角	分		
支付业务招待费	管理费用	业务招待费用				1	6	0	0	0	0		
	合　　计					1	6	0	0	0	0		

会计主管：×××　　记账：×××　　审核：×××　　制证：×××　　出纳：×××

需要注意的是：对于涉及现金和银行存款之间相互划转的经济业务，如从银行提取现金，或将现金存入银行，在编制记账凭证时，一般只编制付款凭证，而不编制收款凭证，这样既可避免重复记账，又可加强对付款的审核与检查。

【例 6.3】2018 年 7 月 15 日，某公司从银行提取现金 90 000 元，备发工资。这是银行存款付款业务和现金收款业务,即可填制收款凭证,又可填制付款凭证,但为了避免发生重复填制、重复入账的差错,这类经济业务一般都只编制付款凭证。这笔经济业务的原始凭证是现金支票存根,据此编制银行存款付款凭证,如表 6.20 所示。

表 6.20　付款凭证

贷方科目：银行存款　　　　　　　2018 年 7 月 15 日　　　　　　　银付字 64 1/2 号

摘要	借方		金额									记账符号	附单据1张
	总账科目	明细科目	百	十	万	千	百	十	元	角	分		
提现	库存现金	员工工资			9	0	0	0	0	0	0		
合计					9	0	0	0	0	0	0		

会计主管：×××　　记账：×××　　审核：×××　　制证：×××　　出纳：×××

3. 转账凭证的填制

转账凭证是用来记录不涉及现金和银行存款收付业务的记账凭证,它是根据有关转账业务的原始凭证填制的。转账凭证的填制方法与收付款凭证略有不同。主要区别：转账凭证中"总账科目"和"明细科目"栏,应分别填列应借、应贷的科目,借方科目应计金额应在同一行的"借方金额"栏填列,贷方科目应计金额应在同一行的"贷方金额"栏填列。"借方金额"栏合计数与"贷方金额"栏合计数应相等。

【例 6.4】2018 年 7 月 20 日,某公司生产车间生产甲产品领用 A 材料 10 吨,金额 12 000 元。这是一笔转账业务,原始凭证是材料领料单。据此编制转账凭证,如表 6.21 所示。

表 6.21　转账凭证

2018 年 7 月 20 日　　　　　　　　　　　　　　　　　转字　　号

摘要	总账科目	明细科目	借方金额									贷方金额									记账符号	附单据1张
			百	十	万	千	百	十	元	角	分	百	十	万	千	百	十	元	角	分		
甲产品耗用材料	生产成本	甲产品			1	2	0	0	0	0	0											
	原材料	A 材料												1	2	0	0	0	0	0		
合计					1	2	0	0	0	0	0			1	2	0	0	0	0	0		

上述三种记账凭证中金额栏最后一行如与合计数行间有空行的可打上对角线，以防虚假填写。

（二）通用记账凭证的填制方法

通用记账凭证是用来记录各项经济业务的记账凭证，它是根据审核无误的有关原始凭证填制的，它集收款、付款和转账凭证于一体，通用于收款、付款和转账等各种类型的经济业务。其填制的方法与转账凭证的填制方法基本相同，这里不再重复。

（三）单式记账凭证的填制方法

单式记账凭证按一项经济业务所涉及的每个会计科目单独编制一张记账凭证，每一张记账凭证中只登记一个会计科目，单式记账凭证为单独反映每项经济业务所涉及的会计科目及其对应关系，又分设"借项记账凭证"和"贷项记账凭证"。在实际工作中，很少有单位采用这种方法编制记账凭证。

（四）汇总记账凭证的填制方法

记账凭证是登记各种账簿的依据，在会计实务中，由于经济业务、事项繁多复杂，为了简化登记总分类账的手续，可以反映同类经济业务或多类经济业务的记账凭证汇总编制成汇总记账凭证或科目汇总表等。

1. 汇总收款凭证的填制

汇总收款凭证按照借方科目，即"库存现金"或"银行存款"科目来设置，凭证内按"库存现金"或"银行存款"所对应的贷方科目来，然后根据汇总后的金额登记总账。登记总分类账时，应根据汇总收款凭证上的合计数，记入"库存现金"或"银行存款"总分类账户的借方，根据收款凭证内各贷方科目的合计数分别记入有关总分类账户的贷方。

2. 汇总付款凭证的填制

汇总付款凭证是将现金或银行存款的付款凭证，按贷方科目设置，分别按借方科目归类，定期汇总，然后根据汇总后的金额登记总账。登记总分类账时，应根据汇总付款凭证上的合计数，记入"库存现金"或"银行存款"总分类账户的贷方，根据汇总收款凭证内各借方科目的合计数分别记入有关总分类账户的借方。

3. 汇总转账凭证的填制

汇总转账凭证是根据转账凭证按每个科目的贷方分别设置，并按对应的借方科目归类汇总，定期填列一次，每月编制一张。月份终了，计算出汇总转账凭证的合计数后，分别登记各有关总账的贷方或借方。

4. 记账凭证汇总表（科目汇总表）的填制

记账凭证汇总表是根据一定时期内的全部记账凭证，按照每一科目的借方、贷方本期发生额分别汇总，将汇总后每一科目的借方发生额、贷方发生额填列在一张科目汇总表上，反映全部账户的借方本期发生额和贷方本期发生额，而且借、贷方本期发生额"合计"栏应相等。

为了便于编制记账凭证汇总表，所有记账凭证的账户对应关系最好保持一借一贷。转账凭证在编制时，最好复写两联，一联作为借方账户的转账凭证，另一联作为贷方账户的转账凭证，也可采用单式记账凭证，即分别将借方和贷方账户各编制一张转账凭证。这样，既可减少汇总的手续，又可减少差错。

四、记账凭证的审核

记账凭证是登记账簿的直接依据，为了保证记账凭证的编制质量，正确登记账簿，记账凭证编制以后，必须由专人进行审核，只有经审核无误后的记账凭证，才能作为记账的依据。记账凭证的审核包括以下五项内容：

1. 内容是否真实

审核记账凭证是否附有原始凭证，所附原始凭证的内容是否与记账凭证记录的内容一致，记账凭证汇总表与记账凭证的内容是否一致。

2. 项目是否齐全

审核记账凭证各项目的填写是否齐全，如日期、凭证编号、摘要、会计科目、金额、所附原始凭证张数及有关人员的签章。

3. 科目是否正确

审核记账凭证的应借、应贷科目是否正确，是否有明确的账户对应对系，所使用的会计科目是否符合会计制度的规定等。

4. 金额是否正确

审核记账凭证所记的金额与原始凭证的有关金额是否一致，记账凭证汇总表的金额与记账凭证的金额合计是否相符，原始凭证中的数量、单价、金额计算是否正确等。

5. 记账凭证的书写是否正确

审核记账凭证中的记录是否文字工整、数字清晰，是否按规定使用蓝黑墨水或碳素墨水，是否按规定进行更正等。

另外，出纳人员在收完收付款业务后，应在凭证上加盖收讫或付讫的戳记，以免重复收付。

在审核过程中，如果发现不符合要求的地方，应要求有关人员采取正确的方法进行更正。只有经过审核无误的记账凭证，才能作为登记账簿的依据。

第四节　会计凭证的传递和保管

一、会计凭证的传递

会计凭证既是会计工作的基础，又是办理经济业务的依据。为了充分发挥会计凭证的作用，必须组织好会计凭证传递工作。

所谓会计凭证的传递是指从会计凭证的取得或填制到归档保管时止，在单位内部各有关部门和人员之间的传送程序。

正确、合理地组织会计凭证的传递，有利于有关部门和人员及时了解经济业务活动的情况，加速对经济业务的处理；同时，有利于加强各有关部门的责任，也有利于实行会计监督，以充分发挥会计的监督作用。

科学、合理、有效的传递程序，应使会计凭证沿着最短的线路，以最快的速度流转。因此，在制定会计凭证传递程序时，应注意以下几个问题：

1. 制定科学、合理的传递路线

由于经济业务的内容不同，办理业务的手续程序各异，因而会计凭证的传递程序也各不相同，要根据具体情况确定每种凭证的传递程序和方法。合理制定会计凭证所经过的环节，规定每个环节负责传递的相关责任，规定会计凭证的联数以及每一联凭证的用途。做到既可使有关部门和人员了解经济活动情况，及时办理手续，又可避免会计凭证经过不必要的环节，以提高工作效率。

2. 确定合理的停留处理时间

各单位要根据各环节办理手续所必需的时间，规定凭证在各环节停留的合理时间，以确保凭证的及时传递。不能拖延和积压会计凭证，以免影响会计工作的正常程序。此外，所有会计凭证的传递必须在报告期内完成，不允许跨期，以免影响会计核算的及时性和真实性。

3. 建立凭证交接签收制度

为防止凭证在传递过程中出现遗失、毁损或其他意外情况，凭证在传递过程中，应建立凭证的交接签收制度，凭证的收发、交接都应按一定的手续和制度办理，以保证会计凭证的安全和完整。

在会计凭证的传递过程中，如遇到不合理的环节，应根据实际情况及时加以修改，确保会计凭证传递路线、传递时间和衔接手续的合理化、制度化和科学化。

二、会计凭证的保管

会计凭证既是记录经济业务、明确经济责任的书面证明，又是记账的依据，所以，它是会计核算的重要经济档案和历史资料。各单位在完成经济业务手续和记账之后，必须按规定妥善保管会计凭证，以便本单位随时抽查利用，同时便于上级有关部门进行凭证检查。所谓会计凭证的保管是指会计凭证记账后的整理、装订、归档保管和查阅等一系列工作，它是会计档案管理工作的一个重要方面。

会计凭证保管的要求有以下几点：

（1）对于各种记账凭证在登记账簿以后，每月将其与所附原始凭证或者原始凭证汇总表一起加以整理，在无缺号和附件齐全的情况下，加上封面（见图6.2）、封底装订成册。为防止任意拆装，装订处要加封签并加盖印章。在封面上应注明单位名称、年度、月份、册数和起讫号码，以备查用。

			第　　册
			共　　册

凭证封面（企业名称）

自　　年　　月　　日至　　年　　月　　日

凭证名称	凭证起讫号码		凭证张数	附件张数	备注
	自	至			

会计档案	卷宗号	目录号	案卷号	保管年限	财务主管	
					装　　订	

图 6.2

（2）对于一些性质相同的业务，如领料单、入库单等，原始凭证数量过多，可以单独装订成册，在封面上注明记账日期、编号、种类，同时在记账凭证上注明"附件另订"字样和原始凭证名称和编号。

（3）各种重要的原始凭证，如经济合同、存出保证金收据以及涉外文件等，应另编目录，单独登记保管，并在有关记账凭证和原始凭证上相应注明日期和编号。

（4）装订成册的原始凭证不得外借，应指定专人负责、集中保管，如其他单位因特殊需要使用原始凭证时，经批准，可以复制。向外单位提供的原始凭证复印件，应在专设的登记簿上登记，并由提供人员和收取人员共同签名或盖章。

（5）会计凭证的保管期限和销毁，必须严格执行会计档案保管的规定，任何人不得随意销毁。年度终了后，可暂由财会部门保管一年，期满后应由财会部门编造清册移交本单位的档案部门保管。保管时，要防止弄脏、霉烂以及鼠咬虫蛀等。

按照《会计档案管理办法》规定，原始凭证、记账凭证和汇总凭证的保管期限为15年，从会计年度终了后的第一天算起；银行存款余额调节表为5年。期满后由本单位档案部门提出，会同财会部门鉴定，严格审查后编造会计档案销毁清册。报经批准后，由档案部门和会计部门共同派员监督销毁。在销毁会计凭证前，监销人员应认真清点核对。销毁后，在销毁清册上签名或盖章,并将监销情况报本单位负责人。

企业会计档案保管期限如表 6.22 所示。

表 6.22 企业和其他组织会计档案保管期限表

序号	档案名称	保管期限	备注
一、会计凭证类			
1	原始凭证	15 年	
2	记账凭证	15 年	
3	汇总凭证	15 年	
二、会计账簿类			
4	总账	15 年	包括日记总账
5	明细账	15 年	
6	日记账	15 年	库存现金和银行存款日记账保管 25 年
7	固定资产卡片		固定资产报废清理后保管 3 年
8	辅助账簿		
三、财务会计报告类			
9	月、季度财务报告	3 年	包括文字分析
10	年度财务会计报告(决算)	永久	包括文字分析
四、其他类			
11	会计移交清册	15 年	
12	会计档案保管清册	永久	
13	会计档案销毁清册	永久	
14	银行存款余额调节表	5 年	
15	银行对账单	5 年	

本章小结

会计凭证是记账的依据,填制和审核会计凭证是会计的一项基础工作,也是会计核算的专门方法之一。

会计凭证按填制程序和用途,可以分为原始凭证和记账凭证两大类。原始凭证按其来源可分为外来原来凭证和自制原始凭证;按其填制方法不同,可分为一次凭证、累计凭证、汇总凭证和记账编制凭证;按其格式不同,分为通用凭证和专用凭证。记账凭证按其适用的范围,分为专用记账凭证和通用记账凭证,专用记账作凭证按其反映的经济业务是否与货币资金有关,分为收款凭证、付款凭证和转账凭证;按其填制方法,分为单式记账凭证和复式记账凭证;按汇总方法不同分为单式记账凭证、汇总记账凭证和科目汇总表。

为了满足会计核算和会计监督的要求，原始凭证和记账凭证都有其基本内容。在填制方法上，原始凭证直接根据发生的经济业务按规定的项目在原始凭证上填写；而记账凭证要分析经济业务内容，确认并填制会计科目的名称和借贷方向。

会计凭证必须经过审核。原始凭证的审核主要包括以下内容：真实性审核、合规性审核、合理性审核、正确性审核、完整性审核、及时性审核；记账凭证的审核主要包括以下内容：内容是否真实、项目是否齐全、科目是否正确、金额是否正确、书写是否规范。

正确组织会计凭证的传递，对于及时处理和登记经济业务、明确经济责任、实行会计监督具有重要作用。会计凭证作为企业单位的重要经济档案，应按规定妥善保管，不得随意拆装、出借和销毁。

本章习题

一、思考题

1. 什么叫原始凭证？它是如何分类的？
2. 什么是记账凭证？它应具备哪些基本内容？
3. 简要说明原始凭证的审核内容。
4. 记账凭证审核时应包括哪些内容？
5. 组织会计凭证传递时应注意哪些内容？

二、单项选择题

1. 仓库保管人员填制的收料单，属于企业的（　　）。
   A. 外来原始凭证　　　　　　　　B. 自制原始凭证
   C. 汇总原始凭证　　　　　　　　D. 累计原始凭证

2. 会计凭证按（　　）不同，可以分为原始凭证和记账凭证。
   A. 填制的程序和用途　　　　　　B. 填制的手续
   C. 来源不同　　　　　　　　　　D. 使用范围

3. 下列不能作为原始凭证的是（　　）。
   A. 发票　　　　　　　　　　　　B. 领料单
   C. 工资结算汇总表　　　　　　　D. 银行存款余额调节表

4. 原始凭证金额有错误的，应当（　　）。
   A. 在原始凭证上更正　　　　　　B. 由出具单位更正并且加盖公章
   C. 由经办人更正　　　　　　　　D. 由出具单位重开，不得在原始凭证上更正

5. 下列业务中，应该填制现金收款凭证的是（　　）。
   A. 出售产品一批，款未收　　　　B. 从银行提取现金
   C. 出售产品一批，收到一张转账支票　　D. 出售多余材料，收到现金

6. 职工张某出差回来，报销差旅费300元，交回多余现金100元，应编制的记账凭证是（　　）。

  A. 收款凭证   B. 转账凭证

  C. 收款凭证和转账凭证   D. 收款凭证和付款凭证

7. 下列不属于原始凭证审核内容的是（　　）。

 A. 凭证是否有填制单位的公章和填制人员签章

 B. 凭证是否符合规定的审核程序

 C. 凭证是否符合有关计划和预算

 D. 会计科目使用是否正确

8. 会计核算工作的起点是（　　）。

  A. 登记账簿   B. 成本计算

  C. 填制和审核凭证   D. 编制会计报表

9. 发现尚未入账的记账凭证填制错误，应当（　　）。

  A. 采用划线更正法

  B. 重新填制一张正确的记账凭证

  C. 先填制一张与原错误凭证相同的红字凭证，再填制一张正确的蓝字凭证

  D. 编制一张科目相同的红字凭证冲销错误金额

10. 记账凭证上"附件　　张"是所附（　　）的张数。

  A. 原始凭证   B. 会计凭证   C. 会计账簿   D. 记账凭证

三、多项选择题

1. 会计凭证按其填制的程序和用途不同，可以分为（　　）。

  A. 原始凭证   B. 记账凭证   C. 一次凭证   D. 累计凭证

  E. 专用凭证

2. 记账凭证按其反映经济业务内容的不同，可以分为（　　）。

  A. 一次凭证   B. 付款凭证   C. 收款凭证   D. 转账凭证

  E. 通用凭证

3. 收料单是（　　）。

  A. 外来原始凭证   B. 自制原始凭证   C. 一次凭证   D. 累计凭证

  E. 会计凭证

4. 限额领料单是（　　）。

  A. 外来原始凭证   B. 自制原始凭证   C. 一次凭证   D. 累计凭证

  E. 会计凭证

5. 下列经济业务中，应填制转账凭证的是（　　）。

  A. 国家以厂房对企业投资

  B. 外商以货币资金对企业投资

C. 购买材料未付款

D. 销售商品收到商业汇票一张

E. 以转账支票支付货款

6. 下列经济业务中，应填付款凭证的是（　　）。

A. 提现金备用　　　　　　　　B. 购买材料预付定金

C. 购买材料未付款　　　　　　D. 以存款支付前欠某单位账款

E. 以转账支票支付货款

7. 下列单据中，经审核无误后可以作为记账凭证依据的是（　　）。

A. 工资计算单　　　　　　　　B. 运费发票

C. 银行转来的进账单　　　　　D. 银行转来的对账单

E. 销售合同

8. 原始凭证的填制要求包括（　　）。

A. 记录真实　　B. 内容完整　　C. 编制及时

D. 书写规范　　E. 编号连续

9. 应在现金收、付款凭证上签字的有（　　）。

A. 制单人员　　B. 登账人员　　C. 审核人员

D. 会计主管　　E. 业务人员

10. 对原始凭证审核的内容包括（　　）。

A. 审核真实性　　B. 审核合理性　　C. 审核合法性

D. 审核完整性　　E. 审核正确性

四、判断题

1. 记账凭证可以根据若干张原始凭证汇总编制。（　　）

2. 记账人员根据记账凭证记账后，在记账符号栏内作"√"符号，表示该笔金额已记入有关账户，以免漏记或重记。（　　）

3. 外来凭证一般都是一次凭证。（　　）

4. 凡是库存现金或银行存款增加的经济业务必须填制收款凭证。（　　）

5. 在审核原始凭证时，发现有伪造、涂改或不合法的原始凭证，应退回经办人员更改后再受理。（　　）

五、实务题

资料：某企业 2019 年 1 月发生的部分经济业务如下：

1. 1 月 5 日，购进 A 材料一批 400 000 元，进项税额 52 000 元，材料已验收入库，款项用银行存款支付。

2. 1 月 10 日，李某出差借支差旅费 2 000 元，以库存现金支付。

3. 1 月 15 日，销售产品一批，售价 50 000 元，销项税额 6 500 元，款项已收存银行。

4. 1月16日，用库存现金购进办公用品800元，其中车间使用300元，厂部行政管理部门使用500元。

5. 1月17日，李某出差返回，报销差旅费1 800元，余款交回。

6. 1月18日，发出A材料8 000元，其中生产甲产品领用4 000元，乙产品领用3 400元，车间一般耗用600元。

7. 1月20日，收回CJ公司所欠账款120 000元，存入银行。

8. 1月31日，结转已售产品成本30 000元。

要求：根据以上经济业务编制收、付、转凭证或通用记账凭证。

第七章　会计账簿

【学习目标】

通过本章的学习，学生应了解会计账簿的意义、基本内容、种类和设置；掌握记账方法和规则，掌握会计账簿的启用、登记、对账、结账和更正方法。

【学习重点及难点】

重点掌握账簿的设置和分类、账簿的登记和管理；难点掌握结账与对账，错账的更正方法。

【引例】

杨某2001年入股某信息产业公司（简称信息公司），担任该公司副总经理，具体负责电脑部工作，2003年5月离职。2004年4月，杨某与其亲戚王某、顾某设立了某电脑公司，并担任公司法定代表人。2006年6月，杨某电传信息公司要求查阅2002年3月以来的会计账簿。后双方未能达成一致意见，2007年，杨某以离职后信息公司数年未通知其参加股东会议及分红为由诉至法院，要求查阅信息公司自2002年起至诉讼时的公司会计账簿及原始凭证。诉讼过程中，杨某将其在电脑公司的股权转让给另外两名股东，并辞去法定代表人职务，同时将其一套商业用房无偿提供给电脑公司使用。另查明，诉讼时，电脑公司及信息公司均是当地政府采购中心选择的供应商，两公司的经营范围均是计算机及外部设备、网络监控等。

一审法院认为，被告信息公司举证证明了因原告杨某与电脑公司间的关联关系使其对杨某要求查阅会计账簿及原始凭证目的的正当性产生了合理怀疑，而原告杨某未能充分举证证明其查阅会计账簿的正当理由。法院据此驳回了原告的诉讼请求。杨某不服上诉，二审法院认为信息公司所辩杨某坚持查阅会计账簿及原始凭证的行为目的不正当的理由成立，判决驳回了杨某的上诉。

第一节　会计账簿的意义和种类

各单位在会计核算中，对每一项经济业务，都必须取得和填制会计凭证，因而会计凭证数量繁多，又很分散，而且每张凭证只能记载个别经济业务的内容，所提供的资料是零星的，不能全面、连续、系统地反映和监督一个经济单位在一定时期内某一类和全部经济业务的活动情况。为了给经济管理提供系统的会计核算资料,各单位都必须在凭证的基础上设置和运用登记账簿的方法。

会计账簿是由具有一定格式、相互联系的账页所组成的,以审核无误的会计凭证为依据,用以序时、分类、系统全面地记录一个企业、单位经济业务事项的会计簿籍。在会计核算过程中,对发生的每一项经济业务,都要取得并填制会计凭证,以保证经济业务的可查证性。而用凭证和账户反映和记录的经济业务都很分散,不便于查找,易丢失或破损。因此,需要根据审核无误的会计凭证,按一定的记账方法在账簿中将会计凭证所记录的经济业务全面、系统、连续地按类别进行登记。

一、会计账簿的意义

会计账簿是由具有一定格式并相互联系在一起的账页组成,以会计凭证为依据,序时、分类地记录和反映企业等单位各项经济业务的簿籍。簿籍是账簿的外表形式,而簿籍的内容则是账户记录。登记账簿是会计核算的一种专门方法。

如前所述,经济业务发生以后,都要根据经济业务的发生情况填制或取得原始凭证,并根据审核无误的原始凭证编制记账凭证,从而将大量反映在原始凭证中的会计信息,通过专门的会计方法记录到记账凭证中。但是,这种记录在会计凭证中的信息是分散的、不系统的,为了系统、全面地反映各单位经济业务的发生情况,就需要把会计凭证所记录的分散、零星的会计信息,通过归类、整理,将其登记到相应的账簿中,使之集中化、系统化和条理化,这就需要利用设置和登记会计账簿来加以完成。而账簿资料又是后续编制会计报表的基础,因此,科学地设置和正确地登记账簿,对于完成会计工作的任务,有着非常重要的意义。

1. 会计账簿可以为企业的经济管理提供系统、全面的会计信息

通过设置和登记账簿,可以对经济业务进行分类核算,将大量的、分散的数据或资料加以归类整理,逐步加工为有用的会计信息。全面、系统地提供有关企业成本费用、财务状况和经营成果的总括和明细的核算资料,为经营管理提供系统、完整的会计信息。

2. 会计账簿可以为定期编制会计报表提供数据资料

会计资料通过账簿进行归类整理以后,就能提供一个单位在一定时期内的资产、负债、所有者权益的增减变化和结存情况,以及收入、费用、利润及其分配等的经营情况。若将这些日常的账簿核算资料再加以进一步地汇总、整理,就可以编制出会计报表。因此,及时、完整、正确的账簿记录为成本计算和定期编制会计报表提供了必不可少的依据。

3. 会计账簿是考核企业经营成果,加强经济核算,分析经济活动情况的
   重要依据

会计账簿提供的核算资料比会计凭证提供的资料全面系统,又比会计报表提供的信息更加具体、丰富,因此,利用会计账簿资料能全面了解企业的财务状况。通过计算费用、成本,能够正确地确定企业的经营成果,并通过与预算的比较,考核各种预算的执行与完成情况,为加强经济管理提供原始数据资料。

二、会计账簿的种类

会计账簿的种类多种多样,不同的账簿其用途、形式、内容和登记方法都各不相同,为了正确认识和使用各种账簿,有必要按不同的标准对账簿进行分类。

(一)会计账簿按其用途分类

会计账簿按其用途可分为序时账簿、分类账簿和备查账簿。

1. 序时账簿

序时账簿也称日记账,是按照各项经济业务发生的先后顺序,逐日逐笔进行登记的账簿。按照所记录内容的不同,序时账簿又分为普通日记账和特种日记账两种。

(1)普通日记账,是用来记录全部经济业务发生情况的账簿。通常是将每天发生的全部经济业务,按其发生的先后顺序,编制记账凭证,根据记账凭证逐笔登记到普通日记账中。如企业设置的日记总账就是普通日记账。

(2)特种日记账,是用来记录某一类经济业务发生情况的日记账。将某一类经济业务按其发生的先后顺序记入账簿中,反映某一特定项目的详细情况。如现金日记账、银行存款日记账。

2. 分类账簿

分类账簿是对各项经济业务按照它所涉及的账户进行分类登记的账簿,简称分类账。分类账簿根据反映经济业务的详细程度的不同,可分为总分类账簿和明细分类账簿。

(1)总分类账簿,简称总账,是按照总分类科目设置的,用来核算经济业务总括内容的账簿。企业全部的总分类科目(一级科目),都应开设相应的总分类账。

(2)明细分类账簿,简称明细账,是根据总账科目,按其所属明细分类科目设置的,用来核算经济业务明细内容的账簿。它对总分类账具有辅助和补充作用。

3. 备查账簿

备查账簿也称辅助登记簿,是指对某些在日记账和分类账等主要账簿中未能记载的事项或记载不全的经济业务,进行补充登记的账簿,可以为某些经济业务提供必要的参考资料。如租入固定资产登记簿、代销商品登记簿等。

(二)会计账簿按其外表形式分类

会计账簿都具有一定的格式,按其外表形式不同,会计账簿可分订本式账簿、活页式账簿和卡片式账簿。

1. 订本式账簿

订本式账簿也称订本账,是启用之前就将若干账页顺序编号并固定装订成册的账簿。应用订本式账簿可以避免账页散失,防止蓄意抽换账页的不正当行为。但由于账页固定,不能根据需要随时进行增减。如果留页过少,账页不够,会影响账簿记录的连续性,若留页过多,又会造成浪费；又由于这种账簿在同一时间内只能由一个人登记，所以不便于分工记账。在会计实务中，订本式账簿一般用于现金日记账、银行存款日记账和总分类账。

2. 活页式账簿

活页式账簿也称活页账，是将分散的账页装存在账夹内，而不固定装订，可以随时增减账页的账簿。这种账簿可根据实际需要确定账页，账页可随时增减，且便于分工记账，提高工作效率。但是，如果管理不善，账页易散失和被抽换。因此，使用活页账时，必须要求按账页顺序编号，装置在账页中保管使用，应由有关人员在账页上盖章，以防散失和抽换。使用完毕，不登记时，将其装订成册，以便保管。活页式账簿一般用于各种明细账的登记。

3. 卡片式账簿

卡片式账簿也称卡片账，是由许多分散的、具有一定格式的卡片式的账页组成，存放在专设的卡片箱中保管的账簿。其优缺点与活页式账簿基本相同。使用卡片账时必须将卡片顺序编号，并存放在卡片箱内，由专人保管，不需要每年更换，可跨年度使用。卡片账适用于记载内容比较复杂的财产物资明细账，如固定资产登记卡、低值易耗品登记卡等。

（三）会计账簿按其账页格式分类

会计账簿按其账页格式不同主要分为三栏式账簿、数量金额式账簿和多栏式账簿。

1. 三栏式账簿

三栏式账簿是指采用借方、贷方和余额三个主要栏目的账簿。它适用于总分类账、日记账，也适用于只需要金额核算而不需要数量核算的债权、债务结算账户的明细分类账，如"应收账款""应付账款""其他应收款""其他应付款""应交税费"等。其账页格式见表7.1。

表 7.1　总分类账

年		凭证		摘要	借方	贷方	借或贷	余额
月	日	字	号					

2. 数量金额式账簿

数量金额式账簿设有"收入""发出""结存"三栏，在每个栏目下又设置有"数量""单价""金额"专栏。这种账簿适用于既要进行金额核算，又要能进行实物数量核算的各种财产物资明细账，如固定资产、原材料、库存商品等。其账页格式见表7.2所示。

表 7.2 数量金额式明细账
原材料明细账

材料类别：　　　　编号：　　　　存储地点：　　　　最高储量：
材料名称：　　　　规格：　　　　计量单位：　　　　最低储量：

年		凭证		摘要	收入			发出			结存		
月	日	字	号		数量	单价	金额	数量	单价	金额	数量	单价	金额

3. 多栏式账簿

多栏式账簿是指根据经济业务的内容和管理的需要，在账页内设置若干专栏，集中反映某明细账户核算资料的账簿。这种格式适用于"生产成本""制造费用""管理费用"等账户的明细分类账算。其格式如表 7.3 所示。

表 7.3 多栏式账
生产成本明细账

产品名称：

年		凭证		摘要	成本项目			合计
月	日	字	号		直接材料	直接人工	制造费用	

会计账簿的分类如图 7.1 所示。

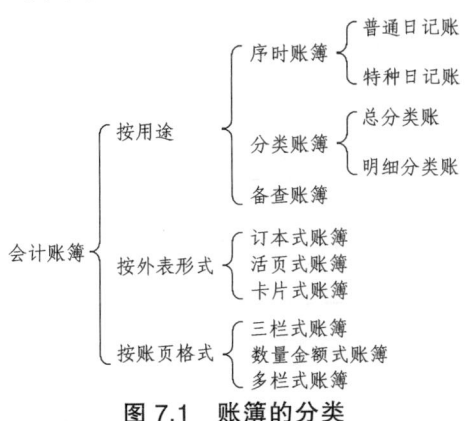

图 7.1 账簿的分类

第二节 会计账簿的设置与登记

一、会计账簿的设置原则和基本内容

（一）会计账簿的设置原则

任何一个企业单位，都应当根据经济业务的特点和经济管理的要求，设置相应的账簿。一般情况下，设置账簿应遵循以下基本原则：

（1）会计账簿的设置必须遵守国家有关会计制度的规定，结合单位的经营规模和业务特点，使账簿能全面地反映经济活动情况，满足经营管理的需要。

（2）会计账簿的设置必须做到总账与明细账、日记账相结合，既要保证账簿之间相互衔接、配合严密，又要避免重复设账。

（3）会计账簿的设置必须有利于财会部门内部的分工，便于会计人员记账、算账和报账，节省核算时间。

（二）账簿的基本内容

账簿的格式多种多样，但账簿的基本内容大致相同，主要包括以下几个方面：

1. 封面

封面主要写明账簿的名称和记账单位的名称。如××企业总账、日记账等。

2. 扉页

扉页主要填列账户启用及经管账簿人员一览表和账户目录，其格式见表7.4和表7.5。

表7.4 账户目录（科目索引）

顺 序	科 目	页 数	顺 序	科 目	页 数

表 7.5　账簿启用及经管人员一览表

单位名称							公　章	
账簿名称								
账簿编号								
账簿页数		本账簿共　　页						
启用日期		年　　月　　日						
经管人员	负责人		会计主管		复　核		记　账	
	姓名	签章	姓名	签章	姓名	签章	姓名	签章
交接记录	经　管		接　管			监　交		
	姓名	职别	年	月	日	签章	年　月　日	签章
印花税票粘贴处					备注			

3. 账页

账页是账簿的主体。因反映经济业务内容的不同，账页的格式也不相同，但基本内容包括：① 账户的名称，亦称会计科目或明细科目；② 登账日期栏；③ 凭证种类和号数栏；④ 摘要栏（记录经济业务内容的简要说明）；⑤ 金额栏；⑥ 总页次和分页次。

二、日记账的设置和登记

（一）普通日记账的设置和登记

普通日记账又称分录簿，是逐日序时登记企业的全部经济业务的簿籍。普通日记账是根据原始凭证逐日逐笔顺序登记的，把每一笔经济业务转化为会计分录登记在账上，然后再转计列入分类账中。它一般分为借方金额和贷方金额两栏，登记每一分录的借方账户和贷方账户及金额。这种账簿不结余额。

普通日记账的格式如表 7.6 所示。

表 7.6　普通日记账

第　　页

年		会计科目	摘要	借方金额	贷方金额	过账
月	日					

（二）特种日记账的设置和登记

特种日记账是专门用来登记某一类经济业务的日记账，常用的日记账是库存现金日记账和银行存款日记账。有条件的企业还可以设置转账日记账。

1. 库存现金日记账的设置和登记

现金日记账是记录和反映现金收付业务的一种特种日记账。一般采用订本账簿，其账页格式一般采用三栏式和多栏式。

（1）三栏式库存现金日记账。

三栏式库存现金日记账是指在同一张账页上分设"收入""支出"和"结余"三栏。为清晰地反映现金收付业务的具体内容，在"摘要"栏后，还应设置"对应账户"栏，登记对方账户名称。其格式如表 7.7 所示。

表 7.7　现金日记账（三栏式）

单位：元

2018 年		凭证字号	摘要	对方科目	收入	支出	结余
月	日						
1	1		月初余额				25 000
1	2	现付 001	应付账款	偿还购货款		8 000	17 000
1	5	现付 002	二季度杂志费	待摊费用		800	16 200
1	15	现付 003	车间办公费	制造费用		3 000	13 200
1	16	现收 001	销售货物	主营业务收入	20 000		33 200
			本月合计		20 000	11 800	33 200

现金日记账各栏目的登记方法如下：

"日期"栏登记现金实际收付的日期。

"凭证号"栏登记记入账簿所依据的收、付款凭证号数，以便日后查对。

"摘要"栏简要说明入账的经济业务的内容，文字既要简练，又要能说明问题。

"对方科目"栏登记现金收入的来源科目或支出的用途科目。如从银行提取现金,其来源科目(即对应科目)为"银行存款"科目。其用途在于了解经济业务的来龙去脉。

"收入、支出"栏登记现金实际收付的金额。

"结余"栏于每日终了后,结出账面余额,并将现金日记账的账面余额与库存现金实际额核对相符。

三栏式库存现金日记账不仅序时地反映了每笔现金的收入、支出及结余情况,而且清晰地反映了每笔现金收入、支出的来龙去脉。但是,由于只设一个"对应科目"栏,所以不能反映对应账户经济业务的全部情况,不便于总账的登记,但由于其登记方法简单,三栏式现金日记账被广泛采用。

(2)多栏式库存现金日记账。

多栏式库存现金日记账是指分别按现金收入和支出的对应科目设置若干专栏,以详细反映现金收入来源和支出去向的账簿。其具体格式如表7.8所示。

表7.8 现金日记账(多栏式)

单位:元

2018年		凭证字号	摘要	收入			支出				余额
				贷方科目		合计	借方科目			合计	
月	日			银行存款	主营业务收入		应付账款	待摊费用	制造费用		
1	1		期初余额								25 000
	2	现付001	偿还购货款				8 000			8 000	17 000
	5	现付002	二季度杂志费					800		800	16 200
	15	现付003	车间办公费						3 000	3 000	13 200
	16	现收001	销货收入		20 000	20 000					33 200
			本月合计		20 000	20 000	8 000	800	3 000	11 800	33 200

多栏式现金日记账的登记方法:逐日逐笔登记现金收入和支出金额,即将对应科目的金额登入"贷方对应科目"栏或"借方对应科目"栏,月末,会计人员根据各栏的合计数,登记各有关总账。但银行存款总账除外,因为对于存入现金或提取现金的业务,现金日记账和银行存款日记账都进行了登记,为了避免重复记账,故现金日记账中的银行存款专栏就不再过入"银行存款"总账了。

采用多栏式库存现金日记账,如果会计科目较多,库存现金日记账的账就会很大,这样既不便于记账,也容易发生过账的错误。为解决这一问题,可将现金的收入和支出分别反映在两本账簿中,即"现金收入日记账"和"现金支出日记账",并按现金收入和支出的对应科目设置专栏进行登记。其格式如表7.9和表7.10所示。

表 7.9 现金收入日记账

年		凭证字号	摘要	贷方科目			现金收入合计	现金支出合计	余额
月	日								

表 7.10 现金支出日记账

年		凭证字号	摘要	借方科目				现金支出合计
月	日							

多栏式现金收入、支出日记账的登记方法与多栏式现金日记账的登记方法大致相同，只是每日应将现金支出合计数记入现金日记账中的"现金支出合计"栏内，以便计算出当日现金余额。

多栏式现金日记账既可以反映每笔现金收入、支出业务的来龙去脉，又通过"现金"科目的对应科目的若干专栏的设置，反映出相同业务在一定时期内的全貌。多栏式现金日记账适用于现金收付业务比较频繁的单位。

2. 银行存款日记账的设置和登记

银行存款日记账是记录和反映银行存款收付业务的一种特种日记账，一般由出纳人员根据各种银行存款的收、付凭证按时间顺序逐日逐笔地登记。

银行存款日记账的登记方法与现金日记账的登记方法基本相同，每日终了，结出本日银行存款的收入、支出合计和本日余额，以便定期与银行转来的银行存款对账单逐笔核对。其账页格式如表 7.11 和表 7.12 所示。

表 7.11　银行存款日记账（三栏式）

单位：元

2018年		凭证字号	摘要	结算凭证		对应账户	收入	支出	余额
月	日			种类	编号				
8	1		月初余额						50 000
	1	银收01	收到客户欠款	转支	略	应收账款	8 000		58 000
	2	银付01	支付货款	转支	略	材料采购		15 000	43 000
	15	银收02	销售产品	转支	略	主营业务收入	20 000		63 000
	30		本月合计				28 000	15 000	63 000

三栏式银行存款日记账与三栏式现金日记账的登记方法基本相同，只是要将结算凭证的种类、编号填写到"结算凭证"栏。另外，对于现金存入银行的收入数，应根据现金付款凭证进行登记。每月终了和月终要进行"日清月结"工作，以便检查监督各项收支款项，避免出现透支现象。

表 7.12　银行存款日记账（多栏式）

年		凭证字号	摘要	收入		支出		余额
月	日			贷方科目	合计	借方科目	合计	

多栏式银行存款日记账的登记方法：逐日、逐笔将银行存款收款凭证中"银行存款"科目的对应科目及金额登记在日记账中"贷方科目"相应栏内，将银行存款付款凭证中"银行存款"科目的对应科目及其金额登记在日记账中"借方科目"相应栏目内，登记完毕后，计算出银行存款的收入合计和支出合计，并结出余额。期末，可根据日记账中各栏目会计科目的合计数，登记相应的总分类账。

多栏式银行存款日记账也可以分别设置多栏式银行存款收入日记账和多栏式银行存款支出日记账。其格式如表 7.13 和表 7.14 所示。

表 7.13　银行存款收入日记账

年		收款凭证字号	摘要	贷方科目				支出合计	余额
月	日						收入合计		

表 7.14　银行存款支出日记账

年		付款凭证字号	摘要	银行结算凭证		借方科目		支出合计
月	日			种类	号数			

三、分类账的设置和登记

（一）总分类账的设置和登记

总分类简称总账，是用以总括地反映全部经济业务情况的簿籍，为编制会计报表提供依据。总分类账核算只使用货币度量，只是对各账户增减金额的登记。因此，总分类账一般采用借方、贷方、余额三栏式的订本账，按科目分类连续登记。其具体格式如表 7.15 所示。

由于订本式账簿页次固定，不能随意增添，也不能随意抽取账页，因而在启用时应根据各科目发生业务的多少预留页数，同时根据实际需要，在总分类账中可增设对方科目栏。

表 7.15　总分类账　　　　　　　　　　　　　　　　　总　页

账户名称：应付账款　　　　　　　　　　　　　　　　　分　页

2018年		凭证字号	摘　要	对方科目	借方	贷方	借或贷	余额
月	日							
8	1		月初余额				贷	4 000
	7	银付2	还A公司货款	银行存款	3 000		贷	1 000
	8	转5	向A公司购料	材料采购		5 000	贷	6 000
	10	银付5	还B公司货款	银行存款	1 000		贷	5 000
	31		本月合计		4 000	5 000	贷	5 000

总分类账的具体登记方法如下：

"日期"栏、"凭证字号"栏以及"借方金额"或"贷方金额"各栏中，分别登记凭证的日期、号数和金额。

"摘要"栏记载有关经济业务的简要说明。

"余额"栏，根据已经记账的账户记录，记录账户的余额。

"借或贷"栏按余额所属的方向填记，借方余额的填"借"，贷方余额的填"贷"字。

有些企业的总账也可以采用多栏式，多栏式总账是把所有的总账科目合设在一张账页上。其具体设计有两种方法：一是按会计科目分设专栏，所有的经济业务，根据记账凭证序时、分类别直接登记入账，也称日记总账，其账页格式如表7.16所示。二是按经济业务的性质分设专栏，所有的经济业务，根据记账凭证定期汇总登记入账，其账页格式如表7.17所示。

表 7.16　总分类账（日记总账）

年　月　日

年		凭证字号	摘要	发生额	科目		科目		…
月	日				借方	贷方	借方	贷方	

表 7.17　总分类账

年　　月　　日

会计科目	期初余额		本期发生额						期末余额	
			借　方			贷　方				
	借方	贷方	银行存款业务	现金业务	转账业务	银行存款业务	现金业务	转账业务	借方	贷方

综上所述，总分类账可以直接根据各种记账凭证逐笔登记，也可以通过一定的汇总方法，把各种记账凭证进行汇总，编制汇总记账凭证或科目汇总表，再据以登记总账。总账采用什么格式，根据什么方式登记，取决于各单位所采取的账务处理程序。有关总账的登记方法，将在"会计账务处理程序"一章阐述。

（二）明细分类账的设置和登记

为了提供有关经济活动的详细资料，以满足经营管理的需要，在设置总分类账的同时，还必须设置必要的明细分类账。

明细分类账简称明细账，它按照二级科目或明细科目设置，用以分类、连续记录和反映各会计要素的详细情况，为编制会计报表提供详细资料。明细分类账对于加强监督、控制财产物资的收发和保管、往来款项的结算、收入的取得、费用的开支等有着重要的作用。因此，每一个企业都应该设置材料、产成品、固定资产、债权债务、业务收支、费用开支以及其他必要的明细账。

明细账一般采用活页式账簿，其格式主要有三栏式、数量金额式和多栏式三种。

1. 三栏式明细账

三栏式明细账的格式与三栏式总账的格式基本相同，账页内只设借方、贷方和余额三个金额栏，不设数量栏，只登记金额不登记数量。它一般适用于只能或只需采用金额进行明细核算的账户，如"应收账款""应付账款""短期借款"等债权债务方面的明细核算。三栏式明细账的登记方法与总分类账基本相同。其具体格式如表 7.18 所示。

表 7.18　应付账款明细账

明细科目：××公司　　　　　　　　　　　　　　　　　　　　　　　　　　　　　单位：元

年		凭证字号	摘要	对方科目	借方	贷方	借或贷	余额
月	日							
1	1		月初余额				贷	3 000
	3	银付3	还货款	银行存款	3 000		贷	0
	5	转5	购料	材料采购		5 000	贷	5 000
1	31				3 000	5 000	贷	5 000

2. 数量金额式明细账

数量金额式明细账的账页，在收入、发出和结存三栏内，再分别设置"数量""单价""金额"栏。这种明细账一般适用于既要进行金额核算又要进行实物数量核算的财产物资的明细核算，如"原材料""产成品"账户的明细分类核算。数量金额式明细账是由会计人员根据审核无误的记账凭证或原始凭证，按照经济业务发生的时间先后顺序逐日逐笔进行登记。其具体表格如表 7.19 所示。

表 7.19　原材料明细分类账

明细科目：
品名：　　　　　　　　　　存放地点：　　　　　　　　计量单位：　　　　　　　　编号：

年		凭证字号	摘要	收入			发出			结存		
月	日			数量	单价	金额	数量	单价	金额	数量	单价	金额

3. 多栏式明细账

多栏式明细账是在账页的借方、贷方分设若干专栏进行明细分类核算的账簿。多栏式明细账的格式可以根据管理需要灵活设计。其基本格式如表 7.20～7.22 所示。多栏式明细账一般适用于只需要进行金额核算而不需要进行数量核算，并且管理上要求反映项目构成情况的费用成本、收入成果类账户。如"制造费用""管理费用""本年利润"等费用成本类和收入成果类账户的明细核算。

表 7.20　生产成本明细分类账

明细科目：　　　　　　　　　　　　　　　　　　　　　　　　　　　　　第　页

年		凭证字号	摘要	成本项目			合计
月	日			直接材料	直接人工	制造费用	

表 7.21　管理费用明细分类账

明细科目：　　　　　　　　　　　　　　　　　　　　　　　　　　　　　第　页

年		凭证字号	摘要	管理费用				合计
月	日			工资	福利费	物料消耗	……	

表 7.22　主营业务收入明细分类账

　　　　　　　　　　　　　　　　　　　　　　　　　　　　　　　　　　第　页

年		凭证字号	摘要	贷方				合计
月	日			甲产品	乙产品	丙产品	……	

各种明细账的登记方法，应依据各个单位业务量的大小，经营管理上的需要以及所记录的经济业务内容加以确定。明细分类账登记的主要依据为原始凭证、汇总原始凭证或记账凭证。一般来说，债权、债务、固定资产等明细账应逐笔登记，其他明细账可以逐笔、逐日或定期汇总登记。

(三) 备查账簿的设置和登记

备查账簿没有固定格式，各单位可根据实际工作的需要自行设计。备查账的记录不列入本单位的财务会计报告。

第三节 账簿启用、登记和错账更正规则

为了做好记账工作，保证会计核算的质量，记账时要严格遵守以下各项规则。

一、账簿启用规则

账簿是重要的会计档案，为了保证会计记录的合法和会计资料的真实性、完整性，明确经济责任，会计账簿应该由专人负责登记。启用会计账簿应遵守以下规则：

（1）启用账簿时，应在账簿封面上写明账簿名称和单位名称，并填写账簿扉页上的"账簿启用及交接表"或"账簿启用经管人员一览表"（见表7.4），基本内容包括：启用日期、账簿编号、账簿页数、记账人员、主管人员等，并加盖公章。

（2）顺序编写页码。启用订本式账簿，应当从第一页到最后一页顺序编写页码，不得跳页、缺号（如果所启用的订本式账簿起始页码已经印好的就不需要再填）。启用活页式账簿，其账页应当按账户顺序编号，并定期装订成册。装订后再按实际使用的账页顺序编写页码，另加目录，记明每个账户的名称和页码，可于装订成册时填写起止页码。卡片式账簿在启用前应当登记卡片登记簿。

（3）严格交接手续。中途更换记账人员时，需要在交接记录中登记并签章；同时，须有会计主管人员监交并签章。

（4）及时结转旧账。每年年初更换新账时，应将旧账的各账户余额过入新账的余额栏，并在摘要栏中注明"上年结转"字样。

二、账簿登记规则

会计人员根据审核无误的会计凭证登记账簿时，一般应遵循以下规则，以保证账簿提供信息的质量。

（1）登记账簿的依据只能是经过审核无误的记账凭证。

登记账簿时，应当将会计凭证上的日期、凭证号、业务内容摘要、金额和其他有关资料逐项记入账内，做到数字准确、摘要清楚、登记及时、字迹工整。同时，在记账凭证上注明账簿页数或"√"符号，表示已经记账，防止漏记和重记，并便于核对。

（2）必须使用钢笔或蓝黑墨水记账。

登记账簿时，要用蓝黑墨水笔或碳素墨水笔书写，不得使用铅笔或圆珠笔（银行的复写

账除外)。但下列情况下,可以用红色墨水笔记账。红色墨水笔只能在划线、改错和冲账时使用。另外,不得刮擦、挖补、涂抹或用退字药水更改账簿。

① 按照红字冲账的记账凭证,冲销错误记录;
② 在不设借贷等栏的多栏式账页中,登记减少数;
③ 在三栏式账户的余额栏前,如未印明余额方向的,在余额栏内登记负数余额;
④ 根据国家统一会计制度的规定可以用红字登记的其他会计记录。

(3) 必须按顺序逐页、逐行登记。

各种账簿应当按页次顺序连续登记,不得跳行隔页。如果发生跳行、隔页,应当将空行、空页划线注销,或者注明"此行空白""此页空白"字样,并由记账人员签字或者盖章。

(4) 文字和数字的书写应当规范。

账簿中书写的文字和数字应紧靠账格下线书写,仅占全格的1/2,上面要留有适当空距,以便更正错账时书写正确的文字或数字。

(5) 每页登记完毕,应办理转页手续。

每一账页登记完毕,接转下页时,应当结出本页合计数和余额,写在本页最后一行和下页第一行有关栏内,并在摘要栏注明"过次页"或"承前页"字样。

(6) 在账页上注明账户余额方向。

凡需结出余额的账户,应按时结出余额。结出余额后,应当在"借或贷"栏内写明"借"或"贷"字样,以表明余额的方向。没有余额的账,应当在"借或贷"栏内写"平"字,并在余额栏"元"位上用"0"表示。现金日记账和银行存款日记账必须逐日结出余额。

(7) 期末各种账簿应进行结账。

各种账簿期末时都应对每个账户的本期发生额和期末余额进行结账,并将余额转入下一会计期间,作为该账户的期初余额。在摘要栏分别注明"本月合计""月初余额"等字样。年初开始启用新账簿时,也应将上年末各账户余额转入账户余额栏内,并在摘要栏注明"上年结转"或"年初余额"字样。

(8) 使用会计电算化的单位,其会计账簿的登记、更正,应当符合国家统一的会计制度的规定。

三、错账更正的规则

我国《会计法》第十五条规定:"会计账簿记录发生错误或者隔页、缺号、跳行的,应当按照国家统一的会计制度规定的方法更正,并由会计人员和会计机构负责人(会计主管人员)在更正处盖章。"由于账簿记录错误发生的具体原因不同,因此,更正错误的方法也不相同。常用的更正错误方法主要有以下三种:

(一) 划线更正法

在记账之后,结账之前,如果发现账簿记录中文字或数字有错误,或者计算上有错误,而记账凭证正确,应采用划线更正法更正错误。所谓划线更正法是指用红墨水注销原有记录,用以更正错误的一种方法。

更正的方法是：先将错误的文字或数字划一条红线表示注销，但必须使原有的字迹仍可辨认，以备日后查考，并在划线上方用蓝黑字体写上正确的文字或数字，并由记账人员在更正处盖章，以示负责。例如：记账人员把 17890 误记为 19390 时，应将错误数字用红线居中全部注销，然后在错误数字的上方写上正确的数字，即 17890，而不能只删改数字"9"和"3"，并在更正处盖章。

　　　　　17890　　（印章）
　　　　　~~19390~~　　（印章）

（二）红字更正法

红字更正法又称红字冲销法，是在会计核算中用红字注销或冲销原记数额，以更正或调整账簿记录的一种方法。经字更正法一般适用于以下两种情况：

（1）记账之后，结账之前，发现记账凭证中应借应贷符号、科目有错误时，采用红字更正法更正。更正时应先用红字填写一张与原用科目、借贷方向和金额相同的记账凭证并登记入账，以冲销原来的记录；然后用蓝字重新填制一张正确记账凭证，并登记入账。在红字记账凭证的摘要栏注明：冲销×年×月×日×号记账凭证；在蓝字记账凭证的摘要栏注明：订正×年×月×日×号记账凭证。

【例 7.1】企业销售产品收到商业汇票一张 20 000 元，填制的记账凭证为：
　　借：应收账款　　　　　　　　20 000
　　　　贷：主营业务收入　　　　　　　20 000　　①
已登记入账。

更正时，先用红字金额填制一张与错误原记账凭证相同的凭证，并登记入账。

　　借：应收账款　　　　　　　　20 000
　　　　贷：主营业务收入　　　　　　　20 000　　②
（□ 表示红字金额，以下同。）

然后，再用蓝字编制一张正确的记账凭证，并据以登记入账。
　　借：应收票据　　　　　　　　20 000
　　　　贷：主营业务收入　　　　　　　20 000　　③

有关账户更正记录如图 7.2 所示。

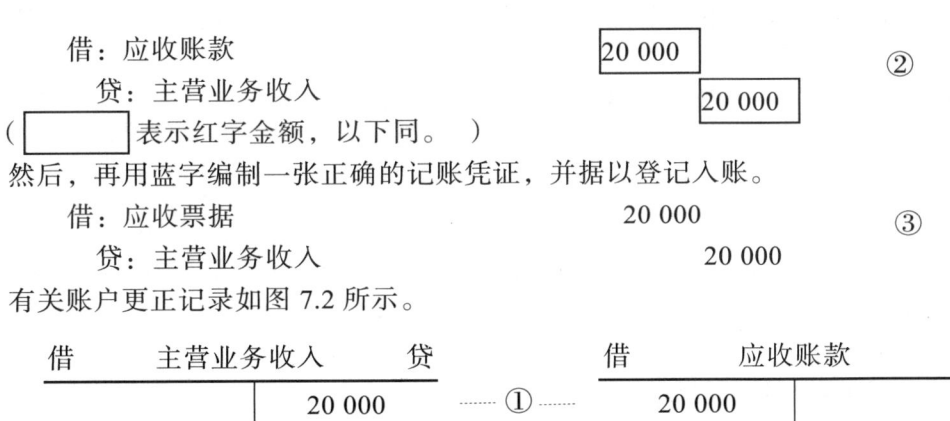

图 7.2　红字更正法（一）

（2）记账之后、结账之前，如发现记账凭证上应借、应贷的会计科目并无错误，但所记金额大于应记金额，则采用红字更正法，将多记的金额（即正确数与错误数之间的差数）用红字填写一张记账凭证，用以冲销多记金额，并据以登记入账。在红字凭证的摘要栏注明冲销×年×月×日×号凭证多记金额。

【例 7.2】企业销售产品收到商业汇票一张 20 000 元，填制的记账凭证为：

借：应收票据　　　　　　　　　　　200 000
　　贷：主营业务收入　　　　　　　　　　200 000

并已登记入账。

更正时，将多记金额 180 000 元用红字 180 000 元用红字金额填制一张与错误原记账凭证相同的凭证，并据以登记入账。

借：应收票据　　　　　　　　　　　180 000
　　贷：主营业务收入　　　　　　　　　　180 000

有关账户更正记录如图 7.3 所示。

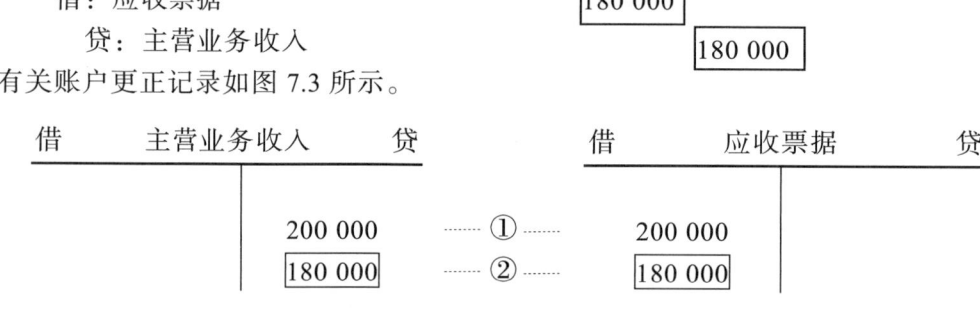

图 7.3　红字更正法（二）

（三）补充更正法

在记账以后，结账之前，如果发现记账凭证上应借、应贷的会计科目正确，但所记金额小于应记金额，此时可以采用补充登记法进行更正。其方法是：将少记金额用蓝字再补填一张记账凭证，并将其补记入账。

【例 7.3】企业为生产产品领用原材料 20 000 元，填制的记账凭证为

借：生产成本　　　　　　　　　　　2 000
　　贷：原材料　　　　　　　　　　　　2 000

并已登记入账。

更正时，将少记金额 18 000 元用蓝字填制一张与原记账凭证相同的凭证，并据以登记账入账。

借：生产成本　　　　　　　　　　　18 000
　　贷：原材料　　　　　　　　　　　　18 000

有关账户更正记录如图 7.4 所示。

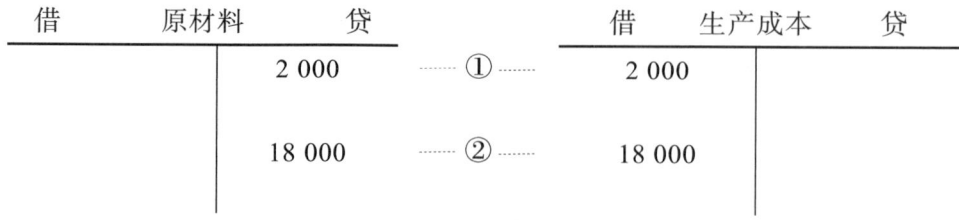

图 7.4　补充登记法

第四节 对账和结账

为了保证账簿登记的正确性，必须定期进行账目对账与结账。

一、对账

我国《会计法》第十七条规定："各单位应当定期将会计账簿记录与实物、款项及有关资料相互核对，保证会计账簿记录与实物及款项的实有数额相符、会计账簿记录与会计凭证的有关内容相符、会计账簿之间相对应的记录相符、会计账簿记录与会计报表的有关内容相符。"所谓对账，就是指会计人员对账簿记录进行核对的工作。通过对账，应做到账证相符、账账相符、账实相符，从而使会计信息正确可靠，并为编制会计报表提供真实、可靠的数据。

（一）账证核对

账证核对，是将各种账簿记录与记账凭证及其所附的原始凭证进行核对。这种核对除在日常制证、记账过程中进行外，每月终了，如果发现账证不符时，尚须溯本追源，进行账簿与会计凭证的检查核对，以确保账证相符。账证相符是账账相符、账实相符的基础。

账证核对的方法包括：账簿中记录是否为记账凭证的会计科目；记账凭证中所列示的经济业务内容、记账方向、金额、凭证编号等是否与账簿记录一致等。

（二）账账核对

账账核对，是对各种账簿之间的有关数据进行核对。这种核对至少每月进行一次，具体包括：

（1）总分类账各账户本月借方发生额合计数与贷方发生额合计数核对相符；

（2）总分类账各账户余额与其所属有关明细分类账各账户余额合计数核对相符；

（3）现金日记账和银行存款日记账的余额与现金和银行存款总分类账各账户余额核对相符；

（4）会计部门有关财产物资的明细分类账余额，与财产物资保管或使用部门的登记簿所记录的余额核对相符。

账账核对的具体方法：可以通过编制"总分类账户本期发生额及余额试算平衡表"（格式见账务处理程序一章）来检查核对总分类账的借贷余额是否相符；通过编制"明细分类账户本期发生额及余额表"（格式见账务处理程序一章）并与总账进行核对，可以检查总账与所属明细余额合计是否相符。

（三）账实核对

账实核对，是指各种财产物资账簿的账面余额与各项财产物资、货币资金等的实存数额核对相符。具体包括：

（1）现金日记账的账面余额与库存现金实有数核对相符；

（2）银行存款日记账的账面记录与银行对账单核对相符；

（3）财产物资明细账的结存数与财产物资实存数核对相符；

（4）各种应收款项、应付款项的明细分类账的账面余额，与有关往来单位相应的债权、债务的科目核对相符。

在实际会计核算工作中，账实核对一般是通过财产清查进行的。财产清查是会计核算的一种专门方法，其具体方法与内容将在后面章节专门加以介绍。

二、结账

结账是指会计人员在会计期末（如月末、季末、年末）将一定时期内所发生的经济业务全部登记入账的基础上，结算出各账户的本期发生额和期末余额，从而根据账簿记录，编制会计报表。通过结账可以反映一定时期经济业务的发生所引起的资金增减变动情况及其结果，并为编制会计报表提供资料。结账工作的基本程序如下：

（1）结账前，必须将本期内发生的各项经济业务全部入账。对需要期末转账的业务，如制造费用的分配、本年利润的结转、有关费用的摊销等，应编制转账凭证并登记有关账簿。

（2）结账时，应结算出每个账户的本期借、贷方发生额和期末余额。

结账的具体方法如下：

（1）月结。每月终了，应在各账户最后一笔业务下面划一条通栏红线，表示本月结束，然后在红线下结算出本月借、贷方发生额和期末余额（月末无余额的，可在"借或贷"栏写"平"字，或在余额栏"元"位上写"0"）。

在"摘要"栏注明"本月合计"字样。最后再在下面划一条通栏红线，表示完成月结工作。

（2）季结。每季度终了时，在各账户的本月份最后一个月的月结下面，划一条通栏红线，表示本季结束；然后在红线下结出本季借、贷方发生额和期末余额。在"摘要"栏注明"本季合计"字样，并在下面划一条通栏红线，表示完成季结工作。

（3）年结。年末时，在办理第四季度季结后，在下面划一条通栏红线，表示年度终了；然后，在红线下面结算出全年借、贷方发生额和期末余额，在"摘要"栏注明"本年合计"字样，并在下面划两条通栏红线。表示完成年结工作。最后，将年末借方或贷方余额填入本年发生额合计下一行的贷方或借方，在"摘要"栏注明"结转下年"字样，并在其下方划一条通栏红线，以示封账。需要更换新账簿的，应在进行年结的同时，在新账簿中有关账户的第一行"摘要"栏内注明"上年结转"或"年初余额"字样，并将上年末的余额以同方向记入新的余额栏内。新旧账有关账户余额的转记事项，不编制记账凭证。

第五节　账簿的更换与保管

一、账簿的更换

会计年度末，进行了会计年度结账后，应将本年账簿更为下年新账。具体更换规则为：总分类账、现金日记账和银行存款日记账以及大部分的明细分类账，必须每年更换一次。只有少部分明细分类账，如固定资产明细账（固定资产卡片明细账）等不必每年更换，可以跨年度连续使用。

更换账簿时，一般只需要将各账户的余额直接抄入新账户第一页的第一行，并在"摘要"栏内注明"上年结转"或"年初余额"字样，不必填制记账凭证。

订本式的账簿，如在年度中记满需要更换新账时，也与年初更换新账一样，办理同样的手续。

二、账簿的保管

会计账簿与会计凭证、会计报表一样，都是企业重要的经济档案和历史资料，必须按照国家规定的《会计档案管理办法》妥善保管，不得丢失或任意销毁。

年末结账后，活页账簿应在其首页前加放"账簿启用及经管人员一览表"装订成册，而后加上封面并统一编号，与各种订本式账簿一并归档。

【知识拓展】

怎样装订会计账簿？

账簿在使用过程中，应妥善保管。账簿的封面颜色，同一年度力求统一，逐年更换颜色，便于区分年度。这样，在找账查账时就会比较方便。账簿内部，应编好目录，建立索引。注意贴上相应数额的印花税票。账簿在过次年后，应将账簿装订整齐，活页账要编好科目目录、页码，用线绳系死，然后贴上封皮，在封皮上写明账簿的种类、单位、时间，在账簿的脊背上，也要写明账簿种类、时间。

本章小结

会计账簿是由具有一定格式并相互联系在一起的账页组成，以会计凭证为依据，序时、分类地记录和反映企业等单位各项经济业务的簿籍。设置和登记会计账簿，能连续、分类、完整地反映各单位在一定时期内的全部经济活动情况，为单位内部和外部的会计信息使用提供系统、有用的会计核算资料。

会计账簿按用途分类，可分为序时账簿、分类账簿和备查账簿；按外表形式分类，可分为订本式账簿、活页式账簿和卡片式账簿；按账页格式分类，可分为三栏式账簿、多栏式账簿和数量金额式账簿。会计账簿的基本内容包括封面、扉页和账页。

序时账簿是按经济业务发生的先后顺序逐笔逐日登记且每日结出余额；总分类账可以根据记账凭证逐笔逐日登记，也可以根据记账凭证汇总结果定期登记，具体登记方法因账务处理程序不同而不同；明细分类账可以逐笔、逐日，也可以定期汇总登记。登记账簿是会计核算中的一项重要工作，为了保证登记及时、内容完整、数字正确、账面整洁，必须遵守一定的记账规则和错账更正规则。记账规则包括账簿启用规则和登记规则；错账更正规则要求发生账簿记录错误时按规定的方法加以更正。账簿错误的更正方法主要有划线更正法、红字更正法和补充更正法等。

为了保证账簿记录正确无误，在会计期末要进行对账，对账就是核对账目。对账的内容包括账证核对、账账核对、账实核对。年终要按要求结账，并对账簿进行装订归档保管。

本章习题

一、思考题

1. 什么是会计账簿？设置和登记会计账簿有什么意义？
2. 会计账簿按用途可以分为哪几类？
3. 总分类账和明细分类账的格式主要有哪几种？如何进行登记？
4. 错账更正有哪几种方法？使用条件是什么？
5. 对账工作的主要内容有哪些？

二、单项选择题

1. 库存现金日记账、银行存款日记账及总分类账簿应该采用的外表形式是（   ）账簿。
   A. 活页式   B. 卡片式   C. 订本式   D. 备查式
2. 租入固定资产登记簿按用途分类属于（   ）。
   A. 分类账簿   B. 普通日记账   C. 备查账簿   D. 特种日记账
3. 下列账簿中，可采用卡片式账簿的是（   ）。
   A. 原材料明细账   B. 库存商品明细账
   C. 银行存款日记账   D. 固定资产明细账
4. 企业在记录财务费用时，通常所采用的明细账账页格式是（   ）。
   A. 多栏式账页   B. 借方多栏式账页
   C. 贷方多栏式账页   D. 三栏式账页
5. 下列应该使用数量金额式账页的是（   ）。
   A. 原材料明细账   B. 生产成本明细账
   C. 应收账款明细账   D. 固定资产明细账
6. 主营业务收入明细账一般采用的账页格式是（   ）。
   A. 三栏式账页   B. 借方多栏式账页
   C. 贷方多栏式账页   D. 借贷方均多栏式账页
7. 应交税费——应交增值税明细账一般采用的账页格式是（   ）。

A. 三栏式账页　　　　　　　　　　B. 借方多栏式账页
　　C. 贷方多栏式账页　　　　　　　　D. 借贷方均多栏式账页
8. 本年利润明细账一般采用的账页格式是（　　）。
　　A. 三栏式账页　　　　　　　　　　B. 借方多栏式账页
　　C. 贷方多栏式账页　　　　　　　　D. 借贷方均多栏式账页
9. 下列不可以作为登记总账依据的是（　　）。
　　A. 记账凭证　　　　　　　　　　　B. 汇总记账凭证
　　C. 原始凭证　　　　　　　　　　　D. 科目汇总表
10. 一般而言，无需根据记账凭证登记的账簿是（　　）。
　　A. 总分类账　　　　　　　　　　　B. 明细分类账
　　C. 备查账　　　　　　　　　　　　D. 库存现金日记账

三、多项选择题

1. 任何会计主体都必须设置的账簿有（　　）。
　　A. 库存现金日记账　　　B. 辅助账　　　　C. 总分类账
　　D. 银行存款日记账　　　E. 明细分类账
2. 会计账簿按用途不同，可以分为（　　）。
　　A. 活页式账簿　　　　　B. 卡片式账簿　　C. 序时账
　　D. 分类账　　　　　　　E. 备查账
3. 下列账簿中，可采用活页式账簿的是（　　）。
　　A. 原材料明细账　　　　B. 库存商品明细账　　C. 银行存款日记账
　　D. 固定资产明细账　　　E. 应收账款明细账
4. 下列属于特种日记账的是（　　）。
　　A. 库存现金日记账　　　B. 购货日记账　　　C. 银行存款日记账
　　D. 分录簿　　　　　　　E. 销货日记账
5. 下列应该使用多栏式账页的是（　　）。
　　A. 原材料明细账　　　　B. 生产成本明细账　　C. 制造费用明细账
　　D. 本年利润明细账　　　E. 应收票据备查账
6. 明细分类账可以根据（　　）登记。
　　A. 原始凭证　　　　　　B. 汇总原始凭证　　C. 经济合同
　　D. 汇总记账凭证　　　　E. 记账凭证
7. 对账的主要内容一般包括（　　）。
　　A. 账证核对　　　　　　B. 账账核对　　　　C. 账实核对
　　D. 账表核对　　　　　　E. 证表核对
8. 下列属于账实核对的是（　　）。
　　A. 库存现金日记账余额与库存现金实有数额核对
　　B. 银行存款日记账余额与银行对账单余额核对
　　C. 各项财产物资明细账余额与财产物资实有数核对
　　D. 有关债权债务明细账余额与对方单位账面记录核对

E. 会计账簿记录与原始凭证的核对

9. 下列属于账账核对的是（　　）。
   A. 所有总账账户借方发生额合计与所有贷方发生额合计核对
   B. 所有总账账户借方余额合计与所有贷方余额合计核对
   C. 某一总账账户余额与其所属明细账余额合计核对
   D. 库存现金日记账的余额与库存现金总账余额核对
   E. 会计部门有关财产物资明细账余额与财产物资保管部门有关明细账余额核对

10. 下列可以使用红色墨水记账的是（　　）。
    A. 在只设借方栏的多栏式账页中，登记减少数
    B. 在只设贷方栏的多栏式账页中，登记减少数
    C. 在三栏式账页的余额栏前，如未印明余额方向的，在余额栏内登记负数余额
    D. 按照红字更正法更正错账和冲销错误的账簿记录
    E. 根据国家统一会计制度的规定可以使用红字登记的其他会计记录

四、判断题

1. 企业的序时账簿和分类账簿必须采用订本式账簿。（　　）
2. 登记账簿时发生的空行、空页一定要补充书写。（　　）
3. 总分类账簿应该采用订本式账簿，且账页格式根据需要可采用三栏式、多栏式或数量金额式。（　　）
4. 年终更换新账时，新旧账簿有关账户之间的转记金额，应该编制相应的记账凭证。（　　）
5. 明细分类账除了采用货币单位进行登记外，有的还需要用实物计量单位进行登记。（　　）

五、实务题

资料：某企业2019年5月31日银行存款日记账的余额为30 000元，库存现金日记账的余额为800元。

6月1日发生的与库存现金及银行存款有关的业务如下：

1. 向银行借入6个月期借款10万元，利率12%，到期还本付息。（银收601）
2. 开出现金支票到银行提取现金1 200元。（银付601）
3. 采购员丁某出差预借差旅费1 000元。（现付601）
4. 收到职工王某损坏公物赔偿150元现金。（现收601）
5. 开出转账支票购买原材料，取得增值税专用发票，买价10 000元，增值税额1 300元，材料已入库。（银付602）
6. 销售货物，并为对方企业开出增值税专用发票，其中售价100 000元，增值税额13 000元，同时收到对方转账支票一张。（银收602）
7. 用现金300元购买办公用品。（现付602）

要求：根据专用记账凭证登记日记账，并进行结账工作。

第八章 财产清查

【学习目标】

通过本章的学习,学生应了解财产清查的概念、意义、分类和一般程序,掌握财产清查的方法以及财产清查结果的处理。

【学习重点及难点】

重点学习财产清查的分类、范围和注意事项;掌握财产清查的方法及不同财产清查结果的会计处理。

【引言】

库存现金限额

库存现金限额是指为了保证企业日常零星开支的需要,允许单位留存库存现金的最高数额。这一限额由开户银行根据单位的实际需要核定,一般按照单位3~5天日常零星开支的需要确定。核定后的库存现金限额,开户单位必须严格遵守,超过部分应于当日终了前存入银行。

第一节 财产清查概述

一、财产清查的概念和种类

(一)财产清查的概念

财产清查是指通过对货币资金、实物资产和往来款项的盘点或核对,确定其实存数量与价值,查明账面记载与实存数量、金额是否相符的一种专门方法。

(二)财产清查的种类

1. 按照清查的范围可分为全面清查和局部清查

(1)全面清查。它是指对属于本单位或存放在本单位的所有财产物资、货币资金和各项债权债务进行全面盘点和核对。全面清查范围广、内容多、工作量大,不宜经常进行。需要

进行全面清查的主要有以下几种情况:
① 年终决算之前;
② 单位撤并或者改变其隶属关系时,中外合资、国内合资前;
③ 开展资产评估,清产核资等专项经济活动前;
④ 单位主要负责人变动等事项时。

(2)局部清查。局部清查指根据需要对部分财产物资进行盘点和核对。需要进行局部清查的主要有以下几种情况:
① 对于库存现金,每日业务终了应由出纳人员当日清点核对,以保持实存数和现金日记账结存额相符;
② 对于银行存款,出纳人员至少每月要同银行核对一次;
③ 对于贵重物资,每月都应清点盘查一次;
④ 对于各种往来款项,每年至少同对方企业核对一至两次。

以上所列举的清查内容,都是在正常情况下进行的,目的是保证账实相符。如果遭受自然灾害,发生盗窃事件以及更换相关工作人员时也应对财产物资或资金进行局部清查和盘点。

2. 按照清产的时间可分为定期清查和不定期清查

(1)定期清查。它是指根据事先计划或管理制度规定的时间安排对财产进行的清查。一般在年度、季度、月份终了及每日结账时进行。定期清查可以是全面清查,也可以是局部清查。一般情况下,年终决算前进行全面清查,季末和月末进行局部清查,期末清查的范围一般要比月末大一些。

(2)不定期清查。它是指事先没有安排计划,而是根据需要对财产物资所进行的临时性清查。不定期清查可以是全面清查,也可以是局部清查。

需要进行不定期清查的主要有以下几种情况:
① 在单位更换出纳和财产物资保管人员时;
② 当单位发生意外损失和非常灾害时;
③ 当单位撤销、合并或改变隶属关系时;
④ 经济管理部门如财政、税务、银行以及审计部门对企业进行检查时。

二、财产清产的意义

企业单位各项财产的增减变动和结存情况,都是通过账簿记录来反映的。但是由于一些主客观因素往往可能导致财产物资的变动和结存的实际情况与账簿记录不完全一致,从而出现账实不符的情况。造成账实不符的原因如下:

(1)在收发财产物资时,由于计量、检验不准确而发生的品种、数量或质量上的差错。
(2)账务处理中出现漏记、重记、错记或计算上的错误。
(3)财产物资在保管过程中发生自燃损耗。
(4)未达账项。
(5)由于管理不善、工作人员失职,以及不法分子的营私舞弊、贪污失职。

（6）发生自然灾害和意外事项，导致财产物资毁损。

适当运用财产物资清查方法，对保证账簿记录与财产物资的实际状况相符，并提供内容完整、数据准确、资料可靠的会计信息，具有重要意义。

（1）通过财产清查，可以查明各项财产物资的实有数量，确定实有数量和账面数量之间的差异，查明原因和责任，以便采取有效措施，消除差异，改进工作，从而保证账实相符，提高会计资料的准确性。

（2）通过财产清查，可以查明各项财产物资的保管情况是否良好，有无因管理不善，造成霉烂、变质、损失浪费，或者被非法挪用、贪污盗窃的情况，以便采取有效措施，改善管理，切实保障各项财产物资的安全完整。

（3）通过财产清查，可以查明各项财产物资的库存和使用情况，合理安排生产经营活动，充分利用各项财产物资，加速资金周转，提高资金使用效率。

三、财产清查的一般程序

企业应该按照一定的流程组织安排财产清查工作，因此需要规定财产清查的一般程序。企业的财产清查工作应严格按照以下程序进行：

（1）建立财产清查小组。一般由会计部门、财产保管部门及使用部门等人员组成。

（2）组织清查人员学习有关政策规定，掌握有关法律、法规和相关业务知识，以提高财产清查工作的质量。

（3）确定清查的对象、范围，明确清查任务。

（4）制订清查方案，具体安排清查内容、时间、步骤、方法以及必要的清查前准备。

（5）清查时本着先清查数量、核对有关账簿记录等，后确定质量的原则进行。

（6）填制盘存清单。

（7）根据盘存清单，填制实物、往来账项清查结果报告表。

注意：现代意义上的财产清查，不仅包括资产实存数量和质量的检查，还应包括资产价值量的测定，并关注资产是否发生减值等情况。

四、财产盘存制度

对于财产物资的清查主要是确定各项资产物资的账面结存数量、账面结存金额与各项财产物资的实存数量、实存金额，以确定其账存和实存是否相符，所以对各项财产物资都必须在数量上和质量上进行清查。

（一）确定各项财产物资账面结存数量的方法

企业财产物资的数量要靠盘存来确定，常用的盘存方法有实地盘存制和永续盘存制两种。

1. 实地盘存制

实地盘存制也称"定期盘存制""以存计销制"，是指通过对期末财产物资的实地盘点，确定期末财产物资数量的方法。在该方法下，对各项财产物资在账簿中只登记增加数，不登记减少数，月末根据实地盘存的结存数来倒推当月财产物资的减少数，再据以登记有关账簿的方法。

本期发出数量＝账面期初结存数量＋本期账面增加数量－期末盘点实际结存数量

实地盘存制下账簿登记情况如表 8.1 所示。

表 8.1

2018 年		摘 要	收 入			发 出			结 存		
月	日		数量	单价	金额	数量	单价	金额	数量	单价	金额
3	1	上月结余							80	10	800
	5	购入	200	9	1 800						
	10	发出									
	17	购入	400	10	4 000						
	25	发出									
	31	合计	600		5 800	450			230		

采用实地盘存制，期初数在账上，期末数靠盘点，发出数靠计算。该方法无需通过账面连续记录得出期末财产物资数量，并假定除期末库存以外的财产物资均已出售，从而倒计算本月减少的财产物资数量。因此采用实地盘点制，其优点是：核算工作比较简单，不必逐笔登记存货减少的业务。其缺点是：无法结算出日常的账面余额，不能及时了解和掌握日常财产物资的账面结存额和财产物资的溢缺情况，且手续不严密，不利于管理。

该制度一般适用于一些价值低、品种杂、进出频繁的商品或资料物资。

2. 永续盘存制

永续盘存制也称"账面盘存制"，是对各项财产物资的增加或减少，都必须根据会计凭证逐笔或逐日在有关账簿中进行连续登记，并随时结算出该项物资结存数的一种方法。即：

账面期末数量＝账面期初结存数量＋本期账面增加数量－本期账面发出数量

永续盘存制下账簿登记情况如表 8.2 所示。

表 8.2

2018 年		摘 要	收 入			发 出			结 存		
月	日		数量	单价	金额	数量	单价	金额	数量	单价	金额
3	1	上月结余							80	10	800
	5	购入	200	9	1 800				280		
	10	发出				200			80		
	17	购入	400	10	4 000				480		
	25	发出				150			330		
	31	合计	600		5 800	350			330		

采用永续盘存制,对各项财产物资在账簿中既登记增加数又登记减少数,并随时结出财产物资的结存数量,因此,可随时反映出财产物资的收入、发出和结存情况。其优点是:从数量上和金额上进行双重控制,加强对财产物资的管理,在实际工作中广泛运用该方法。其缺点是:在财产品种复杂、繁多的企业,其明细分类账核算工作量较大。

采用这种制度,也可能发生账实不符的情况,如变质、损坏、丢失等,所以仍需对各种财产物资进行清点盘查,以查明账实是否相符和账实不符的原因。

(二)确定各项财产物资账面结存金额的方法

财产物资的账面结存金额是指各项财产物资的账面结存数量与该财产物资的单位成本的乘积,即:

$$账面结存金额 = 各项财产物资的账面结存数量 \times 该财产物资的单位成本$$

其中,该财产物资的单位成本可以采用先进先出法、加权平均法、个别计价法等进行核算。

第二节 财产清查的方法

财产清查是一项非常复杂细致的工作,它不仅是会计部门的重要任务,而且是各个财产物资经营部门的一项重要职责。

财产清查之前的业务准备工作具体包括以下三个方面:

(1)会计部门应在财产清查之前,将有关账簿登记齐全,结出余额,做好账簿准备,为账实核对提供正确的账簿资料。会计人员要做好账簿的登记工作,做到账账相符、账证相符。

(2)财产物资的保管使用等相关业务部门,应登记好所经管的全部财产物资明细账,并结出余额。将所保管以及所用的各种财产物资归位整理好,贴上标签,表明品种、规格和结存数量,以便盘点核对。

(3)准备好各种计量器具和清查登记用的清单、表格等。通常有"实存账存对照表""未达账项登记表""财产物资盘存单""财产物资清查盈亏明细表""库存现金盘点报告表""银行存款余额调节表""往来款项调查报告单",以便将盘点好的结果填入准备好的各种表格中,作为调整账面记录的原始凭证和对账记录。

在完成以上各项准备工作以后,清查人员应根据清查对象的特点、预先确定的清查目的,采用合适的清查方法实施财产清查和盘点。

一、货币资金的清查方法

(一)库存现金的清查

库存现金清查先采用实地盘点的方法确定库存现金的实存数,然后再与现金日记账的账面余额相核对，确定账存数与实存数是否相符。库存现金的盘点应该由清查人员会同出纳人员共同负责。

库存现金清查主要包括两种情况：

1. 经常性的现金清查

即由出纳人员每日清点库存现金实有数，并与现金日记账的账面余额核对，这是出纳人员日常进行的工作。

2. 定期或不定期的清查

在坚持日清月结、由出纳人员自身对库存现金进行检查清查的基础上，为了加强对出纳工作的监督，及时发现可能发生的库存现金差错或丢失，防止贪污、盗窃、挪用公款等不法行为的发生，确保库存现金安全完整，各单位应建立库存现金清查制度。由有关领导和专业人员组成清查小组，定期或不定期地对库存现金情况进行清查盘点。重点检查账款是否相符、有无白条抵库、有无私借公款、有无挪用公款、有无账外资金等违纪违法行为。

清查时，出纳人员必须在场，库存现金由出纳人员经手盘点，清查人员从旁监督。清查人员还应认真审核库存现金收付凭证和有关账簿，检查财务处理是否合法、账簿记录有无错误，以确定账存数与实存数是否相符。

在库存现金盘点结束后，直接填制"库存现金盘点报告表"，由盘点人员、出纳人员及其相关负责人签名盖章，并据以调整现金日记账的账面记录。库存现金盘点报告表的一般格式如表 8.3 所示。

表 8.3　库存现金盘点报告表

单位名称：　　　　　　　　　　　　　　　年　　月　　日

实存金额	账存金额	实存账存对比结果		备注
		盘盈	盘亏	
…	…	…	…	…

（二）银行存款的清查

银行存款的清查通过与开户银行转来的对账单进行核对，来查明银行存款的实有数额。银行存款日记账与开户银行转来的对账单不一致的原因有两个方面：一是双方或一方记账有误；二是存在未达账项。

清查时，要将企业的银行存款日记账与银行定期送来的对账单逐笔核对，以查明账实是否相符。如果在核对中发现属于企业方面的记账差错，经确定后企业应立即更正；属于银行方面的记账差错，应通知银行更正。即使双方均无记账错误，企业的银行存款日记账余额与银行对账单余额往往也不一致，这种不一致一般是由未达账项造成的。

所谓未达账项，是指企业与银行之间由于凭证传递上的时间差，一方已登记入账，另一方因尚未接到凭证而未登记入账的款项。

具体说，未达账项大致有下列四种情况：

（1）企业已收，银行未收，即企业已收款入账，银行尚未收款入账；
（2）企业已付，银行未付，即企业已付款入账，银行尚未付款入账；
（3）银行已收，企业未收，即银行已收款入账，企业尚未收款入账；
（4）银行已付，企业未付，即银行已付款入账，企业尚未付款入账。

在清查银行存款时，如出现未达账项，应通过编制银行存款余额调节表进行调整。银行存款余额调节表的编制方法一般是在企业与银行双方账面余额的基础上，各自加上对方已收而本单位未收的款项，减去对方已付本单位未付的款项。经过调节后，双方的余额应一致。

【例 8.1】某工业企业 2019 年 3 月银行存款日记账和银行对账单的有关记录如下：
（1）该工业企业银行存款日记账的账面记录见表 8.4。

表 8.4　银行存款日记账

日　期	摘　要	金　额
12 月 29 日	存入购货方转账支票#891	24 800
12 月 30 日	开出转账支票#352，支付购料款	16 400
12 月 30 日	开出转账支票#353，支付运输费	800
12 月 31 日	存入购货方转账支票#740	16 000
	月末余额	76 500

（2）银行对账单的记录见表 8.5。

表 8.5　银行对账单

日　期	摘　要	金　额
12 月 30 日	存入转账支票#891	24 800
12 月 30 日	转账支票#352	16 400
12 月 31 日	代付借款利息	1 500
12 月 31 日	收回货款	13 500
	月末余额	73 300

要求：根据上述资料完成银行存款余额调节表的编制，见表 8.6。

表 8.6　银行存款余额调节表

编制单位：某工业企业　　　　2019 年 3 月 31 日

项　目	金　额	项　目	金　额
企业银行存款日记账余额	76 500	银行对账单余额	73300
加：银行已收企业未收	（1）	加：企业已收银行未收	（4）
减：银行已付企业未付	（2）	减：企业已付银行未付	800
调节后余额	（3）	调节后余额	（5）

解析：（1）13 500　　（2）1 500　　（3）88 500　　（4）16 000　　（5）88 500

经过银行存款余额调节表调整以后的左右两方存款余额已经消除了未达账项的影响。经该表调节后，若双方账目没有错应该相符，其金额表示企业可动用的银行存款实有数；若不符，则表示本单位及开户银行的一方或双方存在记账错误，应进一步查明原因，采用正确的方法进行更正。

需要注意的是，银行存款余额调节表的编制只是为了检查账簿记录的正确性，而不是要更改账簿记录，所以不得按照银行存款余额调节表调整账面金额，各项未达账项要待收到银行转来的有关收、付款凭证时，才进行账务处理。

【例 8.2】月末某工业企业银行存款日记账余额为 280 000 元，银行对账单余额为 190 000 元，经过未达账项调节后余额为 170 000 元。企业期末可以动用的银行存款余额为（　　）元。

A. 170 000　　　　　B. 280 000　　　　　C. 190 000　　　　　D. 180 000

解析：选 A。

二、实物的清查方法

实物资产的清查主要包括存货（如原材料、在产品、库存商品、半成品、低值易耗品）和固定资产的清查，清查时主要从数量上进行。实物资产具有种类繁多、数量大、储存情况复杂、计量单位不统一等特点，在清查时往往需要结合实际情况，合理选择清查范围，针对不同的清查对象，选用不同的清查方法。实物资产的清查方法最常用的有实地盘点法和技术推算法。

（一）实地盘点法

实地盘点法是在财产物资的存放现场逐一清点数量或用计量仪器确定其实存数的一种方法。应运用度、量、衡等工具，通过点数，逐一确定被清查实物实有数。这种方法适用范围较广，而且数字准确可靠，大多数财产物资都可采用这种方法，但工作量较大。

实地盘点时，盘点人员应该做好盘点记录；盘点结束后，盘点人员应根据财产物资的盘点记录，编制"财产物资盘存单"，并由参与盘点人员、财产物资保管人员及其相关责任人签名盖章。同时，应就盘存表的资料以及相关账簿资料填制"实存账存对比表"，并据以检查账面数额与实际数额是否相符，同时根据对比结果调整账簿记录，分析差异原因，做出相应处理。

（二）技术推算法

技术推算法，是指利用技术方法推算财产物资实存数的方法。采用技术推算法，对于财产物资不是逐一清点计数，而是通过量方计尺等技术手段推算财产物资的结存数量。这种方法一般适用于成堆量大而且价值不高，难以逐一清点的财产物资的清查。如露天堆放的沙石、煤炭等。

对实物资产的数量进行清查的同时，还要对实物的质量进行鉴定，可根据不同的实物采用不同的检查方法，如物理法、化学法、直接观察法等。

为了明确经济责任，在进行实物资产清查盘点时，实物保管人员和盘点人员必须在场。对于盘点结果，应如实登记盘存单，并由盘点人和实物保管人签字盖章。

盘存单既是记录盘点结果的书面证明，也是反映财产物资实存数的原始凭证。为了查明实存数与账存数是否一致，确定盘盈和盘亏情况，还应根据盘存单和有关账簿的记录，编制"实存账存对比表"。该表是用以调整账簿记录的重要原始凭证，也是分析差异产生、明确经济责任的重要依据。

财产物资盘存单和实存账存对比表的常用格式如表8.7和8.8所示。

表8.7 盘存单

单位名称：　　　　　　　　盘点时间：　　　　　　　　编号：
财产类别：　　　　　　　　存放地点：　　　　　　　　金额单位：

编号	名称	计量单位	数量	单价	金额	备注

表8.8 实存账存对比表

使用部门：　　　　　　　　年　月　日　　　　　　　　编号：
财产类别：　　　　　　　　存放地点：　　　　　　　　金额单位：

编号	类别及名称	计量单位	单价	实存		账存		对比结果				备注
				数量	金额	数量	金额	盘盈		盘亏		
								数量	金额	数量	金额	

实物保管人：　　　　　　　　会计：　　　　　　　　制表：

三、往来款项的清查方法

往来款项是指各项债权债务结算款项，主要包括应收账款、应付账款、预收账款、预付账款及其他应收、应付款项。往来款项的清查一般用发函询证的方法进行核对，派人前往或利用通讯工具，向结算往来单位核实账目。

清查的方法如下：

（1）首先确定本单位的往来款项记录准确无误，总分类账与明细分类账的余额相等，各明细分类账的余额相符。

（2）在保证本单位账簿记录正确的情况下，编制"往来结算款项对账单"，通过信函、电函、面询等多种方式，请对方企业核对，确定各种应收、应付款的实际情况。

对账单位应按明细账户逐笔摘抄，一式两联，其中一联是回单，对方单位核对后将回单盖章退回本单位；如果发现双方账面不相符，应在回单上注明，以便进一步查对。其格式如下表8.9所示。

表 8.9　往来款项对账单

×××单位：

贵单位于××年××月××日从我单位购入乙产品 200 件，已付款 40 000 元，尚有 60 000 元货款尚未支付，请核对后将回联单寄回。

清查单位：（盖章）

年　　月　　日

如核对相符，请在数据无误处盖章确认（沿此虚线剪下，将以下回联单寄回）；如数据存在差异，请注明贵单位记载的金额。

往来款项对账单（回联）

×××清查单位：

贵单位寄来的"往来款项对账单"已收到，经核对相符无误。

×××单位：（盖章）

年　　月　　日

（3）收到回单后，要据以编制"往来款项清查表"，由清查人员和记账人共同签名盖章，注明核对相符与不相符的款项，对不相符的款项按有争议、未达账项、无法收回等情况归类，并针对具体情况及时采取措施予以解决。往来款项清查表如表 8.10 所示。

表 8.10　往来款项清查表

总分类账名称：　　　　　　　　　　年　　月　　日

明细分类账户		清查结果		核对不符原因分析				备注
名称	账面余额	核对相符金额	核对不符金额	未达账项金额	有争议款项金额	无法收回（或偿还）款项	其他	

第三节　财产清查结果的会计处理

一、财产清查结果的处理要求

如果财产清查的结果表明单位存在账实不符的情况，则有可能是财产管理和会计核算方面的问题，应当认真分析研究，按照相关法律法规和企业的规章制度进行处理。财产物资清查结果的处理应包括以下几方面的要求：

(一) 分析账实不符的原因和性质，提出处理建议

对于各种财产物资的盘亏盘盈，必须通过调查研究查明原因、分清责任，按照相关规定进行处理。一般来说，个人造成的损失，应由个人赔偿；因管理不善等原因造成的损失，应作为企业管理费用入账；因自然灾害造成的非常损失，列入企业的营业外支出，如相关财产已经向保险公司投保，还应向保险公司索取赔偿。

(二) 积极处理多余积压财产，清理往来款项

对于各种已经制定储备定额的财产物资，在财产清查后，还应当全面地检查物资储备的定额执行情况。储备不足的物资，应当及时通知有关部门，补充储备；对于多余、积压的物资应当查明原因，分别处理。

在处理多余、积压物资时，对于利用率不高或闲置不用的固定资产也必须查明原因积极处理，使所有固定资产都能充分加以利用，从而提高固定资产的使用效率。

(三) 总结经验教训，建立健全各项管理制度

财产清查后，要针对存在的问题和不足，总结经验教训，采取必要的措施，建立健全财产管理制度，进一步提高财产管理水平。

(四) 及时调整账簿记录，保证账实相符

对于财产清查中发现的盘盈或盘亏，应及时调整账面记录，以保证账实相符。要根据清查中取得的原始凭证编制记账凭证，登记有关账簿，使各种财产物资的账存数与实存数相一致，同时反映待处理财产损溢的发生。

二、财产清查结果的处理步骤和方法

(一) 财产清查结果的处理步骤

对于财产清查中账实不符的情况，在进行会计处理时一般分两步：

1. 审批前的处理

财产清查结束后，清查人员应向有关方面报告清查结果，对盘盈盘亏的财产提出处理建议，由股东大会或董事会、经理（厂长）会议或类似机构根据管理权限批准后执行。

在处理建议得到批准之前，会计人员和财产管理人员应根据"清查结果报告表""盘点报告表"等资料，编制记账凭证，调整有关财产的账面价值，使账簿记录与实际盘存数相符。

2. 审批后的处理

经批准后根据差异发生的原因和批准处理意见，进行差异处理，调整账项，并据以登记有关账簿。

（二）财产清查结果的处理方法

1. 账户设置

在财产清查中，如果发现某项财产物资由于计量不准、手续不完备等造成实存数大于账面数的差额，称为盘盈；如果发现某项财产物资由于计量不准、自然灾害等原因造成实存数小于账面数的差额，称为盘亏或毁损。

为了记录、反映财产的盘盈、盘亏和毁损情况，应设置"待处理财产损溢"账户。该账户应设置"待处理非流动资产损溢"和"待处理流动资产损溢"两个明细账户，分别核算非流动资产和流动资产的待处理财产损溢。"待处理财产损溢"账户属于双重性质的账户，借方用来登记各项财产物资发生的盘亏、毁损和经批准处理的盘盈财产物资转销数；贷方登记各项财产物资发生的盘盈数和经批准处理的盘亏、毁损财产物资转销数；期末如为借方余额，表示尚待处理的净损失，如为贷方余额，表示尚待处理的净溢余。对于等待批准处理的财产盘盈、盘亏，会计年终前应处理完毕。会计期末，该账户无余额。

"待处理财产损溢"账户的基本结构如图 8.1 所示。

（1）账户的性质：资产类账户。

（2）账户的用途：用来核算企业在财产清查过程中查明的各种财产盘盈、盘亏和毁损的价值。

（3）账户的结构：

借	待处理财产损溢	贷
财产物资发生的盘亏、毁损和经批准转销的盘盈数		财产物资盘盈数和经批准转销的盘亏毁损
余额：尚待处理的财产物资净损失数		余额：尚待处理的财产物资净溢余数

图 8.1 待处理财产损益账户的基本结构

（4）明细账的设置：应按盘盈、盘亏的资产种类和项目进行明细核算。

（5）主要账务处理：

① 盘盈的各种材料、库存商品、固定资产、生物资产等，借记"原材料""库存商品""固定资产"等科目，贷记本科目。

② 盘亏、毁损的各种材料、库存商品、固定资产等，借记本科目，贷记"原材料""库存商品""应交税费——应交增值税（进项税额转出）"等科目。

③ 盘盈、盘亏、毁损的财产，按管理权限报经批准后处理时，按残料价值，借记"原材料"等科目，按可收回的保险赔偿或过失人赔偿，借记"其他应收款"科目，按本科目余额，借记或贷记本科目，按其借方余额，属于管理原因造成的，借记"管理费用"科目，属于非正常损失的，借记"营业外支出——非常损失"；按其贷方差额，贷记"管理费用""营业外收入"科目。

④ 企业的财产损益，应查明原因，在期末结账前处理完毕，处理后本科目应无余额。

2. 账务处理

（1）库存现金盘盈、盘亏的账务处理。

对于企业每日终了结算库存现金收支以及财产清查中发现的有待查明原因的库存现金短缺或溢余，除了设法查明原因以外，还应及时根据"库存现金盘点报告表"通过"待处理财产损溢"科目核算。

当库存现金短缺时，应按实际短缺的金额，借记"待处理财产损溢"科目，贷记"库存现金"科目；当现金溢余时，按实际溢余的金额，借记"库存现金"科目，贷记"待处理财产损溢"科目。

待查明原因后再分情况处理：

库存现金短缺，应由责任人和保险公司赔偿的部分，通过"其他应收款"科目核算（如已收到赔偿的款项，直接通过"银行存款"等科目核算）。

无法查明原因的库存现金短缺，根据企业内部管理权限，经审批后记入"管理费用"科目。

库存现金溢余，应支付给有关人员或单位的，应从"待处理财产损溢"科目转入"其他应付款"等科目。

无法查明原因的库存现金溢余，根据企业内部管理权限，经审批后转入"营业外收入"科目。

【例 8.3】某工业企业在财产清查过程中盘盈库存现金 20 000 元，其中 12 000 元属于应支付给其他公司的违约金，剩余盘盈金额无法查明原因，应做如下会计处理：

① 审批之前：

  借：库存现金   20 000

    贷：待处理财产损溢   20 000

② 审批之后：

  借：待处理财产损溢   20 000

    贷：其他应付款   12 000

      营业外收入   8 000

【例 8.4】某工业企业在财产清查中发现库存现金盘亏 8 000 元，其中出纳人员应赔偿 4 000 元，剩余部分无法查明原因。应做如下会计处理：

① 审批之前：

  借：待处理财产损溢   8 000

    贷：库存现金   8 000

② 审批之后：

  借：其他应收款   4 000

    管理费用   4 000

    贷：待处理财产损溢   8 000

（2）存货盘盈、盘亏和毁损的账务处理。

存货发生盘亏或毁损，应按实际盘亏或毁损的金额，借记"待处理财产损溢"科目，贷记"原材料""库存商品"等科目；出现存货盘盈，应按实际盘盈的金额，借记"原材料""库存商品"等科目，贷记"待处理财产损溢"科目。

待查明原因再分情况处理：

① 存货盘亏或毁损，材料入库的部分通过"原材料"科目核算；

② 管理不善，一般经营损失等原因造成的盘亏或毁损，通过"管理费用"科目核算；

③ 应由责任人和保险公司赔偿的，通过"其他应收款"科目核算（如已收到赔偿的款项，直接通过"银行存款"等科目核算）；

④ 非常损失造成的存货盘亏或毁损，记入"营业外支出"科目；

⑤ 存货盘盈批准处理后冲减"管理费用"科目。

【例8.5】某工业企业的财产清查中发现甲商品溢余50件，每件单价40元；乙商品盘亏300件，每件50元；丙商品盘亏100件，每件100元。在发现盘盈、盘亏时应编制如下会计分录：

① 盘盈甲商品时：

  借：库存商品——甲商品   2 000

    贷：待处理财产损溢   2 000

② 盘亏乙、丙商品时：

  借：待处理财产损溢   25 000

    贷：库存商品——乙商品   15 000

        ——丙商品   10 000

【例8.6】经检查发现，盘亏的乙商品为管理不善所致，其中收回残料5 000元，仓库保管人员赔偿3 000元（款项已收存银行），已批准进行处理，编制以下会计分录：

  借：原材料   5 000

    银行存款   3 000

    管理费用   7 000

    贷：待处理财产损溢   15 000

【例8.7】经检查发现，盘亏的丙商品是由火灾导致的，保险公司应赔偿4 000元，款项尚未收到，已批准进行处理，编制如下会计分录：

  借：其他应收款   4 000

    营业外支出   6 000

    贷：待处理财产损溢   10 000

（3）固定资产盘盈和盘亏的账务处理。

盘亏、毁损的固定资产，应先通过"待处理财产损溢"科目核算，同时要及时查明原因写出书面报告，并根据企业的管理权限，经股东大会或董事会、经理（厂长）会议或类似机构批准后，在期末结账前处理完毕。

盘亏或毁损的固定资产，在扣除由过失人或者保险公司等赔款和残料价值之后的净损失应记入当期营业外支出。

盘盈的固定资产，作为前期差错更正处理，通过"以前年度损益调整"科目核算。

【例8.8】某工业企业在财产清查中，盘亏设备一台，原值为80 000元，已提折旧50 000元。经查明，过失人赔偿5 000元，已批准进行处理，编制以下会计分录：

① 盘亏固定资产时：

借：待处理财产损溢	30 000	
累计折旧	50 000	
贷：固定资产		80 000

② 批准后处理：

借：其他应收款	5 000	
营业外支出	25 000	
贷：待处理财产损溢		30 000

【例 8.9】某工业企业在财产清查中，发现一台未入账的设备，重置成本为 20 000 元（假定与其计税基础不存在差异）。假设不考虑增值税，该企业在盘盈固定资产时应编制如下会计分录：

借：固定资产	20 000	
贷：以前年度损益调整		20 000

本章小结

财产清查这一章中介绍了财产清查的概念、意义、财产清查的一般程序，着重讲解财产清查的方法，尤其针对不同类型的财产，如库存现金、银行存款、固定资产、原材料等，财产清查的方法都不同，并且对于财产清查的结果，盘盈或是盘亏，进行会计处理的方法不同，但都借助于"待处理财产损溢"账户进行。

本章要求学生重点掌握的是财产清查的方法及其会计账务处理。

本章习题

一、思考题

1. 简述财产清查的概念及分类？它在会计方法体系中有什么重要性？
2. 比较实地盘存制和永续盘存制的相同点和不同点。
3. 简述"待处理财产损溢"账户的结构和性质。
4. 什么是未达账项？其类型有哪些？
5. 简述财产清查结果的账务处理。

二、单项选择题

1. 下列各项中，需要采用发函询证方法进行核对的是（　　）。
   　A. 银行存款　　　　　　　　　　B. 固定资产
   　C. 库存现金　　　　　　　　　　D. 往来款项
2. 下列关于"待处理财产损溢"科目未转销的借方余额的表述中，正确的是（　　）。
   　A. 等待处理的财产盘亏
   　B. 尚待批准处理的财产盘盈数大于尚待批准处理的财产盘亏和毁损数的差额
   　C. 等待处理的财产盘盈

D. 尚待批准处理的财产盘盈数小于尚待批准处理的财产盘亏和毁损数的差额
3. 银行存款的清查是将（　　）进行核对。
   A. 日记账和总分类账　　　　　　　B. 日记账和收、付款凭证
   C. 日记账和对账单　　　　　　　　D. 总分类账和收、付款凭证
4. 实存账存对比表是调整账面记录的（　　）。
   A. 记账凭证　　　B. 转账凭证　　　C. 原始凭证　　　D. 累计凭证
5. 企业进行材料清查盘点中盘盈的材料，在报经批准后，应该（　　）。
   A. 做营业外收入处理　　　　　　　B. 做其他收入处理
   C. 冲减当期管理费用　　　　　　　D. 冲减其他业务成本

三、多项选择题

1. 下列情况下，企业需要进行全面清查的有（　　）。
   A. 公司总经理调离工作之前　　　　B. 企业合并前
   C. 企业股份制改制前　　　　　　　D. 出纳人员调离工作前
2. 下列各项中，属于可能导致账实不符原因的有（　　）。
   A. 在收发过程中，由于计量、检验不准确而发生的品种、数量和质量上的错差
   B. 在账簿记录上发生重记、漏记、错记或计算上的错误
   C. 由于管理不善或工作人员的失职而发生的财产损坏，变质或者短缺
   D. 在财产储存保管过程中发生了自然损耗或升溢
3. 下列关于财产清查意义的表述中，正确的有（　　）。
   A. 通过财产清查，可以查明各项财产物资的保管情况是否良好，以便采取有效措施，改善管理，切实保障各项财产物资的安全完整
   B. 通过财产清查，可以查明各项财产物资的实有数量，确定实有数量与账面数量之间的差异
   C. 通过财产清查，可以查明各项财产物资的库存和使用情况，合理安排生产经营活动，充分利用各项财产物资，加速资金周转，提高资金的使用效果
   D. 通过财产清查查明账实不符的原因和责任，以便采取措施，消除差异，改进工作，从而保证账实相符，提高会计资料的准确性
4. 在进行财产清查时，下列各项中，属于应做好的准备工作的有（　　）。
   A. 办好各种清查日以前业务的凭证手续，登记入账，并结出余额
   B. 准备好各种计量器具，并校对准确
   C. 把有关账簿登记齐全，结出余额
   D. 准备好银行对账单
5. 在"银行存款余额调节表"上，应调节企业存款日记账余额栏的未达账项的有（　　）。
   A. 企业已收，银行未收　　　　　　B. 企业已付，银行未付
   C. 银行已收，企业未收　　　　　　D. 银行已付，企业未付
6. 下列关于食物资产清查的表述中，正确的是（　　）。
   A. 绝大部分实物资产都可以采用实地盘点法进行清查
   B. 清查时填写的"实存账存对比表"是用于调整账簿记录的原始凭证

C. 要从数量上和质量上进行严格的清查
D. 在对实物资产的清查中，实物保管人员应自始至终在场

7. 全面清查的时间一般是（　　）。
   A. 年度终了　　　　　　　　B. 月度终了　　　　C. 单位撤销、合并
   D. 清产核资时　　　　　　　E. 更换企业主要负责人时

8. 财产清查结果的处理分审批前和审批后两个步骤。下列各项中，属于审批机构的有（　　）。
   A. 上级主管部门　　　　　　B. 单位的经理（厂长）会议
   C. 单位的股东大会　　　　　D. 单位的董事会

9. 财产清查结果的处理步骤为（　　）。
   A. 核准数字、查明原因　　　B. 调整凭证，做到账实相符
   C. 根据盈亏原因进行报批　　D. 进行批准后的账务处理
   E. 销毁账簿资料

四、判断题

1. 账实不符是财产管理不善或会计人员水平不高的结果。（　　）
2. 对于各种未达账项，会计人员应根据银行存款余额调节表登记入账。（　　）
3. 存货清查过程中，发现的超定额损耗应计入"营业外支出"。（　　）
4. 存货盘亏、毁损的净损失一律计入"管理费用"。（　　）
5. 银行存款余额调节表是调整账簿记录，使账实相符的原始凭证。（　　）

五、实务题

1. 某企业2018年11月30日盘点材料，发生下列盈亏情况：
（1）11月30日：
   A. 材料：账面余额1 200 kg，盘存数1 180 kg，20元/kg；
   B. 材料：账面余额280 kg，盘存数290 kg，40元/kg；
   C. 材料：账面金额625 kg，盘存数525 kg，10元/kg；
   D. 材料：账面金额580 kg，盘存数550 kg，5元/kg。

（2）该企业12月份做了如下处理：
12月5日，上述材料的盈亏已查明原因，分别做如下处理：
   A. 材料盘亏是自然损耗，按规定批准转销；
   B. 材料盘盈是发料计算差错所致，经批准冲减本月费用；
   C. 材料盘亏均为超定额损耗，经批准全部计入当期损益；
   D. 材料盘亏是保管人员管理不善所致，应全部由保管人员赔偿，款项尚未收到。

（3）要求：据上述资料编制相关会计分录。

2. XY公司2018年9月20日至月末所记的经济业务如下：
（1）20日，开出转账支票支付购入甲材料的货款2 000元。
（2）21日，收到销货款5 000元，存入银行。
（3）25日，开出转账支票支付购买甲材料的运费500元。
（4）27日，开出转账支票支付购买办公用品1 200元。

（5）28日，收到销货款6 800元，存入银行。
（6）29日，开出转账支票预付下半年报刊费600元。
（7）30日，银行存款日记账余额为30 636元。

XY公司开户银行转来的对账单所列2013年9月20日至月末的经济业务如下：
（1）20日，代收外地企业汇来的货款2 800元。
（2）22日，收到公司开出的转账支票，金额为2 000元。
（3）23日，收到销货款5 000元。
（4）25日，银行为企业代付水电费540元。
（5）28日，收到公司开出的转账支票，金额为500元。
（6）30日，结算银行存款利息282元。
（7）30日，银行对账单余额为28 178元。

要求：根据上述资料，进行银行存款的核对，找出未达账项，并编制"银行存款余额调节表"。

3. 某企业原定于2018年12月31日进行财产清查，实际上提前于12月24日进行清查时发现：

甲材料库存1 200千克；
乙材料库存500千克；
丙材料库存850千克；

在12月24日至31日之间，各种材料的收发数为：
甲材料收入600千克，发出500千克；
乙材料收入1 000千克，发出800千克；
丙材料发出300千克。

12月30日各材料的账面记录为：
甲材料1 450千克，单价5元/千克；
乙材料500千克，单价8元/千克；
丙材料650千克，单价12元/千克。

要求：试根据上述资料编制"实存账存对比表"。

第九章 财务会计报告

【学习目标】

通过本章的学习,学生应了解现金流量表和所有者权益变动表的定义、作用、编制原理及主要方法,了解财务会计报告附注应披露的内容;掌握财务会计报告的定义及作用,掌握资产负债表、利润表的编制原理及编制方法,并能熟练地运用到实际工作中。

【学习重点及难点】

重点掌握资产负债表、利润表的内容及结构;难点是掌握资产负债表、利润表的编制方法。

【引言】

小宝会计专业毕业后到公司上班,刚去几天就听说公司的经营状况不好,公司拖欠职工好几个月的工资都没发。小宝好奇地去查看公司的财务报告,不看不知道,一看吓一跳,报表上反映出来公司是赚钱的,赚钱的数额用来发工资绰绰有余,可为什么欠职工工资呢?小宝百思不得其解,公司也未做假账,钱哪里去了?

你知道答案吗?

第一节 财务会计报告概述

一、财务会计报告的概念及其目标

财务会计报告,简称财务报告,是企业对外提供的反映企业某一特定日期财务状况和某一会计期间经营成果、现金流量等会计信息的文件。财务会计报告由会计报表及其他应当在财务报告中披露的相关信息构成。

财务会计报告的目标,是向财务报告使用者提供与企业财务状况、经营成果和现金流量等有关会计信息,反映企业管理层受托责任履行情况,有助于财务会计报告使用者作出正确的经济决策。财务报告使用者通常包括投资者、债权人、政府及其有关部门和社会公众、单位内部管理层等。

二、财务会计报告的构成

根据《企业会计准则》的规定,一套完整的财务报告至少应当包括资产负债表、利润表、现金流量表、所有者权益(或股东权益)变动表以及附注。企业对外提供的财务会计报告的种类、格式、内容及应当披露的相关信息等应当符合企业会计准则的规定;企业不得以任何形式提供虚假财务会计报告或者隐瞒重要会计交易或事项。企业为满足内部管理层需要所提供的财务报告可以根据企业的具体要求进行编制,没有统一的格式和编制要求。

(一)会计报表

会计报表是企业财务会计报告的核心部分,它是根据账簿记录和有关资料综合编制而成,主要反映企业某一特定日期财务状况和某一会计期间经营成果、现金流量等会计信息;会计报表包括资产负债表、利润表、现金流量表和所有者权益变动表。

(1)资产负债表是反映企业在某一特定日期财务状况的报表。
(2)利润表是反映企业在一定会计期间经营成果的报表。
(3)现金流量表是反映企业在一定会计期间现金和现金等价物流入和流出情况的报表。
(4)所有者权益变动表是反映组成所有者权益的各组成部分当期的增减变动情况的报表。

(二)会计报表附注

会计报表附注是财务会计报告不可缺少的重要组成部分,是对在资产负债表、利润表、现金流量表和所有者权益变动表等报表中列示的文字描述或明细资料,以及对未能在这些报表中列示项目的说明等。

三、财务会计报告的种类

财务报表按照不同的标准可以分为以下几类:

(一)按编制范围的不同分为个别财务报表和合并财务报表

(1)个别财务报表是由编制企业根据自身的账簿及有关资料编制而成,单独反映企业本身的财务状况、经营成果和现金流量等信息的财务报表。
(2)合并财务报表是指由母公司编制的,综合反映以母公司为首的具有控股关系的多个公司组成的集团的财务状况、经营成果和现金流量等信息的财务报表。

(二)按财务报表编报期间的不同,可以分为中期财务报表和年度财务报表

(1)年度财务报表简称年报,是企业按年度数据编制的财务报表,以每年的1月1日至12月31日的数据为基础编制的。年报应当包括资产负债表、利润表、现金流量表、所有者权益变动表以及附注。

（2）中期财务报表是短于一个完整会计年度的财务报表，包括月报、季报和半年报。中期财务报表至少应当包括资产负债表、利润表、现金流量表和附注，披露的信息与年度财务报表相比，中期财务报表可适当简略。

（三）按财务报表反映财务活动方式的不同，可以分为静态财务报表和动态财务报表

（1）静态财务报表是反映企业在某一特定日期财务状况的财务报表，如资产负债表。

（2）动态财务报表是反映企业一定会计期间经营成果、现金流量的报表，如利润表、现金流量表和所有者权益变动表。

（四）按财务报表的报送对象不同，可以分为对外财务报表和对内财务报表

（1）对外财务报表是指企业为满足外部会计信息使用者对会计信息的需求，根据企业会计准则的要求编制，定期对外提供的财务报表。对外财务报表是按企业会计准则的要求编制的，具有统一的格式和编制要求。

（2）对内财务报表，是为了满足单位内部经营管理的需求而编制的报表。对内报表没有统一的格式和编制要求。

四、财务会计报告的作用

财务会计报告是企业向会计信息使用者提供与企业财务状况、经营成果和现金流量等会计信息，反映企业管理层受托责任履行情况，有助于会计信息使用者做出正确的经济决策。主要有以下几方面的作用：

1. 对投资者的作用

投资者可以利用财务会计报告反映的信息，掌握企业某一特定日期的财务状况和一定会计期间的经营成果、现金流量等信息，分析企业的偿债能力、获利能力、发展趋势，并根据掌握的信息做出是否投资的决策。

2. 对债权人的作用

债权人可以利用财务会计报告反映的信息，分析企业的偿债能力、营运能力、债权安全性、偿还保障等，并根据掌握的信息做出信贷决策。

3. 对企业管理层的作用

企业管理层可以利用财务会计报告反映的信息，全面把握企业某一特定日期的财务状况、一定会计期间的经营成果、现金流量等信息，分析企业的资金链、资本成本、利润等因素。对单位内部相关责任部门的报表进行分析，可以把握相关责任部门的运作情况经济计划落实、完成情况，并根据报表反映的信息评价相关责任部门的工作业绩，发现问题、总结经验教训、加强企业管理，提高经济效益。

4. 对国家监管部门的作用

国家监管部门可以利用财务会计报告反映的信息，监督企业是否存在违法乱纪的行为，保障经济有序的发展；分析各行业、各地区的经济发展情况，为国家制定、执行宏观调控政策提供依据，促进整个国民经济的稳定、持续发展。

五、财务会计报告的编制要求

财务会计报告关系到企业信息使用者的决策，企业提供的财务会计报告是否真实、完整、及时、信息相关，会直接影响信息使用者做出决策。因此，编制财务会计报告应当满足以下几方面的要求：

1. 真实可靠

真实可靠是指财务会计报告所提供的会计信息必须如实反映实际发生的交易或事项，做到情况真实，数据准确，不能人为扭曲。会计报告是根据日常会计核算资料按一定的指标体系加工、整理、编制而成的，不能改变、增删应列入报告且已核实的会计信息（包括各种数据），以避免人们对会计主体的经济活动情况和经济成果作出错误的判断。

2. 全面完整

全面完整是指财务会计报告所提供的会计信息的内容必须是全面、系统、连续地反映出会计对象的全部情况。每一种会计报表都是从某一侧面（即一定的经济指标）反映会计主体的经济活动，各种会计报表组成了有效的会计报表体系。为了保证会计表信息全面完整，各会计主体编制的会计报表，特别是对外会计报表，应当全面列报。企业不能只提供对企业有利的信息，而忽略对企业不利的信息，更不能恶意隐瞒对企业不利的信息。

3. 编报及时

编报及时是指财务会计报告应及时编制。财务报告提供的信息具有很强的实效性，企业应当按照国家有关法律法规规定，在规定的时间内编制、对外提供，不得延迟。月报应当于月度终了后6天内对外提供，季报应当于季度终了后15天内对外提供，半年报应当于半年度终了后60天内对外提供，年报应当于年底终了后4个月内对外提供。

4. 便于理解

便于理解是指财务会计报告提供的信息可以被会计信息使用者理解。企业应当采用科学合理的方法，为广大信息使用者提供有关企业财务状况、经营成果、现金流量等会计信息；对于复杂的数据，应当在报告中做好充分的补充说明，方便信息使用者做出决策。

【知识拓展】

资产负债表、利润表、现金流量表、所有者权益变动表和会计报表附注是企业编制财务会计报告的最低要求，而不是财务会计报告的全部。

第二节 资产负债表

一、资产负债表的概念

资产负债表是指反映企业在某一特定日期财务状况的报表。它是根据"资产＝负债＋所有者权益"这一会计恒等式,按照一定的标准和编制要求,把企业在某一特定日期的资产、负债、所有者权益项目按照流动性强弱,由强到弱排序,并根据账簿资料和其他相关资料编制而成。资产负债表集中反映企业在特定日期所拥有或控制的全部经济资源、所承担的全部债务以及所有者对企业净资产要求权的会计信息。资产负债表是企业重要的财务报表,应当按照企业会计准则的规定和要求编制资产负债表。

二、资产负债表的作用

资产负债表反映企业某一特定日期的财务状况会计信息,对会计信息使用者有很大的作用,主要体现在以下几方面:

(一)反映企业拥有或控制的全部经济资源及其分布情况

资产负债表把企业所拥有或控制的全部资产清晰地划分为若干种类别,如按流动性分为流动资产和非流动资产,按是否具有实物形态分为有形资产和无形资产等。每一个项目都能清晰地反映某一类型的资产,报表的使用者可以一目了然地从报表上了解到企业在某一特定日期所拥有或控制的资产总量及其分布情况。

(二)反映企业承担的债务总额及其分布情况

资产负债表把企业所承担的全部债务清晰地划分为若干种类别,如按流动性分为流动负债和非流动负债。每一个项目都能清晰地反映某一类型的负债,报表的使用者可以一目了然地从报表上了解到企业在某一特定日期所承担的债务总量及其分布情况。

(三)反映企业所有者权益总额及其分布情况

资产负债表把企业所有者权益清晰地划分为若干种类别,如实收资本、资本公积、盈余公积等。每一个项目都能清晰地反映某一类型的所有者权益,报表的使用者可以一目了然地从报表上了解到企业在某一特定日期所有者权益的总量及其情况。

（四）反映企业偿债能力

通过对资产负债表上有关的项目进行对比，可以判断企业短期偿债能力、长期偿债能力等，为信息使用者提供决策有用信息。如通过计算流动比率、速动比率等，可以判断企业的短期偿债能力；通过计算资产负债率，可以判断企业的长期偿债能力；并根据短期偿债能力、长期偿债能力做出正确的投资和融资决策。

三、资产负债表的结构与内容

资产负债表的结构，包括表首标题、报表主体和附注三部分。表首标题列示资产负债表的名称、编制单位、编制日期、货币单位等；报表主体包括资产、负债和所有者权益各项目的期初和期末数，是资产负债表的主要部分，反映企业在一定日期的资产、负债和所有者权益的状况；附注则用于进一步说明报表的主要项目和编制基础。

资产负债表中的项目分为资产、负债和所有者权益三类，分别结出总额。根据《企业会计准则》规定：资产和负债应当分别按流动资产和非流动资产、流动负债和非流动负债列示。资产满足下列条件之一的，应当归类为流动资产：预计在一个正常营业周期中变现、出售或耗用；主要为交易目的而持有；预计在资产负债表日起一年内（含一年，下同）变现；自资产负债表日起一年内，交换其他资产或清偿负债的能力不受限制的现金或现金等价物。流动资产以外的资产应当归类为非流动资产，并应按其性质分类列示。

负债满足下列条件之一的，应当归类为流动负债：预计在一个正常营业周期中清偿；主要为交易目的而持有；自资产负债表日起一年内到期应予以清偿；企业无权自主地将清偿推迟至资产负债表日后一年以上。流动负债以外的负债应当归类为非流动负债，并应按其性质分类列示。对于在资产负债表日起一年内到期的负债，企业预计能够自主地将清偿义务展期至资产负债表日后一年以上的，应当归类为非流动负债；不能自主地将清偿义务展期的，即使在资产负债表日后、财务报告批准报出日前签订了重新安排清偿计划协议，该项负债仍应归类为流动负债。企业在资产负债表日或之前违反了长期借款协议，导致贷款人可随时要求清偿的负债，应当归类为流动负债。贷款人在资产负债表日或之前同意提供在资产负债表日后一年以上的宽限期，企业能够在此期限内改正违约行为，且贷款人不能要求随时清偿，该项负债应当归类为非流动负债。

资产负债表中的资产类至少应当单独列示反映下列信息的项目：货币资金、应收及预付款项、交易性金融资产、存货、持有至到期投资、长期股权投资、投资性房地产、固定资产、生物资产、递延所得税资产和无形资产等。资产负债表中的资产类至少应当包括流动资产和非流动资产的合计项目。资产负债表中的负债类至少应当单独列示反映下列信息的项目：短期借款、应付及预收款项、应交税费、应付职工薪酬、预计负债、长期借款、长期应付款、应付债券、递延所得税负债等。资产负债表中的负债类至少应当包括流动负债和非流动负债的合计项目。资产负债表中的所有者权益类至少应当单独列示反映下列信息的项目：实收资本（或股本）、资本公积、盈余公积、未分配利润。资产负债表应当列示资产总计项目，负债和所有者权益总计项目。资产负债表中资产类项目金额总计与负债类和所有者权益类项目金额总计必须相等。各项资产与负债的金额一般不应相互抵消。

另外,资产负债表除了列示各项资产、负债和所有者权益项目的期末余额外,通常还列示这些项目的年初余额,通过对年初、期末数的比较,可以看出各资产、负债及所有者权益项目的变动及其结果,这种格式的资产负债表通常称为比较资产负债表。除非存在资产负债表日后事项的影响,通常情况下,资产负债表各项目的 12 月末余额就是当年的年末余额,因而,年度资产负债表往往和当年 12 月份的资产负债表相同。

四、资产负债表的格式

资产负债表一般有两种格式:报告式和账户式。账户式的资产负债表一般是在报表左方列示资产类项目,右方列示负债类和所有者权益类项目,从而使资产负债表左右两方平衡。我国企业一般采用账户式的资产负债表,其格式如表 9.1 所示。

表 9.1 资产负债表

会企 01 表

编制单位:　　　　　　　　　　年　月　日　　　　　　　　单位:元

资　产	期末余额	年初余额	负债和所有者权益(或股东权益)	期末余额	年初余额
流动资产:			流动负债:		
货币资金			短期借款		
交易性金融资产			交易性金融负债		
应收票据			应付票据		
应收账款			应付账款		
预付款项			预收款项		
应收利息			应付职工薪酬		
应收股利			应交税费		
其他应收款			应付利息		
存货			应付股利		
一年内到期的非流动资产			其他应付款		
其他流动资产			一年内到期的非流动负债		
流动资产合计			其他流动负债		
非流动资产:			流动负债合计		
可供出售金融资产			非流动负债:		
持有至到期投资			长期借款		
长期应收款			应付债券		
长期股权投资			长期应付款		
投资性房地产			专项应付款		

续表 9.1

资　产	期末余额	年初余额	负债和所有者权益（或股东权益）	期末余额	年初余额
固定资产			预计负债		
在建工程			递延所得税负债		
工程物资			其他非流动负债		
固定资产清理			非流动负债合计		
生产性生物资产			负债合计		
油气资产			所有者权益（或股东权益）		
无形资产			实收资本（或股本）		
开发支出			资本公积		
商誉			减：库存股		
长期待摊费用			盈余公积		
递延所得税资产			未分配利润		
其他非流动资产			所有者权益（或股东权益）合计		
非流动资产合计					
资产合计			负债和所有者权益（或股东权益）合计		

五、资产负债表编制的基本方法

我国企业资产负债表中各项目的数据，分为年初余额和期末余额。

（一）"年初余额"栏填列方法

资产负债表"年初余额"栏的各项数字应根据上年末资产负债表"期末余额"栏内所列数字填列。如果本年度资产负债表各项目的名称和内容与上年度不一致，应对上年年末资产负债表各项目的名称和数字按本年度的规定进行调整，填入本年"年初余额"栏。

（二）"期末余额"栏填列方法

资产负债表"期末余额"栏的各项数字应根据账簿余额分析填列，主要通过以下几种方式取得：

1. 根据总账账户余额直接填列

资产负债表中的大部分项目，都可以根据相应的总账账户余额直接填列。如"交易性金融资产""短期借款""应付票据""应付职工薪酬""实收资本""资本公积"等项目，根据"交易性金融资产""短期借款""应付票据""应付职工薪酬""实收资本""资本公积"等总账账户的余额直接填列。

2. 根据总账账户余额计算填列

资产负债表中有些项目需要根据若干个总账账户的期末余额计算填列,如"货币资金"项目,需要根据"库存现金""银行存款"和"其他货币资金"三个总账账户的期末余额的合计数填列。"存货"项目,需要根据"原材料""委托加工物资""周转材料""材料采购""在途物资""发出商品""材料成本差异"等总账账户期末余额的分析汇总数,再减去"存货跌价准备"账户余额后的净额填列。

3. 根据明细账户余额计算填列

资产负债表中某些项目不能根据总账账户的期末余额,或若干个总账账户的期末余额简单计算填列,而是需要根据有关账户所属的相关明细账户的期末余额计算填列,如"应付账款"项目,应根据"应付账款""预付账款"账户的所属相关明细账户的期末贷方余额计算填列;"应收账款"项目,应根据"应收账款""预收账款"账户所属相关明细账户的期末借方余额计算填列。

4. 根据总账账户和明细账户余额分析计算填列

资产负债表中的某些项目需要根据总账账户和明细账户的余额分析计算填列,如"长期借款"项目,需要根据"长期借款"总账账户余额扣除"长期借款"账户下属的明细账户中反映的将于一年内到期的长期借款部分计算填列。长期待摊费用中将于一年(含一年)内摊销完毕的部分,应当在流动资产下"一年内到期的非流动资产"项目中反映。

5. 根据有关资产类账户余额减去其备抵项目后的净额填列

资产负债表中有些项目,需要根据该账户的期末余额,减去其所计提的各种减值准备后的净额填列。如"固定资产"项目,应当根据"固定资产"账户的期末余额减去"累计折旧""固定资产减值准备"备抵账户余额后的净额填列;"无形资产"项目,应当根据"无形资产"账户的期末余额,减去"累计摊销""无形资产减值准备"备抵账户余额后的净额填列。

资产负债表"期末余额"栏具体项目填列方法如下:

(1)"货币资金"项目,反映企业会计报告期末库存现金、银行存款、其他货币资金的合计数。本项目应根据"库存现金""银行存款""其他货币资金"账户的期末借方余额合计数填列。

(2)"交易性金融资产"项目,反映企业持有的以公允价值计量且其变动计入当期损益的为交易目的而持有的债券投资、股票投资、基金投资、权证投资等交易性金融资产。本项目应根据"交易性金融资产"账户的期末余额填列。

(3)"应收票据"项目,反映企业收到的未到收款期而且也未向银行贴现的商业承兑汇票和银行承兑汇票的应收票据余额,减去已计提的坏账准备后的净额。本项目应根据"应收票据"账户的期末余额减去"坏账准备"账户中有关应收票据计提的坏账准备期末余额后的金额填列。

(4)"应收账款"项目,反映企业因销售商品、提供劳务等而应向购买单位收取的各种款项,减去已计提的坏账准备后的净额。本项目应根据"应收账款"和"预收账款"账户所属各明细账户的期末借方余额合计,减去"应收账款"计提的"坏账准备"账户的贷方余额后的差额填列。如果"应收账款"账户所属明细账户期末为贷方余额，应在本表"预收账款"项目内填列。需要注意的是，企业于同一客户在购销商品结算过程中形成的债权债务关系，应当单独列示，不应相互抵消。即应收账款不能与预收账款相互抵消，应付账款不能与预付账款相互抵消，应付账款不能于应收账款相互抵消，预收账款不能与预付账款相互抵消。

（5）"预付账款"项目，反映企业预付的款项，减去已计提的坏账准备后的净额。本项目根据"预付账款"和"应付账款"账户所属各明细账户的期末借方余额合计，减去"坏账准备"账户中有关预付账款计提的坏账准备期末余额后的金额填列。如果"预付账款"账户所属细账户的期末为贷方余额的，应在本表"应付账款"项目填列。

（6）"应收利息"项目，反映企业因持有交易性金融资产、持有至到期投资和可供出售金融资产等应收取的利息。本项目应根据"应收利息"账户的期末余额减去"坏账准备"科目中有关应收利息计提的坏账准备期末余额后的金额填列。

（7）"应收股利"项目，反映企业应收取的现金股利和应收取其他单位分配的利润。本项目根据"应收股利"账户期末余额减去"坏账准备"科目中有关应收股利计提的坏账准备期末余额后的金额填列。

（8）"其他应收款"项目，反映企业除应收票据、应收账款、预付账款、应收股利、应收利息等经营活动以外的其他各种应收和暂付的款项，减去已计提的坏账准备后的净额。本项目应根据"其他应收款"账户的期末余额，减去"坏账准备"账户中有关其他应收款计提的坏账准备期末余额后的金额填列。

（9）"存货"项目，反映企业期末在库、在途和在加工中的各项存货的可变现净值，包括各种原材料、商品、在产品、半成品、发出商品、包装物、低值易耗品和委托代销商品等。本项目应根据"在途物资（材料采购）""原材料""低值易耗品""库存商品""周转材料""委托加工物资""委托代销商品""生产成本"和"劳务成本"等账户的期末余额合计，减去"受托代销商品款""存货跌价准备"账户期末余额后的金额填列。材料采用计划成本核算以及库存商品采用计划成本或售价核算的小企业，应按加或减材料成本差异、减商品进销差价后的金额填列。

（10）"一年内到期的非流动资产"项目，反映企业非流动资产项目中在一年内到期的金额，包括一年内到期的"持有至到期投资"、一年内摊销的"长期待摊费用"和一年内可收回的"长期应收款"。本项目应根据上述账户余额之和分析计算后填列。

（11）"其他流动资产"项目，反映企业除以上流动资产项目外的其他流动资产，本项目应根据有关账户的期末余额填列。如果其他流动资产价值较大的，应在财务报表附注中披露其内容和金额。

（12）"流动资产合计"项目，反映企业所用流动资产的总额。本项目应根据上述（1）~（12）项金额相加填列。

（13）"可供出售金融资产"项目，反映企业持有的可供出售金融资产的公允价值。包括划分为可供出售的股票投资、债券投资等金融资产。本项目根据"可供出售金融资产"账户期末借方余额减去"可供出售金融资产减值准备"账户期末贷方余额填列。

（14）"持有至到期投资"项目，反映企业持有至到期投资的摊余成本。本项目根据"持有至到期投资"账户期末借方余额减去一年内到期的投资部分和"持有至到期投资减值准备"账户期末贷方余额后的净额填列。

（15）"长期应收款"项目，反映企业融资租赁产生的应收款项、采取递延方式具有融资性质的销售商品和提供劳务等产生的长期应收款项等。本项目根据"长期应收款"期末余额，减去一年内到期的部分、"未确认融资收益"账户期末余额、"坏账准备"账户中按长期应收款计提的坏账损失后的金额填列。

（16）"长期股权投资"项目，反映企业可供出售金融资产的公允价值，包括划分为可供出售的股票投资、债券投资等金融资产。本项目应根据"长期股权投资"账户的期末借方余额减去"长期股权投资减值准备"账户期末贷方余额后填列。

（17）"投资性房地产"项目，反映企业持有的投资性房地产。企业采用成本模式计量投资性房地产的，本项目应根据"投资性房地产"科目的期末余额，减去"投资性房地产累计折旧（摊销）"和"投资性房地产减值准备"科目余额后的金额填列；企业采用公允价值模式计量投资性房地产的，本项目应根据"投资性房地产"科目的期末余额填列。

（18）"固定资产"项目，反映企业固定资产的净值。本项目根据"固定资产"账户期末借方余额，减去"累计折旧"和"固定资产减值准备"账户期末贷方余额后填列。融资租入固定资产的净值也包括在内。

（19）"在建工程"项目，反映企业尚未达到预定可使用状态的在建工程价值。本项目根据"在建工程"账户期末余额，减去"在建工程减值准备"账户期末余额后填列。

（20）"工程物资"项目，反映企业为在建工程准备的各种物资的实际成本。本项目根据"工程物资"账户期末余额，减去"工程物资减值准备"账户期末余额后填列。

（21）"固定资产清理"项目，反映企业因出售、毁损、报废等原因转入清理但尚未清理完毕的固定资产的账面价值，以及固定资产清理过程中所发生的清理费用和变价收入等各项金额的差额。本项目应根据"固定资产清理"账户的期末借方余额填列；如"固定资产清理"账户期末为贷方余额，以"-"号填列。

（22）"生产性生物资产"项目，反映企业（农业）持有的生产性生物资产净价。本项目根据"生产性生物资产"账户期末余额，减去"生产性生物资产累计折旧"和"生产性生物资产减值准备"账户期末贷方余额后填列。

（23）"油气资产"项目，反映企业（石油天然气开采）持有的矿区权益和油气井及相关设施减去累计折耗和累计减值准备后的净价。本项目应根据"油气资产"账户的期末余额减去"累计折耗"账户期末余额和相应减值准备后的金额填列。

（24）"无形资产"项目，反映企业持有的各项无形资产的净值。本项目应根据"无形资产"账户期末借方余额，减去"累计摊销"和"无形资产减值准备"账户的期末贷方余额填列。

（25）"开发支出"项目，反映企业开发无形资产过程中发生的、尚未形成无形资产成本的支出。本项目根据"研发支出"科目中所属的"资本化支出"明细科目期末余额填列。

（26）"商誉"项目，反映企业商誉的价值。本项目根据"商誉"账户期末余额减去相应减值准备填列。

（27）"长期待摊费用"项目，反映企业尚未摊销的摊销期限在一年以上（不含一年）的各项费用。本项目应根据"长期待摊费用"账户的期末余额减去将于一年内（含一年）摊销的数额后的金额填列。

（28）"递延所得税资产"项目，反映企业可抵扣暂时性差异形成的递延所得税资产。本项目根据"递延所得税资产"账户期末余额填列。

（29）"其他非流动资产"项目，反映企业除以上资产以外的其他非流动资产。本项目应根据有关账户的期末余额填列。

（30）"非流动资产合计"项目，反映企业非流动资产的总额。本项目应根据上述（13）~（29）项金额相加填列。

（31）"资产总计"项目，反映企业全部资产的总额。本项目应根据（12）（30）项目之和填列。

（32）"短期借款"项目，反映企业借入尚未归还的一年期以内（含一年）的借款。本项目应根据"短期借款"账户的期末贷方余额填列。

（33）"交易性金融负债"项目，反映企业发行短期债券等所形成的交易性金融负债的公允价值。本项目根据"交易性金融负债"账户期末余额填列。

（34）"应付票据"项目，反映企业为了抵付货款等而开出并承兑的、尚未到付款期的应付票据，包括银行承兑汇票和商业承兑汇票。本项目应根据"应付票据"账户的期末贷方余额填列。

（35）"应付账款"项目，反映企业购买原材料、商品和接受劳务等而应付给供应单位的款项。本项目应根据"应付账款"和"预付账款"账户所属各明细账户的期末贷方余额合计填列。

（36）"预收账款"项目，反映企业按合同规定预收的款项。本项目根据"预收账款"和"应收账款"账户所属各明细账户的期末贷方余额合计填列。

（37）"应付职工薪酬"项目，反映企业应付未付的工资和社会保险费等职工薪酬。本项目应根据"应付职工薪酬"账户的期末贷方余额填列，如"应付职工薪酬"账户期末为借方余额，以"-"号填列。

（38）"应交税费"项目，反映企业期末未交、多交或未抵扣的各种税金。本项目应根据"应交税费"账户的期末贷方余额填列；如"应交税费"账户期末为借方余额，以"-"号填列。

（39）"应付利息"项目，反映企业应付未付的各种利息。本项目根据"应付利息"账户期末余额填列。

（40）"应付股利"项目，反映企业尚未支付的现金股利或利润。本项目应根据"应付股利"账户的期末余额填列，不包括企业分派的股票股利。

（41）"其他应付款"项目，反映企业所有应付和暂收其他单位和个人的款项。本项目应根据"其他应付款"账户的期末余额填列。

（42）"一年内到期的非流动负债"项目，反映企业各种非流动负债在一年之内到期的金额，包括一年内到期的长期借款、长期应付款和应付债券、预计负债。本项目应根据上述账户分析计算后填列。

（43）"其他流动负债"项目，反映企业除以上流动负债以外的其他流动负债。本项目应根据有关账户的期末余额填列。

（44）"流动负债合计"项目，反映企业所有流动负债合计金额。本项目应根据（32）~（43）项目之和填列。

（45）"长期借款"项目，反映企业借入尚未归还的一年期以上（不含一年）的各期借款。本项目应根据"长期借款"账户的期末余额减去一年内到期部分的金额填列。

（46）"应付债券"项目，反映企业尚未偿还的长期债券摊余价值。本项目根据"应付债券"账户期末贷方余额减去一年内到期部分的金额填列。

(47)"长期应付款"项目,反映企业除长期借款、应付债券以外的各种长期应付款。本项目应根据"长期应付款"账户的期末余额,减去"未确认融资费用"账户期末余额和一年内到期部分的长期应付款后填列。

(48)"专项应付款"项目,反映企业取得政府作为企业所有者投入的具有专项或特定用途的款项。本项目应根据"专项应付款"科目的期末余额填列。

(49)"预计负债"项目,反映企业计提的各种预计负债。本项目根据"预计负债"账户期末贷方余额填列。

(50)"递延所得税负债"项目,反映企业根据应纳税暂时性差异确认的递延所得税负债。本项目根据"递延所得税负债"账户期末贷方余额填列。

(51)"其他非流动负债"项目,反映企业除长期借款、应付债券等负债以外的其他非流动负债。本项目应根据有关账户的期末余额填列。

(52)"非流动负债合计"项目,反映企业全部非流动负债总额。本项目根据(45)~(51)项填列。

(53)"负债合计"项目,反映企业负债全部总额。本项目根据(44)、(52)项目之和填列。

(54)"实收资本(股本)"项目,反映企业各投资者实际投入的资本总额。本项目应根据"股本(实收资本)"账户的期末贷方余额填列。

(55)"资本公积"项目,反映企业资本公积的期末余额。本项目应根据"资本公积"账户的期末贷方余额填列。

(56)"库存股"项目,反映企业收购转让或注销的本公司股份金额。本项目根据"库存股"账户期末借方余额填列。

(57)"盈余公积"项目,反映企业盈余公积的期末余额。本项目应根据"盈余公积"账户的期末贷方余额填列。

(58)"未分配利润"项目,反映企业尚未分配的利润。本项目应根据"本年利润"账户和"利润分配"账户的期末余额计算填列,如为未弥补的亏损,在本项目内以"-"号填列。

(59)"所有者权益合计"项目,反映企业所有者权益的总额。本项目根据(54)(55)(57)(58)项之和填列。

(60)"负债和所有者权益总计"项目,反映企业全部负债和所有者权益的总额。

第三节 利润表

一、利润表的概念

利润表是指反映企业在一定会计期间的经营成果的会计报表。利润表属于动态会计报表,主要依据会计的收入实现原则和配比原则编制,即把一定时期的营业收入与同一会计期间相关的费用(成本)进行配比,从而计算出企业一定时期的净利润或净亏损。

二、利润表的作用

利润表是反映一定会计期间经营成果的报表,有以下几方面的作用:

(一)有利于分析企业的获利能力

通过利润表各项目的数据显示,可以看出企业在一定会计期间总体的收入、费用、盈利状况,进而分析企业的获利能力。企业盈利越多,表示获利能力越强;反之,就越弱。信息使用者通过比较同一企业在不同时期,或同一行业中不同企业在相同时期的有关指标,就可以分析企业今后的利润发展趋势,评价和预测企业的获利能力,并据此作出相关决策。

(二)有利于考核企业管理层的业绩

在所有权与经营权相分离的现代企业中,可以通过利润表显示的数据来考核管理层受托责任的履行情况,评价管理层的经营业绩。企业的利润达到预期目标,并且稳中有升,表明企业管理层的经营业绩好;反之,表明非企业管理层的经营业绩差。股东会可以根据利润实现的情况考核管理层的经营业绩。

(三)有利于预测企业未来获利能力

通过对同一个企业不同时期的利润表相关项目做比较,找出利润表中相关项目变动的数据,分析企业获利能力的变化,有利于预测企业未来获利能力。信息使用者通过利润表提供的关于过去经营活动收益水平的客观记录和历史反映,判断企业未来的利润状况和发展趋势,正确地进行决策。

(四)有利于企业提高管理水平

企业管理层通过比较和分析利润表中的各个项目,可以总体把握各项收入、费用与利润之间的关系,发现工作中存在的问题,找出缺点,采取措施,改善经营管理,提高管理水平。

三、利润表的内容

根据《企业会计准则》规定:利润表至少应当单独列示反映下列信息的项目:营业收入、营业成本、营业税金及附加、管理费用、销售费用、财务费用、投资收益、公允价值变动损益、资产减值损失、所得税费用和净利润。

利润表主要反映以下几方面的内容:

1. 构成营业利润的各项要素

营业利润从营业收入出发,减去为取得营业收入而发生的相关费用后得到。

2. 构成利润总额（或亏损总额）的各项要素

利润总额（或亏损总额）在营业利润的基础上，加上营业外收入减去营业外支出后得到。

3. 构成净利润（或净亏损）的各项要素

净利润（或净亏损）在利润总额（或亏损总额）的基础上，减去所得税费用后得到。

四、利润表的基本格式

利润表常见的格式有两种：单步式利润表和多步式利润表。我国规定采用多步式利润表。多步式利润表中的当期净利润，是通过多步计算确定的，通常分为以下几步：

第一步，反映营业利润，从营业收入出发，减去营业成本、营业税金及附加、销售费用、管理费用、财务费用、资产减值损失，加上公允价值变动收益（减公允价值变动损失）和投资收益（减投资损失），计算得出营业利润。

第二步，反映利润总额，在营业利润的基础上加上营业外收入，减去营业外支出，计算得出本期实现的利润总额，即税前的会计利润。

第三步，反映净利润，从税前会计利润中减去所得税费用，计算得出本期的净利润（或净亏损）。

利润表的格式如表9.2所示。

表 9.2 利润表

会企 02 表

编制单位：　　　　　　　　　年　月　日　　　　　　　　　单位：元

项　目	本期金额	上期金额
一、营业收入		
减：营业成本		
营业税金及附加		
销售费用		
管理费用		
财务费用		
资产减值损失		
加：公允价值变动收益（损失以"－"号填列）		
投资收益（损失以"－"号填列）		
其中：对联营企业和合营企业的投资收益		
二、营业利润（亏损以"－"号填列）		
加：营业外收入		
减：营业外支出		
其中：非流动资产处置损失		

续表 9.2

项　　目	本期金额	上期金额
三、利润总额（亏损总额以"－"号填列）		
减：所得税费用		
四、净利润（净亏损以"－"号填列）		
五、每股收益		
（一）基本每股收益		
（二）稀释每股收益		

五、利润表的编制方法

利润表反映企业在一定期间内实现利润（或亏损）的情况，利润表中"本期金额栏"内各项数据，除每股收益项目外，应当按照相关项目的发生额填列；利润表中"上期金额"栏内各项数据，在编报中期财务会计报告时，填列上年同期实际发生数，在编报年度财务会计报告时，填列上年全年实际发生数。如果上年度利润表的项目名称和内容与本年度利润表不一致，应对上年度利润表项目的名称和数字按本年度的规定进行调整，并按调整后的数字填入利润表的"上期金额"栏。

利润表"本期金额"栏内具体项目的填列方法如下：

（1）营业收入项目反映企业经营主要业务和其他业务所确认的收入总额，本项目应根据"主营业务收入"和"其他业务收入"科目的发生额分析填列。

（2）营业成本项目反映企业经营主要业务和其他业务所发生的成本总额，本项目应根据"主营业务成本"和"其他业务成本"科目的发生额分析填列。

（3）税金及附加项目反映企业经营业务应负担的消费税、城市建设维护税、资源税、土地增值税和教育费附加等，本项目应根据"税金及附加"科目的发生额分析填列。

（4）销售费用项目反映企业在销售商品过程中发生的包装费、广告费等费用和为销售本企业商品而专设的销售机构的职工薪酬业务费等经营费用，本项目应根据销售费用科目的发生额分析填列。

（5）管理费用项目反映企业为组织和管理生产经营发生的管理费用，本项目应根据"管理费用"的发生额分析填列。

（6）财务费用项目反映企业筹集生产经营所需资金等而发生的筹资费用，本项目应根据"财务费用"科目的发生额分析填列。

（7）资产减值损失项目反映企业各项资产发生的减值损失，本项目应根据"资产减值损失"科目的发生额分析填列。

（8）公允价值变动收益项目反映企业应当计入当期损益的资产或负债公允价值变动收益，本项目应根据"公允价值变动损益"科目的发生额分析填列，如为净损失本项目以负号填列。

（9）投资收益项目反映企业以各种方式对外投资所取得的收益，本项目应根据"投资收益"科目的发生额分析填列，如为投资损失本项目以负号填列。

（10）营业利润项目反映企业实现的营业利润，如为亏损本项目以负号填列。

（11）营业外收入项目反映企业发生的与经营业务无直接关系的各项收入，本项目应根据"营业外收入"科目的发生额分析填列。

（12）营业外支出项目反映企业发生的与经营业务无直接关系的各项支出，本项目应根据"营业外支出"科目的发生额分析填列。

（13）利润总额项目反映企业实现的利润，如为亏损本项目以负号填列。

（14）所得税费用项目反映企业应从当期利润总额中扣除的所得税费用，本项目应根据"所得税费用"科目的发生额分析填列。

（15）净利润项目反映企业实现的净利润，如为亏损本项目以负号填列。

第四节　现金流量表

一、现金流量表的概念及作用

现金流量表是反映企业在一定会计期间现金和现金等价物流入和流出情况的报表。

通过现金流量表，可以为报表使用者提供企业一定会计期间内现金和现金等价物流入和流出情况的信息，便于信息使用者了解和评价企业获取现金和现金等价物的能力，据以预测企业未来现金流量。具体体现为：编制现金流量表有利于会计信息使用者评价企业的支付能力、偿债能力和周转能力；有利于会计信息使用者预测企业未来产生的现金流量；有利于会计信息使用者评价企业受益的质量和分析现金流量差异的原因。

二、现金流量及其分类

现金流量是一定会计期间内企业现金和现金等价物的流入和流出。但是，企业从银行提取现金、用现金购买短期到期的国库券等现金和现金等价物之间的转换不影响现金流量。

现金是企业库存现金以及可以随时用于支付的存款，包括库存现金、银行存款和其他货币资金（如外埠存款、银行汇票存款、银行本票存款等）等。不能随时用于支付的存款不属于现金流量表中所说的现金。

现金等价物是企业持有的期限短、流动性强、易于转换为已知金额现金、价值变动风险很小的投资。期限短，一般是指从购买日起三个月内到期。现金等价物通常包括三个月内到期的债券投资等。权益性投资变现的金额通常不确定，因而不属于现金等价物。企业应当根据具体情况，确定现金等价物的范围，一经确定不得随意变更。

现金流量表的现金流量分为以下三类：

（一）经营活动产生的现金流量

经营活动是企业投资活动和筹资活动以外的所有交易和事项。经营活动主要包括销售商品或提供劳务、购买商品、接受劳务、支付工资和交纳税款等流入和流出现金和现金等价物的活动或事项。

（二）投资活动产生的现金流量

投资活动是企业长期资产的购建和不包括在现金等价物范围内的投资及其处置活动。投资活动主要包括购建固定资产、处置子公司及其他营业单位等流入和流出现金和现金等价物的活动或事项。

（三）筹资活动产生的现金流量

筹资活动是导致企业资本及债务规模和构成发生变化的活动。筹资活动主要包括吸收投资、发行股票、分配利润、发行债券、偿还债务等流入和流出现金和现金等价物的活动或事项。偿付应付账款、应付票据等商业应付款等属于经营活动，不属于筹资活动。

三、现金流量表的结构和内容

我国企业现金流量表采用报告式结构，分类反映经营活动产生的现金流量、投资活动产生的现金流量和筹资活动产生的现金流量，最后汇总反映企业某一期间现金及现金等价物的净增加额。

我国企业现金流量表的格式如表9.3所示。

表9.3 现金流量表

会企03表

编制单位：　　　　　　　　　　年　月　日　　　　　　　　　　单位：元

项　目	本期金额	上期金额
一、经营活动产生的现金流量		
销售商品、提供劳务收到的现金		
收到的税费返还		
收到其他与经营活动有关的现金		
经营活动现金流入小计		
购买商品、接受劳务支付的现金		
支付给职工以及为职工支付的现金		
支付的各项税费		
支付其他与经营活动有关的现金		
经营活动现金流出小计		
经营活动产生的现金流量净额		

续表9.3

项　　目	本期金额	上期金额
二、投资活动产生的现金流量		
收回投资收到的现金		
取得投资收益收到的现金		
处置固定资产、无形资产和其他长期资产收回的现金净额		
处置子公司及其他营业单位收到的现金净额		
收到其他与投资活动有关的现金		
投资活动现金流入小计		
购建固定资产、无形资产和其他长期资产支付的现金		
投资支付的现金		
取得子公司及其他营业单位支付的现金净额		
支付其他与投资活动有关的现金		
投资活动现金流出小计		
投资活动产生的现金流量净额		
三、筹资活动产生的现金流量		
吸收投资收到的现金		
取得借款收到的现金		
收到其他与筹资活动有关的现金		
筹资活动现金流入小计		
偿还债务支付的现金		
分配股利、利润或偿付利息支付的现金		
支付其他与筹资活动有关的现金		
筹资活动现金流出小计		
筹资活动产生的现金流量净额		
四、汇率变动对现金及现金等价物的影响		
五、现金及现金等价物净增加额		
加：期初现金及现金等价物余额		
六、期末现金及现金等价物余额		

四、现金流量表的编制方法

企业应当采用直接法列示经营活动产生的现金流量。直接法是通过现金收入和现金支出的主要类别列示经营活动的现金流量。采用直接法编制经营活动的现金流量时，一般以利润表中的营业收入为起算点，调整与经营活动有关的项目的增减变动，然后计算出经营活动的现金流量。采用直接法具体编制现金流量表时，可以采用工作底稿法或T字形账户法，也可以根据有关科目记录分析填列。

（一）经营活动产生的现金流量的编制方法

1. "销售商品、提供劳务收到的现金"项目

本项目可根据"主营业务收入""其他业务收入""应收账款""应收票据""预收账款""库存现金""银行存款"等账户分析填列。

本项目的现金流入可用下述公式计算求得：

销售商品、提供劳务收到的现金
= 本期营业收入净额 + 本期应收账款减少额
（- 应收账款增加额）+ 本期应收票据减少额（- 应收票据增加额）+
本期预收账款增加额（- 预收账款减少额）

注：上述公式中，如果本期有实际核销的坏账损失，也应减去。因核销坏账损失减少了应收账款，但没有收回现金。如果有收回前期已核销的坏账金额，应加上。因收回已核销的坏账，并没有增加或减少应收账款，但却收回了现金。

2. "收到的税费返还"项目

该项目反映企业收到返还的各种税费。本项目可以根据"库存现金""银行存款""应交税费""营业税金及附加"等账户的记录分析填列。

3. "收到的其他与经营活动有关的现金"项目

本项目反映企业除了上述各项目以外收到的其他与经营活动有关的现金流入，如罚款收入、流动资产损失中由个人赔偿的现金收入等。本项目可根据"营业外收入""营业外支出""库存现金""银行存款""其他应收款"等账户的记录分析填列。

4. "购买商品、接受劳务支付的现金"项目

本项目可根据"应付账款""应付票据""预付账款""库存现金""银行存款""主营业务成本""其他业务成本""存货"等账户的记录分析填列。

本项目的现金流出可用以下公式计算求得：

购买商品、接受劳务支付的现金
= 营业成本 + 本期存货增加额（- 本期存货减少额）+
本期应付账款减少额（- 本期应付账款增加额）+ 本期应付票据减少额
（- 本期应付票据增加额）+ 本期预付账款增加额（- 本期预付账款减少额）

5. "支付给职工以及为职工支付的现金"项目

该项目反映企业实际支付给职工以及为职工支付的工资、奖金、各种津贴和补贴等（含为职工支付的养老、失业等各种保险和其他福利费用）。但不含为离退休人员支付的各种费用和固定资产购建人员的工资。

本项目可根据"库存现金""银行存款""应付职工薪酬""生产成本"等账户的记录分析填列。

6. "支付的各项税费"项目

本项目反映的是企业按规定支付的各项税费和有关费用,但不包括已计入固定资产原价而实际支付的耕地占用税和本期退回的所得税。

本项目应根据"应交税费""库存现金""银行存款"等账户的记录分析填列。

7."支付的其他与经营活动有关的现金"项目

本项目反映企业除上述各项目外,支付的其他与经营活动有关的现金,包括罚款支出、差旅费、业务招待费、保险费支出、支付的离退休人员的各项费用等。本项目应根据"管理费用""销售费用""营业外支出"等账户的记录分析填列。

(二)投资活动产生的现金流量的编制方法

投资活动产生的现金流入和现金流出的各项目的内容和填列方法如下:

1."收回投资所收到的现金"项目

本项目反映企业出售、转让和到期收回的除现金等价物以外的交易性金融资产、长期股权投资而收到的现金,以及收回持有至到期投资本金而收到的现金。不包括持有至到期投资收回的利息以及收回的非现金资产。本项目应根据"交易性金融资产""长期股权投资""库存现金""银行存款"等账户的记录分析填列。

2."取得投资收益所收到的现金"项目

本项目反映企业因股权性投资而分得的现金股利、分回利润所收到的现金,以及债权性投资取得的现金利息收入。本项目应根据"投资收益""库存现金""银行存款"等账户的记录分析填列。

3."处置固定资产、无形资产和其他长期资产所收回的现金净额"项目

该项目反映处置上述各项长期资产所取得的现金,减去为处置这些资产所支付的有关费用后的净额。本项目可根据"固定资产清理""库存现金""银行存款"等账户的记录分析填列。

如该项目所收回的现金净额为负数,应在"支付的其他与投资活动有关的现金"项目填列。

4."收到的其他与投资活动有关的现金"项目

本项目反映除上述各项目以外,收到的其他与投资活动有关的现金流入,应根据"库存现金""银行存款"和其他有关账户的记录分析填列。

5."购建固定资产、无形资产和其他长期资产所支付的现金"项目

本项目反映企业购买、建造固定资产,取得无形资产和其他长期资产所支付的现金。其中企业为购建固定资产支付的现金,包括购买固定资产支付的价款现金及增值税款、固定资产购建支付的现金,但不包括购建固定资产的借款利息支出和融资租入固定资产的租赁费。

本项目应根据"固定资产""无形资产""在建工程""库存现金""银行存款"等账户的

记录分析填列。

6. "投资所支付的现金"项目

该项目反映企业在现金等价物以外进行交易性金融资产、长期股权投资、持有至到期投资所实际支付的现金，包括佣金手续费所支付的现金。但不包括企业购买股票和债券时实际支付价款中包含的已宣告尚未领取的现金股利或已到付息期但尚未领取的债券利息。

本项目应根据"交易性金融资产""长期股权投资""持有至到期投资""库存现金""银行存款"等账户记录分析填列。

7. "支付的其他与投资活动有关的现金"项目

本项目反映企业除了上述各项以外，支付的与投资活动有关的现金流出。包括企业购买股票和债券时，实际支付价款中包含的已宣告尚未领取的现金股利或已到付息期但尚未领取的债券利息等。本项目应根据"库存现金""银行存款""应收股利""应收利息"等账户的记录分析填列。

（三）筹资活动产生的现金流量的编制方法

筹资活动产生的现金流入和现金流出包括的各项目的内容和填列方法如下：

1. "吸收投资所支付的现金"项目

本项目反映企业收到投资者投入的现金，包括以发行股票、债券等方式筹集资金实际收到的款项净额（即发行收入减去支付的佣金等发行费用后的净额）。本项目可根据"实收资本（或股本）""应付债券""库存现金""银行存款"等账户的记录分析填列。

2. "借款所得到的现金"项目

本项目反映企业举借各种短期借款、长期借款而收到的现金。本项目可根据"短期借款""长期借款""银行存款"等账户的记录分析填列。

3. "收到的其他与筹资活动有关的现金"项目

该项目反映企业除上述各项以外，收到的其他与筹资活动有关的现金流入。本项目应根据"库存现金""银行存款"和其他有关账户的记录分析填列。

4. "偿还债务所支付的现金"项目

本项目反映企业以现金偿还债务的本金，包括偿还金融机构的借款本金、偿还到期的债券本金等。本项目可根据"短期借款""长期借款""应付债券""库存现金""银行存款"等账户的记录分析填列。

5. "分配股利、利润或偿还利息所支付的现金"项目

本项目反映企业实际支付的现金股利、支付给投资人的利润或用现金支付的借款利息、债券利息等。本项目可根据"应付股利（或应付利润）""财务费用""长期借款""应付债券"

"库存现金""银行存款"等账户的记录分析填列。

6."支付的其他与筹资活动有关的现金"项目

本项目反映除了上述各项目以外,支付的与筹资活动有关的现金流出。例如,发行股票债券所支付的审计、咨询等费用。该项目可根据"库存现金""银行存款"和其他有关账户的记录分析填列。

(四)汇率变动对现金的影响的编制方法

本项目反映企业的外币现金流量发生日所采用的汇率与期末汇率的差额对现金的影响数额。(编制方法略)。

(五)"现金及现金等价物的净增加额"的编制方法

"现金及现金等价物的净增加额",是将本表中"经营活动产生的现金流量净额""投资活动产生的现金流量净额""筹资活动产生的现金流量净额"和"汇率变动对现金的影响"四个项目相加得出的。

(六)期末现金及现金等价物余额的填列

本项目是将计算出来的现金及现金等价物净增加额加上期初现金及现金等价物金额求得。它应该与企业期末的全部货币资金与现金等价物的合计余额相等。

第五节 所有者权益变动表

一、所有者权益变动表的概念及作用

所有者权益变动表是反映构成所有者权益的各组成部分当期的增减变动情况的报表。所有者权益变动表可以全面地反映企业在一定会计期间所有者权益的增减变动情况,不仅包括总量的变动,还包括具体构成项目的变动。通过所有者权益变动表,既可以为会计信息使用者提供所有者权益总量增减变动的信息,也能为其提供所有者权益增减变动的结构性信息,特别是能够让会计信息使用者理解所有者权益增减变动的根源。

所有者权益变动表反映一定会计期间所有者权益构成及其变动情况,属于动态会计报表。编制所有者权益变动表有利于会计信息使用者了解所有者权益增减变动情况,有利于反映企业综合收益,有利于比较不同时期所有者权益的信息。

二、所有者权益变动表的内容和结构

在所有者权益变动表上，企业至少应当单独列示反映下列信息的项目：
（1）净利润；
（2）直接计入所有者权益的利得和损失项目及其总额；
（3）会计政策变更和差错更正的累积影响金额；
（4）所有者投入资本和向所有者分配利润等；
（5）提取的盈余公积；
（6）实收资本或资本公积、盈余公积、未分配利润的期初和期末余额及其调节情况。

所有者权益变动表以矩阵的形式列示：一方面，列示导致所有者权益变动的交易或事项，即所有者权益变动的来源对一定时期所有者权益的变动情况进行全面反映；另一方面，按照所有者权益各组成部分（即实收资本、资本公积、盈余公积、未分配利润和库存股）列示交易或事项对所有者权益各部分的影响。

三、所有者权益变动表的编制

所有者权益变动表各项目均需填列"本年金额"和"上年金额"两栏。

所有者权益表变动表"上年金额"栏内各项数字，应根据上年度所有者权益变动表"本年金额"内所列数字填列。上年度所有者权益变动表规定的各个项目的名称和内容同本年度不一致的，应对上年度所有者权益变动表各项目的名称和数字按照本年度的规定进行调整，填入所有者权益变动表的"上年金额"栏内。

所有者权益变动表"本年金额"栏内各项数字一般应根据"实收资本（或股本）""资本公积""盈余公积""利润分配""库存股""以前年度损益调整"科目的发生额分析填列。

所有者权益变动表如表9.4所示。

表9.4　所有者权益变动表

编制单位：　　　　　　　×××年度　　　　　　　　　　　会企04表
单位：元

项　　目	本年金额						上年金额					
	实收资本（或股本）	资本公积	减：库存股	盈余公积	未分配利润	所有者权益合计	实收资本(或股本)	资本公积	减：库存股	盈余公积	未分配利润	所有者权益合计
一、上年年末余额												
加：会计政策变更												
前期差错更正												

续表9.4

项　　目	本年金额						上年金额					
	实收资本（或股本）	资本公积	减：库存股	盈余公积	未分配利润	所有者权益合计	实收资本（或股本）	资本公积	减：库存股	盈余公积	未分配利润	所有者权益合计
二、本年年初余额												
三、本年增减变动金额（减少以"-"号填列）												
（一）净利润												
（二）直接计入所有者权益的利得和损失												
1.可供出售金融资产公允价值变动净额												
2.权益法下被投资单位其他所有者权益变动的影响												
3.与计入所有者权益项目相关的所得税影响												
4.其他												
上述（一）和（二）小计												
（三）所有者投入和减少资本												
1.所有者投入资本												
2.股份支付计入所有者权益的金额												
3.其他												
（四）分配利润												
1.提取盈余公积												
2.对所有者（或股东）的分配												
3.其他												
（五）所有者权益内部结转												
1.资本公积转增资本（或股本）												
2.盈余公积转增资本（或股本）												
3.盈余公积弥补亏损												
4.其他												
四、本年年末余额												

第六节 附 注

一、附注的概念及作用

附注是对资产负债表、利润表、现金流量表和所有者权益变动表等报表中列示项目的文字描述或明细资料,以及对未能在这些报表中列示项目的说明等。财务报表中的数据具有很强的逻辑关系,数据是经过了多次浓缩得来,因此有必要对财务报表相关项目的数据做出补充和说明;另外,有一部分经济业务是不能通过财务报表数据反映出来的,为了全面、完整地反映企业真实的财务状况、经营成果、现金流量等会计信息,有必要通过报表附注做补充说明。

编制财务报表附注,有利于会计信息使用者全面、正确地理解和使用会计报表,有利于会计信息使用者做出正确的决策。通过附注与资产负债、利润表、现金流量表和所有者权益变动表列示项目的相互参照关系,以及对未能在报表中列示项目的说明,可以使报表使用者全面了解企业的财务状况、经营成果和现金流量。

二、附注的主要内容

附注是财务报告的重要组成部分。企业的年度会计报表附注至少应披露以下内容,法律、行政法规等另有规定的除外。

(1) 不符合会计核算前提的说明。
(2) 重要会计政策和会计估计的说明。
(3) 重要会计政策和会计估计变更的说明,以及重大会计差错更正的说明,主要包括以下事项:
① 会计政策变更的内容和理由;
② 会计政策变更的影响数;
③ 累积影响数不能合理确定的理由;
④ 会计估计变更的内容和理由;
⑤ 会计估计变更的影响数;
⑥ 会计估计变更的影响数不能合理确定的理由;
⑦ 重大会计差错的内容;
⑧ 重大会计差错的更正金额。
(4) 或有事项的说明。
① 或有负债的类型及其影:
已贴现商业承兑汇票形成的或有负债;
未决诉讼、仲裁形成的或有负债;

为其他单位提供债务担保形成的或有负债；

其他或有负债（不包括极小可能导致经济利益流出企业的或有负债）；

或有负债预计产生的财务影响（如无法预计，应说明理由）；

或有负债获得补偿的可能性。

② 如果或有资产很可能会给企业带来经济利益时，则应说明其形成的原因及其产生的财务影响。

（5）资产负债表日后事项的说明。

应说明股票和债券的发行、对一个企业的巨额投资、自然灾害导致的资产损失以及外汇汇率发生较大变动等非调整事项的内容，估计对财务状况、经营成果的影响；如无法作出估计，应说明其原因。

（6）关联方关系及其交易的说明。

① 在存在控制关系的情况下，关联方如为企业时，不论他们之间有无交易，都应说明如下事项：

企业经济性质或类型、名称、法定代表人、注册地、注册资本及其变化；

企业的主营业务；

所持股份或权益及其变化。

② 在企业与关联方发生交易的情况下，企业应说明关联方关系的性质、交易类型及其交易要素，这些要素一般包括：

交易的金额或相应比例；

未结算项目的金额或相应比例；

定价政策（包括没有金额或只有象征性金额的交易）。

③ 关联方交易应分别就关联方以及交易类型予以说明，类型相同的关联方交易，在不影响会计报表使用者正确理解的情况下可以合并说明。

④ 对于关联方交易价格的确定如果高于或低于一般交易价格的，应说明其价格的公允性。

（7）重要资产转让及其出售的说明。

（8）企业合并、分立的说明。

（9）会计报表重要项目的说明。

应收款项（不包括应收票据，下同）及计提坏账准备的方法如下：

说明坏账的确认标准，以及坏账准备的计提方法和计提比例，并重点说明如下事项：① 本年度全额计提坏账准备，或计提坏账准备的比例较大的（计提比例一般超过 40%及以上的，下同），应单独说明计提的比例及其理由；② 以前年度已全额计提坏账准备，或计提坏账准备的比例较大的，但在本年度又全额或部分收回的，或通过重组等其他方式收回的，应说明其原因，原估计计提比例的理由，以及原估计计提比例的合理性；③ 对某些金额较大的应收款项不计提坏账准备，或计提坏账准备比例较低（一般为 5%或低于 5%）的理由；④ 本年度实际冲销的应收款项及其理由，其中，实际冲销的关联交易产生的应收款项应单独披露。

本章小结

财务会计报告是企业对外提供的反映企业在某一特定日期的财务状况、某一会计期间的经营成果和现金流量等会计信息的文件。企业将一定会计期间确认、计量的结果通过报告的形式对外提供信息使用者所需要的会计信息,为会计信息使用者提供服务;财务会计报告属于会计核算的最后一个环节,是会计工作的重要组成部分。财务会计报告包括财务会计报表及附注和其他应当在财务报告中披露的相关信息和资料。资产负债表反映企业在某一特定日期财务状况的报表,其编制的理论依据是"资产=负债+所有者权益"这一恒等式;利润表反映企业在某一会计期间经营成果的报表,其编制依据是"收入-费用=利润"这一会计等式;现金流量表是反映企业某一定会计期间现金及现金等价物流进、流出企业情况的报表,其编制依据是"现金及现金等价物流入-现金及现金等价物流出=现金及现金等价物净增加额";所有者权益变动表反映企业所有者权益的构成及其增减变动情况的报表;财务报表附注是为了便于财务报表使用者理解财务报表的内容而对财务报表的编制基础、编制依据、编制原则和方法及主要项目等所做的解释。

本章习题

一、思考题

1. 什么是财务会计报告?财务会计报告有哪些内容构成?
2. 企业编制财务会计报告有哪些要求?
3. 什么是资产负债表,怎样编制资产负债表?
4. 什么是利润表,怎样编制利润表?
5. 资产负债表和利润表披露的会计信息分别有哪些?
6. 什么是现金流量表?现金流量表由哪些内容构成?

二、单项选择题

1. DN公司"应付账款"科目月末贷方余额40万元,其中:"应付甲公司账款"明细科目贷方余额35万元,"应付乙公司账款"明细科目贷方余额5万元;"预付账款"科目月末贷方余额15万元,其中:"预付A工厂账款"明细科目贷方余额25万元,"预付B工厂账款"明细科目借方余额10万元。该企业月末资产负债表中"应付账款"项目的金额为( )万元。

  A. 40   B. 65   C. 50   D. 55

2. 下列各项中,关于资产负债表"预收账款"项目填列方法表述正确的是( )。

  A. 根据"预收账款"科目的期末余额填列
  B. 根据"预收账款"和"应收账款"科目所属明细各科目的期末贷方余额合计数填列
  C. 根据"预收账款"和"预付账款"科目所属各明细科目的期末借方余额合计数填列
  D. 根据"预收账款"和"应付账款"科目所属各明细科目的期末贷方余额合计数填列

3. DN公司2018年12月31日生产成本借方余额500万元,原材料借方余额300万元,材料成本差异贷方余额20万元,委托代销商品借方余额100万元,工程物资借方余额200

万元。则资产负债表"存货"项目的金额为（　　）万元。

  A. 880   B. 900   C. 1 080   D. 1 100

4. DN 公司"应收账款"科目月末借方余额 10 万元，其中："应收 A 公司账款"明细科目借方余额 8 万元，"应收 B 公司账款"明细科目借方余额 2 万元；"预收账款"科目月末贷方余额 5 万元，其中："预收 C 工厂账款"明细科目贷方余额 8 万元，"预收 D 工厂账款"明细科目借方余额 3 万元，月末资产负债表中"应收账款"项目的金额为（　　）万元。

  A. 10   B. 13   C. 8   D. 11

5. 下列资产负债表项目中，应根据多个总账科目余额计算填列的是（　　）。

  A. 实收资本   B. 盈余公积   C. 货币资金   D. 长期借款

6. DN 公司 2018 年度发生营业收入为 2 000 万元，营业成本为 1 000 万元，销售费用为 100 万元，管理费用为 200 万元，财务费用为 50 万元，投资收益为 200 万元，资产减值损失为 100 万元（损失），公允价值变动收益为 300 万元，营业外收入为 80 万元，营业外支出为 70 万元。该企业 2018 年度的营业利润为（　　）万元。

  A. 1 080   B. 1 050   C. 850   D. 1 000

7. DN 公司 2018 年 12 月 31 日固定资产账户余额为 3 000 万元，累计折旧账户余额为 800 万元，固定资产减值准备账户余额为 200 万元，在建工程账户余额为 200 万元。该企业 2018 年 12 月 31 日资产负债表中"固定资产"项目的金额为（　　）万元。

  A. 3 000   B. 1 090   C. 2 000   D. 3 200

8. 以下项目中，属于资产负债表中流动负债项目的是（　　）。

  A. 长期借款   B. 长期应付款   C. 应付票据   D. 应付债券

9. 下列各项中，不应列入利润表"营业成本"项目的是（　　）。

  A. 已销商品的实际成本

  B. 在建工程领用产品的成本

  C. 对外提供劳务结转的成本

  D. 投资性房地产计提的折旧额

10. 下列各项中，应列入利润表"营业收入"项目的是（　　）。

  A. 销售材料取得的收入

  B. 接受捐赠收到的现金

  C. 出售专利权取得的净收益

  D. 出售自用房产取得的净收益

三、多项选择题

1. 下列资产负债表项目中，根据总账余额直接填列的有（　　）。

  A. 实收资本   B. 资本公积   C. 短期借款   D. 应收账款

2. 下列资产中，属于流动资产的有（　　）。

  A. 工程物资   B. 一年内到期的非流动资产

  C. 应收利息   D. 商誉

3. 下列各利润表项目中，影响营业利润的项目有（　　）。

  A. 营业收入   B. 营业外收入   C. 营业成本   D. 营业外支出

4. 下列项目中，影响现金流量表中现金流量增减变动的有（   ）。
   A. 用银行存款购买两个月内到期的国债
   B. 收回应收账款存入银行
   C. 用银行存款购入股票作为长期股权投资
   D. 用银行存款偿还应付账款

5. 下列项目中，应在所有者权益变动表中反映的项目有（   ）。
   A. 净利润
   B. 直接计入所有者权益变动表的利得
   C. 提取盈余公积
   D. 盈余公积转增股本

四、判断题

1. 资产负债表中确认的资产都是企业拥有的资产，不包括企业没有拥有权但能够实施控制的资产。   （   ）
2. 购买商品支付货款取得的现金折扣列入利润表"财务费用"项目。   （   ）
3. 利润表中"营业税金及附加"项目包括增值税。   （   ）
4. "应付职工薪酬"项目，反映企业根据有关规定应付给职工的工资、职工福利、社会保险费、住房公积金、工会经费、职工教育经费，但不包括非货币性福利、辞退福利等薪酬。
                                                                            （   ）
5. "利润分配"总账的年末余额不一定与相应的资产负债表中"未分配利润"项目的数额一致。   （   ）
6. 所有者权益变动表只是反映企业在一定期间未分配利润的增减变动情况的报表。
                                                                            （   ）

五、实务题

1. DN 公司 2018 年 6 月 30 日有关总账和明细账的余额如表 9.5 所示。

表 9.5

账　户	借或贷	余额（元）	负债和所有者权益账户	借或贷	余额（元）
库存现金	借	1 500	短期借款	贷	250 000
银行存款	借	800 000	应付票据	贷	25 500
其他货币资金	借	90 000	应付账款	贷	71 000
交易性金融资产	借	110 000	——丙企业	贷	91 000
应收票据	借	25 000	——丁企业	借	20 000
应收账款	借	75 000	预收账款	贷	14 700
——甲公司	借	80 000	——C 公司	贷	14 700
——乙公司	贷	5 000	其他应付款	贷	12 000
坏账准备	贷	2 000	应交税费	贷	28 000
预付账款	借	36 100	长期借款	贷	506 000

续表 9.5

账　户	借或贷	余额（元）	负债和所有者权益账户	借或贷	余额（元）
——A 公司	借	31 000	应付债券	贷	563 700
——B 公司	借	5 100	其中一年到期的应付债券	贷	230 000
其他应收款	借	8 500	实收资本	贷	4 040 000
原材料	借	774 400	盈余公积	贷	158 100
生产成本	借	265 400	利润分配	贷	1 900
库存商品	借	193 200	——未分配利润	贷	1 900
固定资产	借	2 888 000	本年利润	贷	36 700
累计折旧	借	4 900			
在建工程	贷	447 400			
资产合计	借	5 707 600	负债及所有者权益合计	贷	5 707 600

要求：请为 DN 公司补充完整 6 月 30 日资产负债表。

资产负债表如表 9.6 所示。

表 9.6　资产负债表（简表）

制表单位：DN 公司　　　　　　2018 年 6 月 30 日　　　　　　　　　单位：元

资　产	年初数	年末数	负债所有者权益	年初数	年末数
流动资产：	略		流动负债：	略	
货币资金		（1）	短期借款		250 000
交易性金融资产		110 000	应付票据		25 500
应收票据		25 000	应付账款		91 000
应收账款		（2）	预收账款		（3）
预付款项		56 100	应交税费		28 000
其他应收款		8 500	其他应付款		12 000
存货		1 233 000	一年内到期的非流动负债		230 000
流动资产合计		2 402 100	流动负债合计		449 200
非流动资产：			非流动负债：		
固定资产		2 883 100	长期借款		506 000
在建工程		447 400	应付债券		（4）
非流动资产合计		3 330 500	非流动负债合计		839 700
			负债合计		1 495 900
			所有者权益：		
			实收资本		4 040 000
			盈余公积		158 100
			未分配利润		（5）
			所有者权益合计		4 236 700
资产总计		5 732 600	负债及所有者权益合计		5 732 600

2. DN 公司适用的所得税税率 25%，该公司 2018 年 11 月份的利润表如表 9.7 所示。

表 9.7 利润表（简表）

编制单位：DN 公司　　　　　　2018 年 11 月　　　　　　单位：元

项目	本期金额	本年累计金额
一、营业收入	略	4 500 000
减：营业成本		3 000 000
营业税金及附加		120 000
销售费用		300 000
管理费用		380 000
财务费用		6 000
二、营业利润（损失以"－"号填列）		694 000
加：营业外收入		6 000
减：营业外支出		4 000
三、利润总额（损失以"－"号填列）		696 000
减：所得税费用		174 000
四、净利润（亏损以"－"号填列）		522 000

DN 公司 12 月份发生以下经济业务：

（1）对外销售甲商品 5 000 件，单价 80 元，增值税率 13%，已办妥银行托收货款手续。

（2）经批准处理财产清查中的盘亏设备一台，估计原价 20 000 元，七成新。

（3）计算分配本月应付职工工资共计 45 000 元。其中管理部门 25 000 元，专设销售机构人员工资 20 000 元。

（4）结转已销售的 5 000 件甲商品的销售成本 300 000 元。

（5）根据销售收入的 3%，计算应交纳已销售的甲商品的消费税 12 000 元。

（6）将本月实现的损益结转至"本年利润"账户。

要求：根据上述资料，编制 DN 公司 2018 年度利润表。

第十章 会计账务处理程序

【学习目标】

通过本章的学习，学生应了解会计账务处理程序的类型，掌握各种会计账务处理程序的主要特点、适用范围。

【学习重点及难点】

重点掌握各种会计账务处理程序的编制方法；难点是理解和掌握汇总记账凭证的编制方法及运用。

【引言】

合理的会计账务处理程序的基本要求

选择合理的会计账务程序，一般应符合以下要求：① 满足经济管理的需要；② 适应本单位的规模大小、业务繁简以及经营活动的特点；③ 有助于简化核算手续，提高会计核算工作的质量和效率；④ 有利于会计人员的分工协作，便于建立岗位责任制；⑤ 适应会计电算化的要求。

第一节 会计账务处理程序概述

会计账务处理程序，简称账务处理程序，是通过建立凭证、账簿和报表组织体系，并按一定的步骤和程序将三者有机结合起来，以实现最终产生并提供有用会计信息的目的。

会计账务处理程序是会计主体会计制度设计的一项重要内容。科学、合理地选择适合本单位的会计账务处理程序，对有效组织会计核算具有重要意义。即通过确定凭证、账簿与报表之间合理的联系方式，有利于会计工作程序的规范化，以保证会计信息加工过程的严密性，提高会计信息质量；通过凭证、账簿和报表之间的牵制作用，可增强会计信息的可靠性，有利于保证会计记录的完整性、正确性；通过减少不必要的会计核算环节，提高会计工作效率，保证会计信息的及时性。因此，设计合理的会计账务处理程序对于科学组织会计核算工作，充分发挥会计在经济管理中的作用，具有重要意义。

建立怎样的会计账务处理程序是由多种因素决定的，如经济活动和财务收支的实际状况、当年经营管理的需要、会计核算手续等。这些因素是不断变化的，因此，核算程序和方法也相应地发生了变化，由此形成了不同的账务处理程序。我国常用的会计账务处理程序主要有记账凭证账务处理程序、汇总记账凭证账务处理程序以及科目汇总表账务处理程序三种。三种会计账务处理程序有许多共同之处,但也有不同之处。

第二节 记账凭证账务处理程序

记账凭证账务处理程序是对发生的经济业务事项,都要根据原始凭证或汇总原始凭证编制记账凭证,然后直接根据记账凭证逐笔登记总分类账的一种会计账务处理程序。它是基本的会计账务处理程序,其他会计账务处理程序都是在此基础上演变和发展而来的。

一、记账凭证账务处理程序的步骤

记账凭证账务处理程序的基本步骤如下:
(1) 根据原始凭证编制汇总原始凭证。
(2) 根据原始凭证和汇总原始凭证编制收款凭证、付款凭证和转账凭证。
(3) 根据收款凭证、付款凭证逐笔登记现金日记账和银行存款日记账。
(4) 根据原始凭证、汇总原始凭证和记账凭证,登记各种明细分类账(一般情况下,明细账的登记依据为记账凭证,但为了反映详细的核算资料,有时需要以一些原始凭证为依据,并且有些具备记账凭证各项目的原始凭证也能代替记账凭证)。
(5) 根据记账凭证逐笔登记总分类账。
(6) 期末,现金日记账、银行存款日记账、明细分类账的余额与有关总分类账的余额核对相符。
(7) 期末,根据总分类账和明细分类账的记录,编制会计报表。
记账凭证账务处理程序如图 10.1 所示。

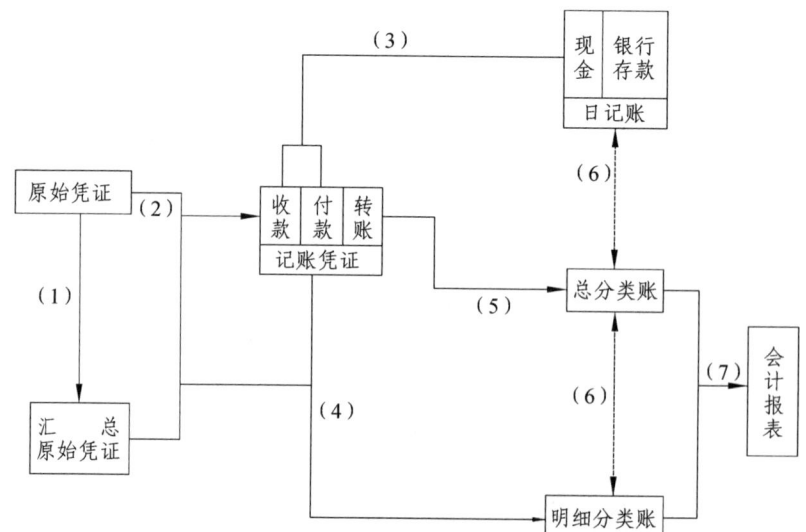

图 10.1 记账凭证账务处理程序

二、记账凭证账务处理程序的特点、优缺点及适用范围

（一）特点

在记账凭证账务处理程序下，会计人员可以直接根据记账凭证登记总分类账。它是会计核算中最基本的账务处理程序，其他账务处理程序都是在这种账务处理程序的基础上发展、演变而来的。

（二）优缺点和适用范围

其优点：记账凭证账务处理程序简单明了，易于理解，总分类账可以较详细地反映经济业务的发生情况。

其缺点：登记总分类账的工作量较大。

该账务处理程序适用于规模小、经济业务量少的单位。

三、记账凭证账务处理程序举例

（一）资料

某工业企业，2018年12月1日总分类账户和有关明细分类账户余额如表10.1所示。

表 10.1 总分类账户和有关明细分类账户余额

2018 年 12 月 1 日 单位：元

会计科目	总分类账户		明细分类账户	
	借方余额	贷方余额	借方余额	贷方余额
库存现金	1 000			
银行存款	200 000			
应收账款	15 000			
——YX 业欣公司			13 000	
——QY 公司			2 000	
原材料	70 000			
——A 材料			30 000	
——B 材料			40 000	
生产成本	10 000			
——甲产品			6 000	

续表 10.1

会计科目	总分类账户		明细分类账户	
	借方余额	贷方余额	借方余额	贷方余额
——乙产品			4 000	
周转材料	21 000			
库存商品	20 000			
——甲产品			13 000	
——乙产品			7 000	
固定资产	200 000			
累计折旧		40 000		
应付账款		10 000		
其他应付款		10 000		
应交税费		20 000		
实收资本		417 000		
盈余公积		40 000		
合　计	537 000	537 000		

2018 年 12 月份发生的经济业务如下：

（1）3 日，从 YX 公司购入 A 材料 30 000 千克，单价 1 元/千克，价款 30 000 元，增值税 3 900 元，所有费用以银行存款支付，材料已经验收入库（银付 01 号）。

（2）4 日，从 QY 公司购入 B 材料 17 500 千克，单价 4 元/千克，价款 70 000 元，增值税 9 100 元，价税合计 79 100 元，由银行存款支付，材料已验收入库（银付 02 号）。

（3）8 日，车间及行政管理部门领用材料，根据发料单编制发出材料汇总表，如表 10.2 所示（转 01 号）。

表 10.2　发出材料汇总表

2018 年 12 月 8 日

应借账户		应贷账户				金额合计（元）
		A 材料		B 材料		
		数量（千克）	金额（元）	数量（千克）	金额（元）	
生产成本	甲产品	9 000	9 000	8 000	32 000	41 000
	乙产品	15 000	15 000	10 000	40 000	55 000
	小计	24 000	24 000	18 000	72 000	96 000
制造费用		5 000	5 000	3 500	14 000	19 000
管理费用		1 000	1 000	1 000	4 000	5 000
合　计		30 000	30 000	22 500	90 000	120 000

（4）11日，销售甲产品400件，每件150元，销售乙产品200件，每件100元，货款共计80 000元，增值税销项税额为10 400元。货、税款90 400元已存入银行（银收01号）。

（5）16日，计算出本月应支付给职工的薪酬和按工资总额的14%计提职工福利，如表10.3所示（转02号、转03号）。

表10.3 工资及福利费计算表

2018年12月16日　　　　　　　　　　　　　　　　单位：元

应借账户		应贷账户	
		工资	职工福利
生产成本	甲产品	25 000	3 500
	乙产品	30 000	4 200
	小计	55 000	7 700
制造费用		5 000	700
管理费用		15 000	2 100
合计		75 000	10 500

（6）20日，从银行提取现金75 000元，备发工资（银付03号）。

（7）20日，以现金75 000元支付本月职工工资（现付01号）。

（8）21日，销售给QY公司甲产品800件，150元/件，乙产品500件，100元/件，货款合计170 000元，增值税销项税额为22 100元，所有款项尚未收回（转04号）。

（9）23日，以银行存款支付本月水电费5 100元，其中甲产品生产耗用1 500元，乙产品生产耗用1 800元，生产车间照明耗用800元，行政管理部门耗费1 000元（银付04号）。

（10）24日，以银行存款支付行政管理部门办公用品款500元（银付05号）。

（11）25日，以银行存款支付广告费2 000元（银付06号）。

（12）27日，收到QY公司通过银行转来的前欠货款194 100元（银收02号）。

（13）31日，计提本月固定资产折旧费7 000元，其中生产车间固定资产计提折旧4 500元，行政管理部门固定资产计提折旧2 500元（转05号）。

（14）31日，分配制造费用30 000元，其中甲产品应负担10 000元，乙产品应负担20 000元（转06号）。

（15）31日，甲产品完工2 000件，验收入库，其单位成本为40元，总成本为80 000元；乙产品完工1 000件，验收入库，单位成本为100元，总成本为100 000元（转07号）。

（16）31日，本月销售甲产品1 000件，单位成本80元，结转甲产品销售成本80 000元；本月销售乙产品50件，单位成本500元，结转销售成本25 000元（转08号）。

（17）31日，计算出本月应交城市维护建设税2 000元，应交教育费附加1 000元（转09号）。

（18）31日，将本月主营业务收入250 000元，转入本年利润账户的贷方（转10号）。

（19）31日，将本月主营业务成本105 000元、税金及附加3 000元、销售费用2 000元和管理费用26 100元转入本年利润账户的借方（转11号）。

（20）31日，计算本期企业应交纳的企业所得税40 000元（转12号）。

（21）31 日，将本月所得税费用 40 000 元转入本年利润账户的借方（转 13 号）。
（22）以银行存款支付本月应交增值税 50 000 元（银付 07 号）

（二）要求

（1）根据以上经济业务的原始凭证，填制收款凭证、付款凭证和转账凭证，格式和内容如表 10.4~10.26 所示。

表 10.4　付款凭证

贷方科目：银行存款　　　2018 年 12 月 3 日　　　　银付字第 01 号

摘　要	借方科目	明细科目	金　额
购 A 材料	原材料	A 材料	30 000
	应交税费	应交增值税（进项税额）	3 900
附件　张		合　计	¥33 900

表 10.5　付款凭证

贷方科目：银行存款　　　2018 年 12 月 4 日　　　　银付字第 02 号

摘　要	借方科目	明细科目	金　额
购 B 材料	原材料	B 材料	70 000
	应交税费	应交增值税（进项税额）	9 100
附件　张		合　计	¥79 100

表 10.6　转账凭证

2018 年 12 月 8 日　　　　转字第 01 号

摘　要	总账科目	明细科目	借方金额	贷方金额
领用材料	生产成本	甲产品	41 000	
	生产成本	乙产品	55 000	
	制造费用		19 000	
	管理费用		5 000	
	原材料	A 材料		30 000
	原材料	B 材料		90 000
合　计			¥120 000	¥120 000

表 10.7　收款凭证

借方科目：银行存款　　　2018 年 12 月 11 日　　　　银收字第 01 号

摘　要	贷方科目	明细科目	余　额
销售甲产品	主营业务收入		80 000
	应交税费	应交增值税（销项税额）	10 400
附件　张		合　计	¥90 400

表 10.8 转账凭证

2018 年 12 月 16 日　　　　　　　　　　　　　　　　　转字第 02 号

摘要	总账科目	明细科目	借方金额	贷方金额
分配本月工资费用	生产成本	甲产品	25 000	
	生产成本	乙产品	30 000	
	制造费用		5 000	
	管理费用		15 000	
	应付职工薪酬	工资		75 000
合　计			¥75 000	¥75 000

表 10.9 转账凭证

2018 年 12 月 16 日　　　　　　　　　　　　　　　　　转字第 03 号

摘要	总账科目	明细科目	借方金额	贷方金额
计提本月职工福利费	生产成本	甲产品	3 500	
	生产成本	乙产品	4 200	
	制造费用		700	
	管理费用		2 100	
	应付职工薪酬	职工福利		10 500
合　计			¥10 500	¥10 500

表 10.10 付款凭证

贷方科目：银行存款　　　　2018 年 12 月 20 日　　　　　　银付字第 03 号

摘要	借方科目	明细科目	金额
提取现金，备发工资	库存现金		75 000
附件　　张		合　计	¥75 000

表 10.11 付款凭证

贷方科目：库存现金　　　　2018 年 12 月 20 日　　　　　　现付字第 01 号

摘要	借方科目	明细科目	金额
支付本月工资	应付职工薪酬		75 000
附件　　张		合　计	¥75 000

表 10.12　转账凭证

2018 年 12 月 21 日　　　　　　　　　　　　　　转字第 04 号

摘　要	总账科目	明细科目	借方金额	贷方金额
销售产品	应收账款	QY 公司	192 100	
	主营业务收入			170 000
	应交税费	应交增值税（销项税额）		22 100
合　计			¥192 100	¥192 100

表 10.13　付款凭证

贷方科目：银行存款　　　　2018 年 12 月 23 日　　　　　　银付字第 04 号

摘　要	借方科目	明细科目	金　额
支付本月水电费	生产成本	甲产品	1 500
	生产成本	乙产品	1 800
	制造费用		800
	管理费用		1 000
附件　　张		合　计	¥5 100

表 10.14　付款凭证

贷方科目：银行存款　　　　2018 年 12 月 24 日　　　　　　银付字第 05 号

摘　要	借方科目	明细科目	金　额
支付行政部门办公费	管理费用		500
附件　　张		合　计	¥500

表 10.15　付款凭证

贷方科目：银行存款　　　　2018 年 12 月 25 日　　　　　　银付字第 06 号

摘　要	借方科目	明细科目	金　额
支付广告费	销售费用	广告费	2 000
附件　　张		合　计	¥2 000

表 10.16 收款凭证

借方科目：银行存款　　　　　　2018 年 12 月 27 日　　　　　　　　　　银收字第 02 号

摘　要	贷方科目	明细科目	金　额
QY 公司偿还货款	应收账款	QY 公司	194 100
附件　　张		合　计	¥194 100

表 10.17 转账凭证

2018 年 12 月 31 日　　　　　　　　　　转字第 05 号

摘　要	总账科目	明细科目	借方金额	贷方金额
计提本月折旧	制造费用		4 500	
	管理费用		2 500	
	累计折旧			7 000
合　计			¥7 000	¥7 000

表 10.18 转账凭证

2018 年 12 月 31 日　　　　　　　　　　转字第 06 号

摘　要	总账科目	明细科目	借方金额	贷方金额
分配本月制造费用	生产成本	甲产品	10 000	
	生产成本	乙产品	20 000	
	制造费用			30 000
合　计			¥30 000	¥30 000

表 10.19 转账凭证

2018 年 12 月 31 日　　　　　　　　　　转字第 07 号

摘　要	总账科目	明细科目	借方金额	贷方金额
结转本月完工产品成本	库存商品		180 000	
	生产成本	甲产品		80 000
	生产成本	乙产品		100 000
合　计			¥180 000	¥180 000

表 10.20　转账凭证

2018 年 12 月 31 日　　　　　　　　　　转字第 08 号

摘　要	总账科目	明细科目	借方金额	贷方金额
结转产品销售成本	主营业务成本		105 000	
	库存商品	甲产品		80 000
	库存商品	乙产品		25 000
合　计			¥105 000	¥105 000

表 10.21　转账凭证

2018 年 12 月 31 日　　　　　　　　　　转字第 09 号

摘　要	总账科目	明细科目	借方金额	贷方金额
计算本月应交纳城市维护建设税及教育费附加	税金及附加		3 000	
	应交税费	应交城市维护建设税		2 000
	应交税费	应交教育费附加		1 000
合　计			¥3 000	¥3 000

表 10.22　转账凭证

2018 年 12 月 31 日　　　　　　　　　　转字第 10 号

摘　要	总账科目	明细科目	借方科目	贷方科目
结转本月主营业务收入	主营业务收入		250 000	
	本年利润			250 000
合　计			¥250 000	¥250 000

表 10.23　转账凭证

2018 年 12 月 31 日　　　　　　　　　　转字第 11 号

摘　要	总账科目	明细科目	借方金额	贷方金额
结转主营业务成本及其他	本年利润		136 100	
	主营业务成本			105 000
	税金及附加			3 000
	销售费用			2 000
	管理费用			26 100
合　计			¥136 100	¥136 100

表 10.24　转账凭证

2018 年 12 月 31 日　　　　　　　　　　　转字第 12 号

摘　要	总账科目	明细科目	借方科目	贷方科目
计算本月应交所得税	所得税费用		40 000	
	应交税费	应交所得税		40 000
合　计			￥40 000	￥40 000

表 10.25　转账凭证

2018 年 12 月 31 日　　　　　　　　　　　转字第 13 号

摘　要	总账科目	明细科目	借方金额	贷方金额
结转本月所得税	本年利润		40 000	40 000
	所得税费用			
合　计			￥40 000	￥40 000

表 10.26　付款凭证

贷方科目：银行存款　　　　2018 年 12 月 31 日　　　　　银付字第 07 号

摘　要	借方科目	明细科目	金　额
交纳增值税	应交税费	应交增值税（已交税金）	50 000
附件　张		合　计	￥50 000

（2）根据所编制的现金收款凭证和库存现金付款凭证，逐日逐笔登记库存现金日记账；根据所编制的银行存款收款凭证和银行存款付款凭证，逐日逐笔登记银行存款日记账。库存现金日记账和银行存款日记账的格式、内容如表 10.27 和表 10.28 所示。

表 10.27　库存现金日记账

2018 年		凭证		摘要	对方科目	借方	贷方	余额
月	日	字	号					
12	1			期初余额				1 000
	20	银付	03	提取现金，备发工资	银行存款	75 000		76 000
	20	现付	01	支付本月工资	应付职工薪酬		75 000	1 000
12	31			本月合计		75 000	75 000	1 000

表 10.28　银行存款日记账

2018年		凭证		摘要	对方科目	借方	贷方	余额
月	日	字	号					
12	1			期初余额				200 000
	3	银付	01	购A材料	原材料		33 900	166 100
	4	银付	02	购B材料	原材料		79 100	87 000
	11	银付	01	销售甲产品	主营业务收入	90 400		177 400
	20	银付	03	提现备发工资	库存现金		75 000	102 400
	23	银付	04	支付本月水电费	生产成本等		5 100	97 300
	25	银付	05	支付行政部门办公费	管理费用		500	96 800
	25	银付	06	支付广告费	销售费用		2 000	94 800
	27	银收	02	QY公司还款	应收账款	194 100		288 900
	31	银付	07	交纳税金	应交税费		50 000	238 900
12	31			本月合计		284 500	245 600	238 900

（3）根据原始凭证和记账凭证登记应收账款明细账和原材料、生产成本明细分类账，如表 10.29～10.34 所示。

表 10.29　应收账款明细账

企业名称：YX公司

2018年		凭证		摘要	借方	贷方	借或贷	金额
月	日	字	号					
12	1			期初余额			借	13 000

表 10.30　应收账款明细账

企业名称：QY公司

2018年		凭证		摘要	借方	贷方	借或贷	金额
月	日	字	号					
12	1			期初余额			借	2 000
	21	转	04	销售产品	192 100			
	27	银收	02	收回货款		194 100		
12	31			本月合计	192 100	194 100	平	0

表 10.31　原材料明细账

材料类别：原材料及主要材料
品名：A 材料　　　　　　　　计量单位：千克　　　　规格：

2018年		凭证		摘要	收入			发出			结存		
月	日	字	号		数量	单价	金额	数量	单价	金额	数量	单价	金额
12	1			期初余额							30 000	1	30 000
	3	银付	01	购入	30 000	1	30 000						
	8	转	01	发出				30 000	1	30 000			
12	31			本月合计	30 000	1	30 000	30 000	1	30 000	30 000	1	30 000

表 10.32　原材料明细账

材料类别：原材料及主要材料
品名：B 材料　　　　　　　　计量单位：千克　　　　规格：

2018年		凭证		摘要	收入			发出			结存		
月	日	字	号		数量	单价	金额	数量	单价	金额	数量	单价	金额
12	1			期初余额							10 000	4	40 000
	4	银付	02	购入	17 500	4	70 000						
	8	转	01	发出				22 500	4	90 000			
12	31			本月合计	17 500	4	70 000	22 500	4	90 000	5 000	4	20 000

表 10.33　生产成本明细账

产品名称：甲产品

2018年		凭证		摘要	直接材料费用	直接人工费	燃料及动力费	制造费用	合计
月	日	字	号						
12	1			期初在产品成本	3 000	1 800	200	1 000	6 000
	8	转	01	本月耗料	41 000				41 000
	16	转	02	本月工资		25 000			25 000
	16	转	03	本月福利费		3 500			3 500
	23	银付	04	本月水电费			1 500		1 500
	31	转	06	本月制造费用				10 000	10 000
	31			本月生产费用合计	41 000	28 500	1 500	10 000	81 000
	31			生产费用累计	44 000	30 300	1 700	11 000	87 000
12	31	转	07	转出完工产品成本	40 000	30 000	1 500	8 500	80 000
12	31			期末在产品成本	4 000	300	200	2 500	7 000

表 10.34 生产成本明细账

产品名称：乙产品

2018年		凭证		摘要	直接材料费用	直接人工费	燃料及动力费	制造费用	合计
月	日	字	号						
12	1			期初在产品成本	2 000	1 200	150	650	4 000
	8	转	01	本月耗料	55 000				55 000
	16	转	02	本月工资		30 000			30 000
	16	转	03	本月福利费		4 200			4 200
	23	银付	04	本月水电费			1 800		1 800
	31	转	06	本月制造费用				20 000	20 000
	31			本月生产费用合计	55 000	34 200	1 800	20 000	111 000
12	31			生产费用累计	57 000	35 400	1 950	20 650	115 000
12	31	转	07	转出完工产品成本	54 000	34 200	1 800	10 000	100 000
12	31			期末在产品成本	3 000	1 200	150	10 650	15 000

（4）根据记账凭证登记总分类账，其格式和内容如表 10.35~10.57 所示。

表 10.35 总分类账

会计科目：库存现金

2018年		凭证号	摘要	借方	贷方	借或贷	余额
月	日						
12	1		期初余额			借	1 000
	20	银付03	提取现金，备发工资	75 000		借	76 000
	20	现付01	支付本月工资		75 000	借	1 000
12	31		本月合计	75 000	75 000	借	1 000

表 10.36 总分类账

会计科目：银行存款

2018年		凭证号	摘要	借方	贷方	借或贷	余额
月	日						
12	1		期初余额			借	200 000
	3	银付01	购A材料		33 900	借	166 100
	4	银付02	购B材料		79 100	借	87 000
	11	银收01	销售产品	90 400		借	177 400

续表 10.36

2018 年		凭证号	摘要	借方	贷方	借或贷	余额
月	日						
	20	银付 03	提现金备发工资		75 000	借	102 400
	23	银付 04	支付本月水电费		5 100	借	97 300
	25	银付 05	支付行政部门办公费		500	借	96 800
	25	银付 06	支付广告费		2 000	借	94 800
	27	银收 02	收回货款	194 100		借	288 900
	31	银付 07	交纳税费		50 000	借	238 900
12	31		本月合计	284 500	245 600	借	238 900

表 10.37　总分类账

会计科目：应收账款

2018 年		凭证号	摘要	借方	贷方	借或贷	余额
月	日						
12	1		期初余额			借	15 000
	21	转 04	销售产品	192 100		借	207 100
	27	银付 02	收回货款		194 100	借	13 000
12	31		本月合计	192 100	194 100	借	13 000

表 10.38　总分类账

会计科目：原材料

2018 年		凭证号	摘要	借方	贷方	借或贷	余额
月	日						
12	1		期初余额			借	70 000
	3	银付 01	购买材料	30 000			100 000
	4	银付 02	购入材料	70 000			170 000
	8	转 01	发出材料		120 000	借	50 000
12	31		本月合计	100 000	120 000	借	50 000

表 10.39 总分类账

会计科目：生产成本

2018年		凭证号	摘要	借方	贷方	借或贷	余额
月	日						
12	1		期初余额			借	10 000
	8	转01	本月耗料	96 000		借	106 000
	16	转02	工资	55 000		借	161 000
	16	转03	职工福利	7 700		借	168 700
	23	转04	动力费	3 300		借	172 000
	31	转06	分配制造费	30 000		借	202 000
	31	转07	结转完工产品成本		180 000	借	22 000
12	31		本月合计	192 000	180 000	借	22 000

表 10.40 总分类账

会计科目：制造费用

2018年		凭证号	摘要	借方	贷方	借或贷	余额
月	日						
12	8	转01	耗用材料	19 000		借	19 000
	16	转02	工资	5 000		借	24 000
	16	转03	福利费	700		借	24 700
	23	转04	水电费	800		借	25 500
	31	转05	折旧费	4 500		借	30 000
	31	转06	分配制造费用		30 000	平	0
12	31		本月合计	30 000	30 000	平	0

表 10.41 总分类账

会计科目：周转材料

2018年		凭证号	摘要	借方	贷方	借或贷	余额
月	日						
12	1		期初余额			借	21 000

表 10.42　总分类账

会计科目：库存商品

2018年		凭证号	摘　要	借　方	贷　方	借或贷	余　额
月	日						
12	1		期初余额			借	20 000
	31	转07	完工产品入库	180 000		借	200 000
	31	转08	结转产品的销售成本		105 000	借	95 000
12	31		本月合计	180 000	105 000	借	95 000

表 10.43　总分类账

会计科目：固定资产

2018年		凭证号	摘　要	借　方	贷　方	借或贷	余　额
月	日						
12	1		期初余额			借	200 000

表 10.44　总分类账

会计科目：累计折旧

2018年		凭证号	摘　要	借　方	贷　方	借或贷	余　额
月	日						
12	1		期初余额			贷	40 000
	31	转05	计提本月折旧		7 000	贷	47 000
12	31		本月合计		7 000	贷	47 000

表 10.45　总分类账

会计科目：应付账款

2018年		凭证号	摘　要	借　方	贷　方	借或贷	余　额
月	日						
12	1		期初余额			借	10 000

表 10.46　总分类账

会计科目：其他应付款

2018年		凭证号	摘　要	借　方	贷　方	借或贷	余　额
月	日						
12	1		期初余额			借	10 000

表 10.47　总分类账

会计科目：应付职工薪酬

2018年		凭证号	摘要	借方	贷方	借或贷	余额
月	日						
12	16	转02	职工工资		75 000	贷	75 000
	16	转03	职工福利费		10 500	贷	85 500
	20	现付01	支付本月工资	75 000		贷	10 500
12	31		本月合计	75 000	85 500	贷	10 500

表 10.48　总分类账

会计科目：应交税费

2018年		凭证号	摘要	借方	贷方	借或贷	余额
月	日						
12	1		期初余额			贷	20 000
	3	银付01	增值税（进项税额）	3 900		贷	16 100
	4	银付02	增值税（进项税额）	9 100		贷	7 000
	11	银收01	增值税（销项税额）		10 400	贷	17 400
	21	转04	增值税（销项税额）		22 100	贷	39 500
	31	转09	城市维护建设税及教育费附加		3 000	贷	42 500
	31	转12	所得税		40 000	贷	82 500
	31	银付07	交纳税金	50 000		贷	32 500
	31		本月合计	63 000	75 500	贷	32 500

表 10.49　总分类账

会计科目：实收资本

2018年		凭证号	摘要	借方	贷方	借或贷	余额
月	日						
12	1		期初余额			贷	417 000

表 10.50　总分类账

会计科目：盈余公积

2018年		凭证号	摘要	借方	贷方	借或贷	余额
月	日						
12	1		期初余额			贷	40 000

表 10.51　总分类账

会计科目：本年利润

2018 年		凭证号	摘要	借方	贷方	借或贷	余额
月	日						
12	31	转 10	本月主营业务收入		250 000	贷	250 000
	31	转 11	本月主营业务成本等	136 100		贷	113 900
	31	转 13	本月所得税费用	40 000		贷	73 900
12	31		本月合计	176 100	250 000	贷	73 900

表 10.52　总分类账

会计科目：主营业务收入

2018 年		凭证号	摘要	借方	贷方	借或贷	余额
月	日						
12	11	银收 01	销售产品		80 000	贷	80 000
	21	转 04	销售产品		170 000	贷	250 000
	31	转 10	转入本年利润账户	250 000		平	0
12	31		本月合计	250 000	250 000	平	0

表 10.53　总分类账

会计科目：主营业务成本

2018 年		凭证号	摘要	借方	贷方	借或贷	余额
月	日						
12	31	转 08	产品销售成本	105 000		借	105 000
	31	转 11	转入本年利润账户		105 000	平	0
12	31		本月合计	105 000	105 000	平	0

表 10.54　总分类账

会计科目：营业税金及附加

2018 年		凭证号	摘要	借方	贷方	借或贷	余额
月	日						
12	31	转 09	应交城市维护建设税及教育费附加	3 000		借	3 000
	31	转 11	转入本年利润账户		3 000	平	0
12	31		本月合计	3 000	3 000	平	0

表 10.55　总分类账

会计科目：销售费用

2018 年		凭证号	摘要	借方	贷方	借或贷	余额
月	日						
12	25	银付 06	广告费	2 000		借	2 000
	31	转 11	转入本年利润账户		2 000	平	0
12	31		本月合计	2 000	2 000	平	0

表 10.56　总分类账

会计科目：管理费用

2018 年		凭证号	摘要	借方	贷方	借或贷	余额
月	日						
12	8	转 01	耗用材料	5 000		借	5 000
	16	转 02	工资	15 000		借	20 000
	16	转 03	职工福利	2 100		借	22 100
	23	转 04	水电费	1 000		借	23 100
	24	银付 05	办公费	500		借	23 600
	31	转 05	折旧费	2 500		借	26 100
	31	转 11	结转管理费用		26 100	平	0
12	31		本月合计	26 100	26 100	平	0

表 10.57　总分类账

会计科目：所得税费用

2018 年		凭证号	摘要	借方	贷方	借或贷	余额
月	日						
12	31	转 12	本月所得税	40 000		借	40 000
	31	转 13	转入本年利润账户		40 000	平	0
12	31		本月合计	40 000	40 000	平	0

（5）根据分类账及有关明细分类账，编制总分类账及有关明细账本期发生额及余额试算表，如表 10.58 所示。

表 10.58　总分类账及有关明细分类账本期发生额及余额试算平衡表

会计科目	期初余额		本期发生额		期末余额	
	借方	贷方	借方	贷方	借方	贷方
库存现金	1 000		75 000	75 000	1 000	
银行存款	200 000		284 500	245 600	238 900	
应收账款	15 000		192 100	194 100	13 000	
原材料	70 000		100 000	120 000	50 000	
生产成本	10 000		192 000	180 000	22 000	
制造费用			30 000	30 000		
周转材料	21 000				21 000	
库存商品	20 000		180 000	105 000	95 000	
固定资产	200 000				200 000	
累计折旧		40 000		7 000		47 000
应付账款		10 000				10 000
其他应付款		10 000				10 000
应付职工薪酬			75 000	75 500		10 500
应交税费		20 000	63 000	75 500		32 500
实收资本		417 000				417 000
盈余公积		40 000				40 000
本年利润			176 100	250 000		73 900
主营业务收入			250 000	250 000		
主营业务成本			105 000	105 000		
税金及附加			3 000	3 000		
销售费用			2 000	2 000		
管理费用			26 100	26 100		
所得税费用			40 000	40 000		
合计	537 000	537 000	2 073 700	2 073 700	640 900	640 900

（6）根据总分类账及有关明细分类账，编制资产负债表和利润表，如下表 10.59～10.60 所示。

表10.59 资产负债表

编报单位：某工业企业　　　　　2018年12月31日　　　　　单位：元

资产	期初数	期末数	负债及所有者权益	期初数	期末数
流动资产：			流动负债：		
货币资金		239 900	短期借款		
交易性金融资产			应付票据		
应收票据			应付账款		10 000
应收账款		13 000	预收账款		
预付款项			预收款项		
应收利息			应付职工薪酬		10 500
应收股利			应交税费		32 500
其他应收款			应付利息		
存货		188 000	应付股利		
一年内到期的非流动资产			其他应付款		10 000
流动资产合计		440 900	一年内到期的非流动负债		
非流动资产：			流动负债合计		63 000
可供出售的金融资产			非流动负债：		
长期应收款			长期借款		
长期股权投资			应付债券		
投资性房地产			递延所得税负债		
固定资产		153 000	其他非流动负债		
在建工程			非流动负债合计		
工程物资			负债合计		63 000
固定资产清理			所有者权益：		
无形资产			实收资本		417 000
商誉			资本公积		
长期待摊费用			盈余公积		40 000
递延所得税资产			未分配利润		73 900
其他非流动资产			所有者权益合计		530 900
非流动资产合计		153 000			
资产总计		593 900	负债及所有者权益合计		593 900

表 10.60 利润表

编报单位：某工业企业　　　　　　　2018 年 12 月　　　　　　　　单位：元

项　目	行次	本月数	本年累计数
一、营业收入	略	略	250 000
减：营业成本			105 000
营业税金及附加			3 000
销售费用			2 000
管理费用			26 100
财务费用			
加：投资收益（损失以"－"填列）			
二、营业利润（亏损以"－"填列）			113 900
加：营业外收入			
减：营业外支出			
三、利润总额（亏损以"－"填列）			113 900
减：所得税费用			40 000
四、净利润（净亏损以"－"填列）			73 900
五、每股收益			

第三节　科目汇总表账务处理程序

科目汇总表账务处理程序又称记账凭证汇总表账务处理程序。它是根据记账凭证定期编制科目汇总表，并据以登记总分类账的一种账务处理程序。

一、科目汇总表编制方法

科目汇总表的编制方法是根据一定时期内的全部记账凭证，按相同的会计科目进行归类，分借、贷方定期（如 5 天 10 天）汇总每一会计科目的本期发生额，填写在科目汇总表的借方发生额和贷方发生额栏内，并分别相加，以反映全部会计科目在一定期间的借、贷方发生额。科目汇总表可以每汇总一次编制一张，也可以按旬汇总一次，每月编制一张。任何格式的科目汇总表，都只反映各个会计科目的本期借方发生额和本期贷方发生额，不反映各个会计科目的对应关系。在编制科目汇总表时，首先将汇总期内各项经济业务所涉及的会计科目填在科目汇总表的"会计科目"栏内，为了便于登记总分类账，会计科目的顺序按总分类账上会计科目的先后顺序填写。然后，根据汇总期内所有的记账凭证，按会计科目分别加记借方发生额和贷方发生额，将其汇总数填在各相应会计科目的"借方"和"贷方"栏。按会计科目汇总后，应加总借、贷方发生额，进行发生额的试算平衡。科目汇总表的编制时间，应根据各企业、单位业务量而定。业务较多的可以每日汇总，业务较少的可以定期汇总，但一般不得超过 10 天。科目汇总表上，还应注明据以编制的各种记账凭证的起讫字号，以备进行检查。

科目汇总表的格式如表 10.61 所示。

表 10.61　科目汇总表

字　第　　号　　　　　　　　　　　　　年　月

会计科目	1日~10日		11日~20日		21日~30日		合计		总账页数
	借方	贷方	借方	贷方	借方	贷方	借方	贷方	
…	…	…	…	…	…	…	…	…	
合计									

二、科目汇总表账务处理程序的步骤

科目汇总表账务处理程序的基本步骤如下：

（1）根据原始凭证编制汇总原始凭证。
（2）根据原始凭证和汇总原始凭证，编制记账凭证。
（3）根据收款凭证、付款凭证逐笔登记现金日记账和银行存款日记账。
（4）根据原始凭证、汇总原始凭证和记账凭证，登记各种明细分类账。
（5）根据各种记账凭证编制科目汇总表。
（6）根据科目汇总表登记总分类账。
（7）期末，现金日记账、银行存款日记账和明细分类账的余额同有关总分类账的余额核对相符。
（8）期末，根据总分类账和明细分类账的记录，编制会计报表。

科目汇总表账务处理程序如图 10.2 所示。

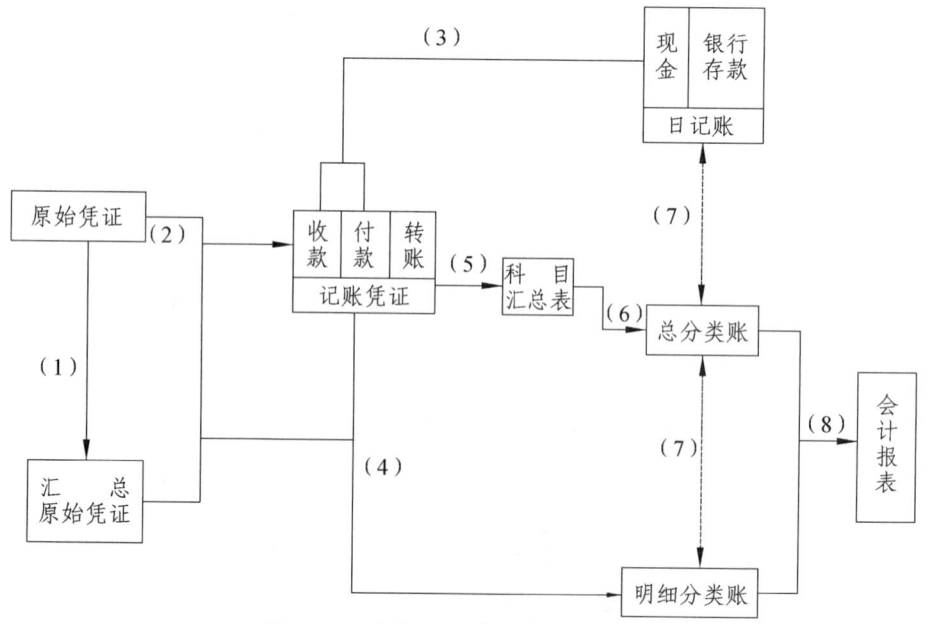

图 10.2　科目汇总表账务处理程序

三、科目汇总表账务处理程序的特点、优缺点及适用范围

(一) 特点

科目汇总表账务处理程序的特点如下:
(1) 据记账凭证定期编制科目汇总表;
(2) 根据编制的科目汇总表登记总分类账。

(二) 优缺点及适用范围

科目汇总表账务处理程序的优点:科目汇总表的编制和使用较为简便,易学易做;根据科目汇总表一次或分次登记总分类账,可以大大减少登记总分类账的工作量;而且科目汇总表还可以起到试算平衡的作用,有利于保证总账登记的正确性。

缺点:在科目汇总表和总分类账中,不反映各科目的对应关系,因而不便于根据账簿记录检查、分析经济业务的来龙去脉,不便于查对账目。

适用范围:适用于所有类型的单位,尤其适用于经济业务较多的单位。

第四节 汇总记账凭证账务处理程序

汇总记账凭证账务处理程序是根据原始凭证或原始凭证汇总表编制记账凭证,定期根据记账凭证分类编制汇总记账凭证,再根据汇总记账凭证登记总分类账的一种账务处理程序。

一、汇总记账凭证的编制方法

汇总记账凭证是按每个科目设置,并按科目一方(借方或贷方)的对应科目进行汇总。汇总记账凭证分为汇总收款凭证、汇总付款凭证和汇总转账凭证。

(一) 汇总收款凭证

汇总收款凭证是根据库存现金收款凭证、银行存款收款凭证定期汇总编制的汇总记账凭证。

汇总收款凭证按库存现金科目、银行存款科目的借方分别设置,定期(如5天10天)将这一期间内的全部库存现金收款凭证、银行存款收款凭证,分别按与设置科目相对应的贷方科目加以归类、汇总填一次,每月编制一张。月终时,结算出汇总收款凭证的合计数,据以登记总分类账。

登记总分类账时,应根据汇总收款凭证上的合计数,记入"库存现金"或"银行存款"总分类账户的借方,根据汇总收款凭证上各贷方科目的合计数分别记入有关总分类账户的贷方。

汇总收款凭证格式如表 10.62 所示。

表 10.62　汇总收款凭证

借方科目：库存现金　　　　　　　年　　月

贷方科目	金额				总账页数	
	1日~10日 凭证第××号— 第××号	11日~20日 凭证第×号— 第×号	21号~30日 凭证第×号— 第×号	合计	借方	贷方
...	...	...	...	...	...	...
合　计						

（二）汇总付款凭证

汇总付款凭证是根据库存现金付款凭证、银行存款付款凭证定期汇总编制的汇总记账凭证。

汇总付款凭证按库存现金科目、银行存款科目的贷方分别设置,定期将这一期间内的全部库存现金付款凭证、银行存款付款凭证,分别按与设置科目相对应的借方科目加以归类,汇总填列一次,每月编制一张。月终时,结算出汇总付款凭证的合计数,据以登记总分类账。

登记总分类账时,根据汇总付款凭证的合计数,记入"库存现金""银行存款"总分类账户的贷方;根据汇总付款凭证中各借方科目的合计数记入相应的总分类账户的借方。

汇总付款凭证格式如表 10.63 所示。

表 10.63　汇总付款凭证

贷方科目：银行存款　　　　　　　年　　月

借方科目	金额				总账页数	
	1日~10日 凭证第×号— 第×号	11日~20日 凭证第×号— 第×号	21号~30日 凭证第×号— 第×号	合计	借方	贷方
...	...	...	...	...	...	...
合　计						

(三) 汇总转账凭证

汇总转账凭证是按转账凭证每一贷方科目分别设置的,用来汇总一定时期内转账业务的一种汇总记账凭证。

汇总转账凭证通常按每一科目的贷方分别设置,定期(5天或10天)将这一期间的全部转账凭证,按与设置科目相对应的借方科目加以归类、汇总填列一次,每月编制一张。月终时,结算出汇总转账凭证的合计数,据以登记总分类账。由于汇总转账凭证上的科目对应关系是一个贷方科目与一个或几个借方科目相对应的,因此,为了便于编制汇总转账凭证,要求所有的转账凭证也应按一个贷方科目与一个或几个借方科目的对应关系来填制,不应填制一个借方科目与几个贷方科目相对应的转账凭证。倘若在汇总期内,某一贷方科目的转账凭证较少时,也可不填制汇总转账凭证,而直接根据转账凭证记账。

登记总分类账时,应根据汇总转账凭证的合计数,记入汇总转账凭证所列贷方科目相对应的总分类账户的贷方,并分别记入汇总转账凭证中各借方科目的相应总分类账户的借方。

汇总转账凭证格式如表10.64所示。

表 10.64 汇总转账凭证

贷方科目:原材料　　　　　　　　　　　年　　月

借方科目	金　　额				总账页数	
	1日~10日 凭证第×号— 第×号	11日~20日 凭证第×号— 第×号	21号~30日 凭证第×号— 第×号	合　计	借　方	贷　方
…	…	…	…	…	…	…
合　计						

二、汇总记账凭证账务处理程序的步骤

汇总记账凭证账务处理程序的基本步骤如下(见图10.3):

(1)根据原始凭证编制汇总原始凭证。
(2)根据原始凭证或汇总原始凭证,编制收款凭证、付款凭证和转账凭证。
(3)根据收款凭证、付款凭证逐笔登记现金日记账和银行存款日记账。
(4)根据原始凭证、汇总原始凭证和记账凭证,登记各种明细分类账。
(5)根据各种记账凭证编制有关汇总记账凭证。
(6)根据各种汇总记账凭证登记总分类账。
(7)期末,现金日记账、银行存款日记账和明细分类账的余额同有关总分类账的余额核对相符。
(8)期末,根据总分类账和明细分类账的记录,编制会计报表。

汇总记账凭证账务处理程序如图10.3所示。

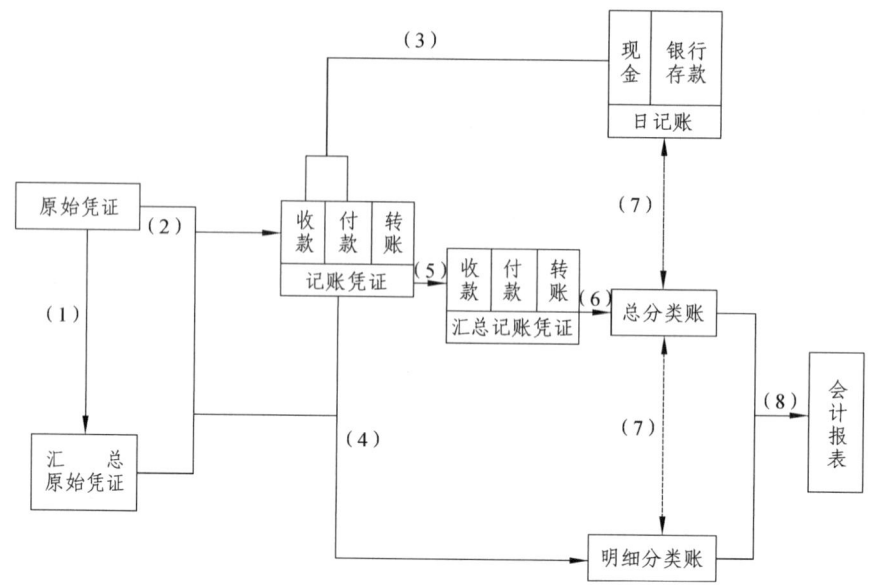

图 10.3 汇总记账凭证账务处理程序

三、汇总记账凭证账务处理程序的特点、优缺点及适用范围

（一）特点

汇总记账凭证账务处理程序的特点主要表现在以下两方面：
（1）定期根据记账凭证分类编制汇总收款凭证、汇总付款凭证和汇总转账凭证；
（2）根据汇总记账凭证登记总分类账。

（二）优缺点及适用范围

汇总记账凭证账务处理程序的优点：根据汇总记账凭证月终一次登记总分类账，可以克服记账凭证账务处理程序登记总分类账工作量过大的缺点，大大减少了登记总分类账的工作量；同时，由于汇总记账凭证是按照会计科目的对应关系进行归类、汇总编制的，在总分类账中也注明了对方科目，因而在汇总记账凭证和总分类账中，可以清晰地反映科目之间的对应关系，便于查对和分析账目，从而克服科目汇总表账务处理程序的缺点。

缺点：编制汇总记账凭证的程序比较繁琐；按每一贷方科目编制汇总转账凭证，不利于会计核算的日常分工；当转账凭证较多时，编制汇总转账凭证的工作量大。

适用范围：这种账务处理程序适用于规模较大、经济业务较多的单位。

本章小结

本章主要介绍了三种会计账务处理程序：记账凭证账务处理程序、科目汇总表账务处理程序、汇总记账凭证账务处理程序。分别介绍了这三种会计账务处理程序的处理过程以及三种会计账务处理程序的优缺点。

本章习题

一、思考题

1. 账务处理程序的种类有哪些？
2. 简述账务处理程序不同方法的相同点与不同点。
3. 简述记账凭证账务处理程序的基本步骤。
4. 简述科目汇总表账务处理程序的主要特点及适用范围。
5. 简述汇总记账凭证账务处理程序的主要特点及适用范围。

二、单项选择题

1. 某工业企业选用记账凭证账务处理程序记账，工作流程涉及如下环节：① 根据原始凭证和原始凭证汇总表填制记账凭证；② 根据原始凭证或原始凭证汇总表、记账凭证登记明细账；③ 根据明细账和总分类账编制会计报表；④ 根据收款凭证、付款凭证登记现金日记账和银行存款日记账；⑤ 根据记账凭证登记总分类账。下列流程中，顺序正确的是（　　）。

  A. 5-3-4-1-2 B. 1-4-2-5-3 C. 1-2-3-4-5 D. 1-5-3-4-2

2. 下列各项中，属于在汇总记账凭证账务处理程序下应设置凭证的是（　　）。

  A. 汇总收款凭证、汇总付款凭证和汇总转账凭证

  B. 总分类账

  C. 收款凭证、付款凭证和转账凭证

  D. 现金和银行存款日记账

3. 某工业企业采用科目汇总表账务处理程序，2018年5月1日至10日有关原材料的业务如下：

（1）以银行存款购进A材料、B材料；

（2）收到抵账A材料；

（3）生产车间领用A材料、B材料；

（4）在建工程领用A材料。

根据以上资料，下列关于登记原材料总账的各项程序中，正确的是（　　）。

  A. 原始凭证—原始凭证汇总表—编制记账凭证—编制汇总转账凭证表—登记原材料总账借方发生额，登记原材料总账贷方发生额

  B. 原始凭证—原始凭证汇总表—编制记账凭证—登记原材料总账借方发生额，登记原材料总账贷方发生额

  C. 原始凭证—原始凭证汇总表—编制记账凭证—编制科目汇总表—登记原材料总账借方发生额，登记原材料总账贷方发生额

  D. 原始凭证—原始凭证汇总表—编制记账凭证—登记原材料总账借方发生额，登记原材料总账贷方发生额—编制汇总原始凭证

4. 汇总收款凭证是根据（　　）汇总编制的。

　　A. 原始凭证　　　　B. 汇总原始凭证　　C. 付款凭证　　　　D. 收款凭证

5. 科目汇总表账务处理程序的缺点主要是不能反映（　　）。

　　A. 账户借方、贷方发生额　　　　　　B. 账户借方、贷方余额

　　C. 账户对应关系　　　　　　　　　　D. 各账户借方、贷方发生额合计

三、多项选择题

1. 下列各项中，属于我国常用账务处理程序的有（　　）。

　　A. 总账账务处理程序

　　B. 汇总记账凭证账务处理程序

　　C. 科目汇总表账务处理程序

　　D. 记账凭证账务处理程序

2. 下列各项中，属于记账凭证账务处理程序的特点的有（　　）。

　　A. 具有试算平衡的作用，有利于保证总账登记的正确性

　　B. 记账程序简单明了、易于理解

　　C. 登记总分类账的工作量小

　　D. 总分类账可以较详细地反映经济业务的发生状况

3. 在汇总记账凭证账务处理程序下，应设置（　　）。

　　A. 收款凭证及付款凭证　　　　　　　B. 汇总收款凭证、汇总付款凭证

　　C. 转账凭证及汇总转账凭证　　　　　D. 现金日记账和银行存款日记账

4. 规模大、经济业务繁杂的单位，一般采用（　　）。

　　A. 记账凭证会计账务处理程序

　　B. 汇总记账凭证会计账务处理程序

　　C. 科目汇总表会计账务处理程序

　　D. 多栏式日记账会计账务处理程序

　　E. 日记总账会计账务处理程序

5. 由于汇总转账凭证是按每一贷方科目设置的，为了便于汇总，编制转账的记账凭证可以是（　　）。

　　A. "一借一贷"的会计分录

　　B. "一贷多借"的会计分录

　　C. "一借多贷"的会计分录

　　D. "多借多贷"的会计分录

6. 下列各项中，属于汇总记账凭证账务处理程序缺点的有（　　）。

　　A. 编制汇总记账凭证的程序比较繁琐

　　B. 总分类账中无法清晰地反映科目之间的对应关系

　　C. 当转账凭证较多时，编制汇总转账凭证的工作量较大

　　D. 登记总分类账的工作量较大

7. 下列表述中，不正确的有（　　）。

　　A. 汇总记账凭证账务处理程序按每一贷方科目编制汇总转账凭证，有利于会计核算

的日常分工

B. 汇总记账凭证账务处理程序在转账凭证较多时，编制汇总转账凭证的工作量较大

C. 科目汇总表账务处理程序可以在总分类账中清晰地反映科目之间的对应关系

D. 记账凭证账务处理程序登记总分类账的工作量较小

四、判断题

1. 科目汇总表账务处理程序的记账凭证必须采用单科目的记账凭证。（   ）
2. 汇总收款凭证是按贷方科目设置，按借方科目归类，定期汇总，按月编制的。（   ）
3. 记账凭证账务处理程序是其他账务处理程序的基础。（   ）
4. 汇总记账凭证必须按月编制，每月填写一次。（   ）
5. 将汇总记账凭证和相应的总分类账结合起来，可以清晰地了解各类经济业务的来龙去脉。（   ）

五、实务题（实训题）

分别到一些企业单位进行实地参观，观察企业单位一般采用哪种会计账务处理程序？比较各种会计账务处理程序的不同之处。假如这些企业单位中已经实现了会计电算化，则这些会计账务处理程序还用吗？为什么？试撰写一份参观体会。

第十一章 会计工作的组织

【学习目标】

通过本章的学习,学生应了解组织会计工作的意义和要求,熟悉会计法规的构成体系,理解会计机构的设置,熟悉会计人员的职责与权限,熟悉会计档案的保管期限与交接工作。

【学习重点及难点】

重点熟悉会计人员的职责和权限及会计职业道德的内容,会计法规的层次,《会计法》和《会计准则》的内容;难点是理解会计法规体系的构成。

【引言】

谁负第一责任

假设某公司法人代表是董事长,但他不负责公司的具体经营管理事务,所有的经营管理都由总经理负责,其中财务会计工作由总会计师负责。一段时期后,该公司向社会披露的财务会计报告,经某会计师事务所查实,有多处造假,严重损害了投资者的权益。那么,是由公司董事长负第一责任,还是由总经理或总会计师负第一责任?

第一节 会计工作组织概述

一、组织会计工作的意义

科学合理地组织和管理好会计工作,是完成会计工作任务的保证。会计工作的组织和管理,包括国家对全国各级经济部门各基层单位会计工作的组织管理,以及各个基层单位内部对于会计工作的组织和管理。会计工作的管理体制总是与经济管理体制相适应的。经济管理体制的变革必然引起会计工作管理体制的变化。根据我国实行社会主义市场经济的要求,《会计法》对我国现阶段的会计工作管理体制做了具体的规定。

《会计法》第三十六条规定:"各单位应当根据会计业务的需要,设置会计机构,或者在有关机构中设置会计人员并制定会计主管人员;不具备设置条件的,应当委托经批准设立从事会计代理记账业务的中介机构进行代理记账。国有的和国有资产占控股地位或者主导地位的大、中型企业必须设置总会计师。"这就从法律上明确了各企业单位的会计机构会计人员的组成，具体组织处理会计工作的职能部门。在设置总会计师的企业单位中，应由总会计师领导本单位的会计工作。

此外，注册会计师制度也是我国会计工作管理体制的重要组成部分。注册会计师是经国家或特定权威机构考试合格并授予证书，接受当事人委托，专门从事审计、验资、会计制度设计、资产评估、破产清算和经济事务咨询等业务。注册会计师是超然独立的专门职业，被称为不拿国家工资的"经济警察"。我国目前规定，外商投资企业、股份制企业等的年度报表必须经注册会计师事务所的注册师审计。各个国家都有地域性和全国性的职业团体，负责制定注册会计师的审计工作规范、职业道德规范、专业技术培训和专业资格考试等。我国的注册会计师协会于1988年成立。

组织会计工作，一般包括以下几项内容：设置会计机构、配备适当的会计人员、制定和执行会计规范、处理会计事项、保管会计档案等工作。科学、合理、有效地组织会计工作，对发挥会计的职能作用具有重要意义。

（一）提高会计工作的质量和效率

会计核算要经过凭证、账簿、财务报告等一系列计算、记录、分类、汇总、分析等手续和处理程序。这些手续和程序之间存在着密切的联系，在任何一道程序中出现差错，都会使最终提供的信息不可靠、不相关，这不但影响内部管理层的决策，也影响外部财务报告使用人的预测和决策。

正确组织会计工作，使会计工作按规范进行，可以减少差错，即使发生差错，也可以及时纠正，以提高会计工作的质量和效率。

（二）为其他经济管理工作奠定基础

会计工作既独立于其他经济管理工作，又同他们存在着十分密切的关系，如与财政、税收、金融、统计、计划工作都有密切联系，它是国民经济工作的基础。因此，正确地组织会计工作，可以使会计工作为其他经济管理工作奠定基础，充分发挥会计工作的作用。

（三）加强内部经济责任制

实行经济责任制是一个单位进行内部管理的有效手段。要有效地实行经济责任制，离不开会计工作，如进行业绩评价、经济决策所依据的信息，主要来自会计。可见，正确组织会计工作，使会计工作提供的信息真实可靠，才能使经济责任得以有效实施，才能更好地发挥会计工作的作用。

二、组织会计工作的要求

组织会计工作的要求指的是组织会计工作必须遵循的一般原则，只有遵循了这些原则，才能使会计工作有效进行，并充分发挥会计工作的作用。

组织会计工作的要求一般有以下两点：

一是既要符合国家对会计工作的统一要求，还要适应各企业单位生产经营和管理的特点。会计是一项微观经济管理活动，各会计主体的经济活动有其自身的特点，这就说明组织会计工作要考虑各会计主体自身经济活动的特点。但是，会计所提供的信息对整个社会经济产生巨大的影响，尤其在市场经济体制下，国家作为宏观经济管理者，对会计信息有一定的要求。所以国家对会计工作组织有一定的统一要求，任何会计必须贯彻执行国家规定的法规和制度，进行会计核算和监督。

具体地说，任一会计主体必须执行会计法、会计准则和会计制度等，但在不违背以上法规、准则和会计制度的前提下，可以适当考虑各个会计主体自身经济活动的特点，可以增减、合并一些会计科目，以满足自身需要。

二是在保证会计工作质量的前提下，讲求工作效率，节约工作时间，杜绝人力、财力和物力的浪费。会计工作要讲求效率，要遵循"效益大于成本"的原则，会计机构的设置和人员的配备，应力求精简、合理、提高工作效率；对会计处理程序和手续的规定，要结合实际情况，避免繁琐。会计工作如果组织得不好，会造成重复劳动，浪费人力和财力。另外，会计工作还要充分吸收最新科技成果，特别是计算机应用技术的最新成果，是会计信息的处理手段跟上信息化社会的要求。这既可以提高会计信息的质量，又可节约时间和人力资本。

三、会计工作组织的形式

会计工作组织形式与单位规模大小、会计机构设置和会计人员的配备有关。在一个企业内部，对各部门发生的经济业务可以分别采用集中核算和非集中核算两种。

（一）集中核算

所谓集中核算是指将整个企业的会计核算工作主要集中在企业财会部门进行的一种会计核算组织形式。实行集中核算形式，只在厂部或总公司或公司一级设置会计机构，进行会计核算。企业内部各职能部门一般不进行单独核算，只对发生的经济业务进行原始记录和填制原始凭证，并经初步整理和汇总送交财务部门，由财会部门审核后填制会计凭证，登记有关总账、明细账和日记账，编制会计报表，进行各有关项目的考核分析。这种形式有利于分工协作、减少核算层次，精简会计人员，提高核算工作效率，也有利于会计电算化工作的展开，但不便于单位内部有关部门及时利用会计核算资料进行考核与分析。因此，集中核算形式适合那些规模小、部门机构设置简单的小企业。

（二）非集中核算

非集中核算又称分散核算，是指将与企业内部各有关部门业务相关的明细分类核算分散在各部门进行的一种核算组织形式。该形式将企业某些业务的凭证整理、明细核算以及与企业内部各部门日常管理需要相适应的内部报表的编制和分析，分散到经济业务发生的各部门进行，但是总分类核算、单位财务报表的填制和分析仍由会计部门集中进行，会计部门还应当对单位内部各部门的会计工作进行业务上的指导和监督。实行非集中核算，有利于单位内部有关部门及时利用核算资料进行考核与分析，但会增加会计人员的数量，对会计部门集中掌握和监督内部各部门的经济业务情况也有一定的影响。因此，非集中核算方式适合于层次分明的大中型企业，以及内部实行承包责任制的企业。

第二节 会计法规体系

会计法规体系是规范会计工作的依据和标准，它是组织会计工作必须遵循的法律和行政法规，以及协调、统一处理会计过程中对不同处理方法做出合理选择的假设、原则、制度等的综合，是会计行为的标准。不同的国家有不同的会计法律体系，我国的会计法律体系由会计法、会计准则和会计制度构成。

一、会计法

如前所述，在我国的会计法律体系中，处于第一层次的是会计法。

会计法律关系是指会计主体在按照会计法律进行核算和财务管理时所形成的权利和义务关系。会计法律关系是由会计法律确认和调整的由会计行为所产生社会联系，这种联系受国家强制力保障。

我国目前实施的《会计法》最早于1985年1月由第六届全国人民代表大会常务委员会通过，于1993年12月进行修订；随着我国市场经济的发展该法在1999年10月再次修订通过，并与2000年7月1日起施行。现行会计法共有七章五十二条，其中包括了总则、会计核算，公司、企业会计核算的特别规定，会计监督，会计机构与会计人员，法律责任和附则等内容。《会计法》是规范我国企业会计活动的基本会计法律。

二、会计准则

会计准则是从技术角度对会计事务的处理提出的原则要求。

会计准则应符合两个基本特征：第一，它对企业会计工作的约束是缩小会计惯例中的差别和变异的范围，而不是只允许一种解决方案；第二，要由一定的权威机构来颁布或制定，这种权威性既指业务上的，亦指法律上的。

为了适应社会主义市场经济的发展和对外开放的需要，1992年11月，经国务院批准，财政部制定和颁发的我国历史上第一部《企业会计准则》，于1993年7月1日起施行。此后又进一步制定了多项具体的会计准则。总的看来，我国的会计准则体系包含了基本准则和具体准则两大层次。

(一) 基本准则

为了进一步规范企业会计确认、计量和报告行为，保证会计信息质量，2006年2月财政部对原有的《企业会计准则——基本准则》进行了修订和补充。

基本准则在整个企业会计准则体系中起着驾驭作用，包括财务报告目标、会计基本假设、会计信息质量要求、会计要素的定义及其确认、计量原则、财务报告等在内的基本问题，是会计准则制定的出发点，是制定具体准则的基础。基本准则在会计准则体系中具有重要地位，主要表现为两个方面：

一是驾驭具体准则的制定。随着我国经济迅速发展，会计实务问题层出不穷，会计准则需要规范的内容日益增多，体系日趋庞杂。在这样的背景下，为了确保各项准则的制定建立在统一的理念基础之上，基本准则就需要在其中发挥核心作用。我国基本准则规范了会计确认、计量和报告等一般要求，是准则的准则。它对各具体准则的制定起着驾驭作用，可确保各具体准则的内部一致性。

二是为会计实务中出现的、具体准则尚未规范的新问题提供会计处理依据。在会计实务中，由于经济交易事项的不断发展、创新，具体准则的制定有时会出现滞后的情况，一些新的交易或事项在具体准则中尚未规范但又亟须处理。这时，企业不仅应当对这些新的交易或事项及时进行会计处理，而且在处理时应当严格遵循基本准则的要求，尤其是基本准则关于会计要素的定义及其确认与计量等方面的规定。因此，基本准则不仅扮演着具体准则制定依据的角色，也为会计实务中出现的、具体准则尚未做出规范的新问题提供了会计处理依据，从而确保了企业会计准则体系对所有会计实务问题的规范作用。

(二) 具体准则

具体会计准则是根据基本准则，用以具体规定各项会计要素确认、计量和报告的原则，并对交易和事项的会计处理程序做出具体规定，是对基本准则的进一步细化。为了适应我国市场经济的发展，满足经济全球化过程中商业信息交流的需要，2007年我国财政部颁布施行了38项具体企业会计准则。

三、企业会计制度

会计制度是各种处理会计事务的规则、程序和方法的统称，也是企业进行会计确认、计量和报告的重要规范。一般而言，会计制度包含了两层含义，其一是指宏观范围所应用的会计制度；其二是指具体企业所应用的会计制度。我国现行的《企业会计制度》由财政部于2000年12月制定并颁布，主要包含了以下几方面的内容：

（1）对企业会计制度原则的规定，包括企业会计制度的制定依据、实施范围、会计基本前提、会计信息质量要求、会计要素、主要经济事项的确认等。

（2）对会计核算的具体规定，包括会计科目的设置和使用说明、财务报表的格式和编制说明、会计核算方法的具体说明等。

（3）附录，主要是会计事项的分录举例和其他相关会计法规的介绍等。

第三节　会计机构和会计人员

一、会计机构

会计机构是指组织领导和直接从事会计工作的职能部门。建立和健全会计机构，是发挥会计职能、完成会计任务、加强会计工作和保证会计工作顺利进行的重要条件。

由于会计工作和财务工作都是综合性的经济管理工作，并且在过去的经济体制下，财务起到的作用较小，所以可以把两者合并到一起，设置一个财务会计机构，统一办理财务和会计工作。但随着市场经济体制的建立，财务工作在企业中起着越来越重要的作用。西方国家把会计与财务作为两个领域的工作来处理，某些方面值得我们借鉴。我国的企业会计工作，受财政部门和企业主管部门的双重领导。

国家财政部设置的会计司，是全国会计的最高管理机构，主管全国的会计工作。各省、自治区、直辖市和大中城市的财政厅，根据工作需要，设置财务会计处、科，作为本地区会计的最高机构，主管本地区的会计工作。中央各大部委、专业公司以及各级企业管理部门一般都设置财务会计司、局、处、科，负责组织、管理本系统的财务会计工作。以上这些财务会计机构要负责组织、领导和监督所属单位的会计工作。

基层企业一般都设置财务会计处、科、组，在厂长、经理或总会计师的领导下，负责办理全企业的财务会计工作，履行经济管理职能，努力提高经济效益。任何相对独立的企业、事业行政单位都必须根据国家规定设置专门的会计机构，并配备具有较高思想素质和业务水平的专职人员，进行会计工作。

此外，在会计这一职能内部，一般需要按照会计工作内容的繁简和会计人员配备的多寡，进行合理的分工。规模较大的工业企业可以在各车间设置财务会计机构，大型商业企业可以按商品部设置财务会计机构，负责该部门的财务会计工作。

二、会计人员

设置了会计机构，就需要配备相应的会计人员。会计人员是从事会计工作，处理会计业务，完成会计任务的人员。任何企业、事业单位都应根据实际需要配备具有一定专业技术水平的会计人员，并赋予必要的工作职权。

（一）会计人员的职责

1. 会计核算

按照会计法律法规，做好记账、算账、报账工作。做到手续完备、内容真实、数字确凿、账目清楚、账实相符、日清月结，按其编制会计报告，为企业经营决策提供可靠的会计信息。这是会计人员最基本的职责。

2. 会计监督

会计人员必须通过日常会计工作对经济活动的合法性、合理性进行监督。对于违反现金管理条例和费用开支标准的，会计人员有权拒绝受理，并向本单位领导报告，提请处理；对于弄虚作假、营私舞弊、欺骗上级等违法乱纪行为应及时制止、反映和揭露。会计人员还要对本单位的预算或财务计划的执行进行监督，以促使企业提高经济效益。

（二）会计人员的权限

为了保障会计人员能够顺利的履行自己的职责，国家赋予会计人员必要的工作权限，主要如下：

（1）会计人员有权要求本单位有关部门认真执行国家批准的计划、预算，遵守国家的财经纪律和财务会计方面的法律、政策。如有违反，会计人员有权拒绝付款、报销和拒绝执行，并向单位领导人报告。对弄虚作假、营私舞弊、欺骗上级等违法乱纪行为，会计人员必须坚决拒绝执行，并向本单位领导人或上级机关、财政部门报告。

（2）会计人员有权参与本单位编制计划，制定定额，签订经济合同，参加有关的生产、经营管理会议，有权要求本单位有关部门、人员提供与财务会计工作有关的情况和资料。

（3）会计人员有权监督、检查本单位有关部门的财务收支、财产保管、收发、计量、检验等情况，有关部门要如实反映情况。

为了保障会计人员正确行使工作权限，国务院在《会计人员职权条例》中明确规定："各级领导和有关人员要支持会计人员行使工作权限。本单位领导人、上级机关和财政部门对会计人员反映有关损害国家利益、违反财经纪律等问题，要认真地、及时地进行处理。如果反映的情况属实，不及时采取措施加以纠正，由领导人和上级机关负责。如果有人对会计人员坚持原则、反映情况进行刁难、阻击或打击报复，上级机关要查明情况，严肃处理；情节严重的，要给以党纪国法制裁。"这一规定，就是从法律上保护并鼓励会计人员为维护国家利益而坚持原则，履行自己的职责。

第四节 会计档案

我国《会计法》规定："各单位对会计凭证、会计账簿、财务会计报告和其他会计资料应建立档案，妥善保管。会计档案的保管期限和销毁办法，由国务院财政部门会同有关部门制定。"国务院财政部和档案局联合制定《会计档案管理办法》，对会计档案的管理作了规定。

一、会计档案的含义

会计档案是指经过归档的会计凭证、会计账簿和财务会计报告等会计核算专业材料，它是记录和反映经济业务的重要史料和证据。会计档案一般包括会计凭证、会计账簿、会计报表以及其他会计核算资料等四个部分。各单位必须做好会计档案管理工作，建立会计档案的立卷、归档、保管、交接和销毁等管理制度，保证会计档案妥善保管、存放有序、查阅方便、严防损毁、散失和涉密。

会计档案是国家档案的重要组成部分，也是各单位的重要档案，它是一个单位经济活动的记录和反映。利用会计档案，可以知晓每项经济业务的来龙去脉；可以检查一个单位是否遵守财经法规，在财务会计资料中有无违法乱纪、弄虚作假等行为；会计档案还可以为国家、单位提供详尽的经济资料，为国家制定宏观经济政策及单位制定经营决策提供参考。

二、会计档案的管理

各企业、事业和行政单位必须加强对会计档案管理工作的领导，建立和健全会计档案的立卷、归档、保管、调阅、交接、保管期限和销毁等管理制度。

（一）立卷

各单位每年形成的会计档案，应当由会计机构按照要求，负责整理立卷，装订成册，并加具封面、编号，编制会计档案保管清册。

（二）归档

当年形成的会计档案，在会计年度终了后，可暂由本单位财务会计部门保管一年，期满之后，应当由财务会计部门编制移交清册，移交本单位档案机构统一保管；未设立档案机构的单位，应当在财务会计部门内部指定专人保管。出纳人员不得兼管会计档案。

（三）保管

各单位对会计档案必须做到科学管理，保证妥善保存、有序存放、便于查找，严防毁损、散失和泄密。

（四）调阅

各单位保管的会计档案，本单位和外单位都可以利用。当外单位调阅会计档案时，须经财务负责人或单位领导批准后，方可办理调阅手续。借阅会计档案的人员，不得在案卷中标画，不得拆散原卷册，更不得抽换；借阅会计档案人员，不得将会计档案携带出外，特殊情况，须经单位领导批准；需要复制会计档案的，须经财务负责人或单位领导批准后方可复制。

（五）交接

合并、撤销单位的财务会计档案，应当随同单位的其他档案移交给指定单位，并按规定办理好交接手续。移交单位应当编制会计档案移交清册，列明应移交的会计档案名称、卷号、册数、起止年度和档案编号、保管期限等内容。交接会计档案时，交接双方应当按照会计档案移交清册所列内容逐项交接，并由交接双方的单位负责人监督并签名盖章。

（六）保管期限

根据会计档案的特点，其期限分为定期和永久两种。会计档案管理制度规定：① 会计凭证保管 15 年；② 会计账簿保存 15 年，其中现金和银行存款日记账保存 25 年。③ 会计报表保存 10 年，其中年度决算表永久保存。④ 发货票保管 5 年。

（七）销毁

经过鉴定后，确认失去了保存价值的会计档案，应编制会计档案销毁清册，列明销毁会计档案的名称、卷号等内容，由本单位档案部门会同会计部门提出销毁意见，单位负责人签署意见，才能销毁。销毁会计档案时，应当由档案部门和会计部门共同监销，国家机关销毁会计档案时，应当由同级财政部门、审计部门派员参加监销。

本章小结

本章主要讲述会计工作的组织、会计档案的管理等问题。会计工作的组织包括会计制度的制定、会计机构的设置和会计人员的配备，三者之间相互联系和制约。组织好会计工作，为企业提供真实可靠的信息，从而保证其他经济管理活动的有效开展，保证企业内部管理的有效实施。会计机构是组织领导和直接从事会计工作的职能部门。会计工作分为集中核算和非集中核算两种组织形式，并按会计岗位责任制进行规范管理，同时对会计人员的职责和权限做了明确规定。

国家对会计档案的管理有明确规定，会计档案的管理包括立卷、归档、保管、调阅和销毁等，要求各单位管理好、用好会计档案。

本章习题

一、思考题

1. 科学合理地组织会计工作的意义和要求是什么？
2. 会计工作规范体系包括哪些内容？
3. 会计法规对会计机构的设置有何规定？会计机构的主要任务是什么？
4. 我国对会计档案管理有哪些主要规定？
5. 什么是集中核算？什么是非集中核算？
6. 会计人员的职责和权限有哪些？
7. 会计档案调阅有哪些要求？

二、单项选择题

1. 会计法规包括（　　）。
   A. 会计法、会计制度、会计准则
   B. 会计法、会计准则、会计制度和有关其他法规
   C. 会计法、会计制度、会计准则和公司法
   D. 会计法、会计准则、会计制度和税法

2. 企业财务机构的具体名称一般视（　　）而定。
   A. 企业的行业特性　　　　　　　B. 企业的规模大小
   C. 企业的组织形式　　　　　　　D. 企业对财会工作的重视程度

3. 现行制度规定，应永久保存的会计档案是（　　）。
   A. 年度会计报表　　　　　　　　B. 季度、月度会计报表
   C. 会计凭证　　　　　　　　　　D. 会计账簿

4. 采用集中核算，整个企业的会计工作主要集中在（　　）进行。
   A. 企业的会计部门　　　　　　　B. 企业内部的各职能部门
   C. 上级主管部门　　　　　　　　D. 会计师事务所

5. 企业单位记账凭证和汇总凭证的保管年限是（　　）。
   A. 3 年　　　　　　　　　　　　B. 5 年
   C. 15 年　　　　　　　　　　　 D. 永久

6. 企业单位现金日记账和银行存款日记账的保管期限是（　　）。
   A. 3 年　　　　　　　　　　　　B. 5 年
   C. 15 年　　　　　　　　　　　 D. 25 年

7. 会计工作组织形式一般分为（　　）。
   A. 集中核算和分散核算　　　　　B. 永续盘存制和实地盘存制
   C. 应计制和现金制　　　　　　　D. 确认、计量、记录和报告

8. 会计人员对不真实、不合法的原始凭证，应该（　　）。
   A. 代为更改　　　　　　　　　　B. 先办理后更改
   C. 不予受理　　　　　　　　　　D. 向上级反映情况

9. 在不违反内部牵制制度的前提下，出纳员可以监管（　　）。
   A. 总账的登记工作　　　　　　　B. 会计档案的保管工作
   C. 固定资产卡片的登记工作　　　D. 明细账的登记工作

10. 各个企业和行政、事业单位原则上都要（　　）。
    A. 配备专职的会计人员　　　　　B. 单独设置会计机构
    C. 与其他机构合并设置会计机构　D. 指定专人办理会计工作

三、多项选择题

1. 会计工作组织的内容包括（　　）。
   A. 会计机构的设置　　　　　　　B. 会计人员的配备
   C. 会计规范的制定与执行　　　　D. 会计档案的保管

2. 会计法规定会计人员的主要职责是（　　）。

A. 进行会计核算　　　　　　　B. 会计监督
  C. 经营决策　　　　　　　　　D. 保管会计资料
3. 下列属于会计人员的违法行为的有（　　）。
  A. 伪造、变造、变质虚假会计资料
  B. 隐匿或故意销毁依法应当保存的会计资料
  C. 不依法进行会计管理、核算和监督
  D. 随意丢失会计档案
4. 会计法规包括（　　）。
  A. 会计法　　　　　　　　　　B. 会计准则
  C. 会计制度　　　　　　　　　D. 其他有关法规
5. 根据《会计法》的规定，出纳人员不得兼管（　　）。
  A. 稽核　　　　　　　　　　　B. 备查簿的登记
  C. 会计档案的保管　　　　　　D. 债权债务账目的登记

四、判断题

1. 企业会计工作的组织形式是统一领导、分级管理。（　　）
2. 我国的会计法规制度体系由会计法、会计准则、企业财务通则构成。（　　）
3. 实际工作中，企业可以对某些业务采用集中核算，而对另外的业务采用非集中核算。（　　）
4. 对于不同的单位，在组织会计工作时，不需要严格贯彻国家的统一要求，只需要根据各单位经济活动的不同情况和经济管理的不同需求，做不同的具体安排。（　　）
5. 各单位应根据会计业务的需要设置会计机构，配备专职会计人员。（　　）
6. 会计档案的立卷、归档、调阅、保管、交接必须按照统一的会计档案管理制度执行。（　　）
7. 记账凭证的保管期限是 20 年。（　　）
8. 出纳人员不得兼管会计档案。（　　）
9. 会计人员岗位只能一人一岗，不可以一人多岗。（　　）
10. 保管期满的会计凭证均可以销毁。（　　）

附录 A

表 1　会计科目表

顺序号	编号	会计科目名称	会计科目名称适用范围
一、资产类			
1	1001	库存现金	
2	1002	银行存款	
3	1003	存放中央银行款项	银行专用
4	1011	存放同业	银行专用
5	1015	其他货币基金	
6	1021	结算备付金	证券专用
7	1031	存出保证金	金融共用
8	1051	拆出资金	金融共用
9	1101	交易性金融资产	
10	1111	买入返售金融资产	金融共用
11	1121	应收票据	
12	1122	应收账款	
13	1123	预付账款	
14	1131	应收股利	
15	1132	应收利息	
16	1211	应收保护储金	保险专用
17	1221	应收代位追偿款	保险专用
18	1222	应收分保账款	保险专用
19	1223	应收分保未到期责任准备金	保险专用
20	1224	应收分保保险责任准备金	保险专用
21	1231	其他应收款	
22	1241	坏账准备	
23	1251	贴现资产	银行专用
24	1301	贷款	银行和保险共用
25	1302	贷款损失准备	银行和保险共用
26	1311	代理兑付证券	银行和保险共用
27	1321	代理业务资产	

续表 1

顺序号	编号	会计科目名称	会计科目名称适用范围
28	1401	材料采购	
29	1402	在途物资	
30	1403	原材料	
31	1404	材料成本差异	
32	1406	库存商品	
33	1407	发出商品	
34	1410	商品进销差价	
35	1411	委托加工物资	
36	1412	包装物及低值易耗品	
37	1421	消耗性生物资产	农业专用
38	1431	周转材料	建造承包商专用
39	1441	贵金属	银行专用
40	1442	抵债资产	金融共用
41	1451	损余物资	保险专用
42	1461	存货跌价准备	
43	1501	待摊费用	
44	1511	独立账户资产	保险专用
45	1521	持有至到期投资	
46	1522	持有至到期投资减值准备	
47	1523	可供出售金融资产	
48	1524	长期股权投资	
49	1525	长期股权投资减值准备	
50	1526	投资性房地产	
51	1531	长期应收款	
52	1541	未实现融资收益	
53	1551	存出资本保证金	保险专用
54	1601	固定资产	
55	1602	累计折旧	
56	1603	固定资产减值准备	
57	1604	在建工程	
58	1605	工程物资	
59	1606	固定资产清理	
60	1611	融资租赁资产	租赁专用

续表 1

顺序号	编号	会计科目名称	会计科目名称适用范围
61	1612	未担保余值	租赁专用
62	1621	生产性生物资产	农业专用
63	1622	生产性生物资产累计折旧	农业专用
64	1623	公益性生物资产	农业专用
65	1631	油气资产	石油天然气开采专用
66	1632	累计折耗	石油天然气开采专用
67	1701	无形资产	
68	1702	累计摊销	
69	1703	无形资产减值准备	
70	1711	商誉	
71	1801	长期待摊费用	
72	1811	递延所得资产	
73	1901	待处理财产损溢	
		二、负债类	
74	2001	短期借款	
75	2002	存入保证金	金融共用
76	2003	拆入资金	金融共用
77	2004	向中央银行借款	银行专用
78	2011	同业存放	银行专用
79	2012	吸收存款	银行专用
80	2021	贴现负债	银行专用
81	2101	交易性金融负债	
82	2111	专出回购金融资产款	金融共用
83	2201	应付票据	
84	2202	应付账款	
85	2205	预收账款	
86	2211	应付职工薪酬	
87	2221	应交税费	
88	2231	应付股利	
89	2232	应付利息	
90	2241	其他应付款	
91	2251	应付保户红利	保险专用

续表 1

顺序号	编号	会计科目名称	会计科目名称适用范围
92	2261	应付分保账款	保险专用
93	2311	代理买卖证券款	证券专用
94	2312	代理承销证券款	证券和银行共用
95	2313	代理兑付证券款	证券和银行共用
96	2314	代理业务负债	
97	2401	预提费用	
98	2411	预计负债	
99	2501	递延收益	
100	2601	长期借款	
101	2602	长期债券	
102	2701	未到期责任准备金	保险专用
103	2702	保险责任准备金	保险专用
104	2711	保户储金	保险专用
105	2721	独立账户负债	保险专用
106	2801	长期应付款	
107	2802	未确认融资费用	
108	2811	专项应付款	
109	2901	递延所得税负债	
		三、共同类	
110	3001	清算资金往来	银行专用
111	3002	外汇买卖	金融共用
112	3101	衍生工具	
113	3201	套期工具	
114	3202	被套期项目	
		四、所有者权益类	
115	4001	实收资本	
116	4002	资本公积	
117	4101	盈余公积	
118	4102	一般风险准备	金融共用
119	4103	本年利润	
120	4104	利润分配	

续表 1

顺序号	编号	会计科目名称	会计科目适用范围
121	4201	库存股	
五、成本类			
122	500	生产成本	
123	5101	制造费用	
124	5201	劳务成本	
125	5301	研发支出	
126	5401	工程施工	建造承包商专用
127	5402	工程结算	建造承包商专用
128	5403	机械作业	建造承包商专用
六、损益类			
129	6001	主营业务收入	
130	6011	利息收入	金融共用
131	6021	手续费收入	金融共用
132	6031	保费收入	保险专用
133	6032	分保费收入	保险专用
135	6041	租赁收入	租赁专用
135	6051	其他业务收入	
136	6061	汇兑损益	金融专用
137	6101	公允价值变动损益	
138	6111	投资收益	
139	6201	摊回保险责任准备金	保险专用
140	6202	摊回赔付支出	保险专用
141	6203	摊回分保费用	保险专用
142	6301	营业外收入	
143	6401	主营业务成本	
144	6402	其他业务支出	
145	6405	税金及附加	
146	6411	利息支出	金融共用
147	6421	手续费支出	金融共用
148	6501	提取未到期责任准备金	保险专用
149	6502	提取保险责任准备金	保险专用

续表 1

顺序号	编号	会计科目名称	会计科目适用范围
150	6511	赔付支出	保险专用
151	6521	保户红利支出	保险专用
152	6531	退保金	保险专用
153	6541	分出保费	保险专用
154	6542	分保费用	
155	6601	销售费用	
156	6602	管理费用	
157	6603	财务费用	
158	6604	勘探费用	
159	6701	资产减值损失	
160	6711	营业外支出	
161	6801	所得税	
162	6901	以前年度损益调整	

附录 B

会计基础工作规范

第一章 总 则

第一条 为了加强会计基础工作,建立规范的会计工作秩序,提高会计工作水平,根据《中华人民共和国会计法》的有关规定,制定本规范。

第二条 国家机关、社会团体、企业、事业单位、个体工商户和其他组织的会计基础工作,应当符合本规范的规定。

第三条 各单位应当依据有关法律、法规和本规范的规定,加强会计基础工作,严格执行会计法规制度,保证会计工作依法有序地进行。

第四条 单位领导人对本单位的会计基础工作负有领导责任。

第五条 各省、自治区、直辖市财政厅(局)要加强对会计基础工作的管理和指导,通过政策引导、经验交流、监督检查等措施,促进基层单位加强会计基础工作,不断提高会计工作水平。

国务院各业务主管部门根据职责权限管理本部门的会计基础工作。

第二章 会计机构和会计人员

第一节 会计机构设置和会计人员配备

第六条 各单位应当根据会计业务的需要设置会计机构;不具备单独设置会计机构条件的,应当在有关机构中配人员。

事业行政单位会计机构的设置和会计人员的配备,应当符合国家统一事业行政单位会计制度的规定。

设置会计机构,应当配备会计机构负责人;在有关机构中配备专职会计人员,应当在专职会计人员中指定会计主管人员。

会计机构负责人、会计主管人员的任免,应当符合《中华人民共和国会计法》和有关法律的规定。

第七条 会计机构负责人、会计主管人员应当具备下列基本条件:

(一)坚持原则,廉洁奉公;

(二)具有会计专业技术资格;

(三)主管一个单位或者单位内一个重要方面的财务会计工作时间不少于 2 年;

(四)熟悉国家财经法律、法规、规章和方针、政策,掌握本行业业务管理的有关知识;

（五）有较强的组织能力；

（六）身体状况能够适应本职工作的要求。

第八条 没有设置会计机构和配备会计人员的单位，应当根据《代理记账管理暂行办法》委托会计师事务所或者持有代理记账许可证书的其他代理记账机构进行代理记账。

第九条 大、中型企业、事业单位、业务主管部门应当根据法律和国家有关规定设置总会计师。总会计师由具有会计师以上专业技术资格的人员担任。

总会计师行使《总会计师条例》规定的职责、权限。

总会计师的任命（聘任）、免职（解聘）依照《总会计师条例》和有关法律的规定办理。

第十条 各单位应当根据会计业务需要配备持有会计证的会计人员。未取得会计证的人员，不得从事会计工作。

第十一条 各单位应当根据会计业务需要设置会计工作岗位。

会计工作岗位一般可分为：会计机构负责人或者会计主管人员，出纳，财产物资核算，工资核算，成本费用核算；财务成果核算，资金核算，往来结算，总账报表，稽核，档案管理等。开展会计电算化和管理会计的单位，可以根据需要设置相应工作岗位，也可以与其他工作岗位相结合。

第十二条 会计工作岗位，可以一人一岗、一人多岗或者一岗多人。但出纳人员不得兼管稽核、会计档案保管和收入、费用、债权债务账目的登记工作。

第十三条 会计人员的工作岗位应当有计划地进行轮换。

第十四条 会计人员应当具备必要的专业知识和专业技能，熟悉国家有关法律、法规，规章和国家统一会计制度，遵守职业道德。

会计人员应当按照国家有关规定参加会计业务的培训。各单位应当合理安排会计人员的培训，保证会计人员每年有一定时间用于学习和参加培训。

第十五条 各单位领导人应当支持会计机构、会计人员依法行使职权；对忠于职守，坚持原则，做出显著成绩的会计机构、会计人员，应当给予精神的和物质的奖励。

第十六条 国家机关、国有企业、事业单位任用会计人员应当实行回避制度。

单位领导人的直系亲属不得担任本单位的会计机构负责人、会计主管人员。会计机构负责人，会计主管人员的直系亲属不得在本单位会计机构中担任出纳工作。

需要回避的直系亲属为：夫妻关系、直系血亲关系、三代以内旁系血亲以及配偶亲关系。

第二节 会计人员职业道德

第十七条 会计人员在会计工作中应当遵守职业道德，树立良好的职业品质、严谨的工作作风，严守工作纪律，努力提高工作效率和工作质量。

第十八条 会计人员应当热爱本职工作，努力钻研业务，使自己的知识和技能适应所从事工作的要求。

第十九条 会计人员应当熟悉财经法律、法规、规章和国家统一会计制度，并结合会计工作进行广泛宣传。

第二十条 会计人员应当按照会计法律、法规和国家统一会计制度规定的程序和要求进行会计工作，保证所提供的会计信息合法、真实、准确、及时、完整。

第二十一条 会计人员办理会计事务应当实事求是、客观公正。

第二十二条 会计人员应当熟悉本单位的生产经营和业务管理情况，运用掌握的会计信息和会计方法，为改善单位内部管理、提高经济效益服务。

第二十三条 会计人员应当保守本单位的商业秘密。除法律规定和单位领导人同意外，不能私自向外界提供或者泄露单位的会计信息。

第二十四条 财政部门、业务主管部门和各单位应当定期检查会计人员遵守职业道德的情况，并作为会计人员晋升、晋级、聘任专业职务、表彰奖励的重要考核依据。

会计人员违反职业道德的，由所在单位进行处罚；情节严重的，由会计证发证机关吊销其会计证。

第三节 会计工作交接

第二十五条 会计人员工作调动或者因故离职，必须将本人所经管的会计工作全部移交给接替人员。没有办清交接手续的，不得调动或者离职。

第二十六条 接替人员应当认真接管移交工作，并继续办理移交的未了事项。

第二十七条 会计人员办理移交手续前，必须及时做好以下工作：

（一）已经受理的经济业务尚未填制会计凭证的，应当填制完毕。

（二）尚未登记的账目，应当登记完毕，并在最后一笔余额后加盖经办人员印章。

（三）整理应该移交的各项资料，对未了事项写出书面材料。

（四）编制移交清册，列明应当移交的会计凭证、会计账簿、会计报表、印章、现金、有价证券、支票簿、发票、文件、其他会计资料和物品等内容；实行会计电算化的单位，从事该项工作的移交人员还应当在移交清册中列明会计软件及密码、会计软件数据磁盘（磁带等）及有关资料、实物等内容。

第二十八条 会计人员办理交接手续，必须有监交人负责监交。一般会计人员交接，由单位会计机构负责人、会计主管人员负责监交；会计机构负责人、会计主管人员交接，由单位领导人负责监交，必要时可由上级主管部门派人会同监交。

第二十九条 移交人员在办理移交时，要按移交清册逐项移交；接替人员要逐项核对点收。

（一）现金、有价证券要根据会计账簿有关记录进行点交。库存现金、有价证券必须与会计账簿记录保持一致。不一致时，移交人员必须限期查清。

（二）会计凭证、会计账簿、会计报表和其他会计资料必须完整无缺。如有短缺，必须查清原因，并在移交清册中注明，由移交人员负责。

（三）银行存款账户余额要与银行对账单核对，如不一致，应当编制银行存款余额调节表调节相符，各种财产物资和债权债务的明细账户余额要与总账有关账户余额核对相符；必要时，要抽查个别账户的余额，与实物核对相符，或者与往来单位、个人核对清楚。

（四）移交人员经管的票据、印章和其他实物等，必须交接清楚；移交人员从事会计电算化工作的，要对有关电子数据在实际操作状态下进行交接。

第三十条 会计机构负责人、会计主管人员移交时，还必须将全部财务会计工作、重大财务收支和会计人员的情况等，向接替人员详细介绍。对需要移交的遗留问题，应当写出书面材料。

第三十一条 交接完毕后，交接双方和监交人员要在移交注册上签名或者盖章，并应在移交注册上注明：单位名称，交接日期，交接双方和监交人员的职务、姓名，移交清册页数以及需要说明的问题和意见等。

移交清册一般应当填制一式三份，交接双方各执一份，存档一份。

第三十二条 接替人员应当继续使用移交的会计账簿，不得自行另立新账，以保持会计记录的连续性。

第三十三条 会计人员临时离职或者因病不能工作且需要接替或者代理的，会计机构负责人、会计主管人员或者单位领导人必须指定有关人员接替或者代理，并办理交接手续。

临时离职或者因病不能工作的会计人员恢复工作的，应当与接替或者代理人员办理交接手续。

移交人员因病或者其他特殊原因不能亲自办理移交的，经单位领导人批准，可由移交人员委托他人代办移交，但委托人应当承担本规范第三十五条规定的责任。

第三十四条 单位撤销时，必须留有必要的会计人员，会同有关人员办理清理工作，编制决算。未移交前，不得离职。接收单位和移交日期由主管部门确定。

单位合并、分立的，其会计工作交接手续比照上述有关规定办理。

第三十五条 移交人员对所移交的会计凭证、会计账簿、会计报表和其他有关资料的合法性、真实性承担法律责任。

第三章 会计核算

第一节 会计核算一般要求

第三十六条 各单位应当按照《中华人民共和国会计法》和国家统一会计制度的规定建立会计账册，进行会计核算，及时提供合法、真实、准确、完整的会计信息。

第三十七条 各单位发生的下列事项，应当及时办理会计手续、进行会计核算：

（一）款项和有价证券的收付；

（二）财物的收发、增减和使用；

（三）债权债务的发生和结算；

（四）资本、基金的增减；

（五）收入、支出、费用、成本的计算；

（六）财务成果的计算和处理；

（七）其他需要办理会计手续、进行会计核算的事项。

第三十八条 各单位的会计核算应当以实际发生的经济业务为依据，按照规定的会计处理方法进行，保证会计指标的口径一致、相互可比和会计处理方法的前后各期相一致。

第三十九条 会计年度自公历1月1日起至12月31日止。

第四十条 会计核算以人民币为记账本位币。

收支业务以外国货币为主的单位，也可以选定某种外国货币作为记账本位市，但是编制的会计报表应当折算为人民币反映。

境外单位向国内有关部门编报的会计报表，应当折算为人民币反映。

第四十一条　各单位根据国家统一会计制度的要求，在不影响会计核算要求、会计报表指标汇总和对外统一会计报表的前提下，可以根据实际情况自行设置和使用会计科目。

事业行政单位会计科目的设置和使用，应当符合国家统一事业行政单位会计制度的规定。

第四十二条　会计凭证、会计账簿、会计报表和其他会计资料的内容和要求必须符合国家统一会计制度的规定，不得伪造、变造会计凭证和会计账簿，不得设置账外账，不得报送虚假会计报表。

第四十三条　各单位对外报送的会计报表格式由财政部统一规定。

第四十四条　实行会计电算化的单位，对使用的会计软件及其生成的会计凭证、会计账簿。会计报表和其他会计资料的要求，应当符合财政部关于会计电算化的有关规定。

第四十五条　各单位的会计凭证、会计账簿、会计报表和其他会计资料，应当建立档案，妥善保管。会计档案建档要求、保管期限、销毁办法等依据《会计档案管理办法》的规定进行。

实行会计电算化的单位，有关电子数据、会计软件资料等应当作为会计档案进行管理。

第四十六条　会计记录的文字应当使用中文，少数民族自治地区可以同时使用少数民族文字。中国境内的外商投资企业、外国企业和其他外国经济组织也可以同时使用某种外国文字。

第二节　填制会计凭证

第四十七条　各单位办理本规范第三十七条规定的事项，必须取得或者填制原始凭证，并及时送交会计机构。

第四十八条　原始凭证的基本要求是：

（一）原始凭证的内容必须具备：凭证的名称；填制凭证的日期；填制凭证单位名称或者填制人姓名；经办人员的签名或者盖章；接受凭证单位名称；经济业务内容；数量、单价和金额。

（二）从外单位取得的原始凭证，必须盖有填制单位的公章；从个人取得的原始凭证，必须有填制人员的签名或者盖章。自制原始凭证必须有经办单位领导人或者其指定的人员签名或者盖章。对外开出的原始凭证，必须加盖本单位公章。

（三）凡填有大写和小写金额的原始凭证，大写与小写金额必须相符。购买实物的原始凭证，必须有验收证明。支付款项的原始凭证。必须有收款单位和收款人的收款证明。

（四）一式几联的原始凭证，应当注明各联的用途，只能以一联作为报销凭证。

一式几联的发票和收据，必须用双面复写纸（发票和收据本身具备复写纸功能的除外）套写，并连续编号。作废时应当加盖"作废"戳记，连同存根一起保存，不得撕毁。

（五）发生销货退回的，除填制退货发票外，还必须有退货验收证明；退款时，必须取得对方的收款收据或者汇款银行的凭证，不得以退货发票代替收据。

（六）职工公出借款凭据，必须附在记账凭证之后。收回借款时，应当另开收据或者退还借据副本，不得退还原借款收据。

（七）经上级有关部门批准的经济业务，应当将批准文件作为原始凭证附件；如果批准文件需要单独归档的，应当在凭证上注明批准机关名称、日期和文件字号。

第四十九条　原始凭证不得涂改、挖补。发现原始凭证有错误的，应当由开出单位重开或者更正，更正处应当加盖开出单位的公章。

第五十条　会计机构、会计人员要根据审核无误的原始凭证填制记账凭证。

记账凭证可以分为收款凭证、付款凭证和转账凭证，也可以使用通用记账凭证。

第五十一条　记账凭证的基本要求是：

（一）记账凭证的内容必须具备：填制凭证的日期；凭证编号；经济业务摘要；会计科目；金额；所附原始凭证张数；填制凭证人员、稽核人员、记账人员、会计机构负责人、会计主管人员签名或者盖章。收款和付款记账凭证还应当由出纳人员签名或者盖章。

以自制的原始凭证或者原始凭证汇总表代替记账凭证的，也必须具备记账凭证应有的项目。

（二）填制记账凭证时，应当对记账凭证进行连续编号。一笔经济业务需要填制两张以上记账凭证的，可以采用分数编号法编号；

（三）记账凭证可以根据每一张原始凭证填制，或者根据若干张同类原始凭证汇总填制，也可以根据原始凭证汇总表填制。但不得将不同内容和类别的原始凭证汇总填制在一张记账凭证上。

（四）除结账和更正错误的记账凭证可以不附原始凭证外，其他记账凭证必须附有原始凭证。如果一张原始凭证涉及几张记账凭证，可以把原始凭证附在一张主要的记账凭证后面，并在其他记账凭证上注明附有该原始凭证的记账凭证的编号或者附原始凭证复印机。

一张复始凭证所列支出需要几个单位共同负担的，应当将其他单位负担的部分，开给对方原始凭证分割单，进行结算。原始凭证分割单必须具备原始凭证的基本内容：凭证名称、填制凭证日期、填制凭证单位名称或者填制人姓名、经办人的签名或者盖章、接受凭证单位名称、经济业务内容、数量、单价、金额和费用分摊情况等。

（五）如果在填制记账凭证时发生错误，应当重新填制。

已经登记入账的记账凭证，在当年内发现填写错误时，可以用红字填写一张与原内容相同的记账凭证，在摘要栏注明"注销某月某日某号凭证"字样，同时再用蓝字重新填制一张正确的记账凭证，注明"订正某月某日某号凭证"字样。如果会计科目没有错误，只是金额错误，也可以将正确数字与错误数字之间的差额，另编一张调整的记账凭证，调增金额用蓝字，调减金额用红字。发现以前年度记账凭证有错误的，应当用蓝字填制一张更正的记账凭证。

（六）记账凭证填制完经济业务事项后，如有空行，应当自金额栏最后一笔金额数字下的空行处至合计数上的空行处划线注销。

第五十二条　填制会计凭证，字迹必须清晰、工整，并符合下列要求：

（一）阿拉伯数字应当一个一个地写，不得连笔写。阿拉伯金额数字前面应当书写货币币种符号或者货币名称简写和币种符号。币种符号与阿拉伯金额数字之间不得留有空白。凡阿拉伯数字前写有币种符号的，数字后面不再写货币单位。

（二）所有以元为单位（其他货币种类为货币基本单位，下同）的阿拉伯数字，除表示单价等情况外，一律填写到角分；无角分的，角位和分位可写"00"，或者符号"——"；有角无分的，分位应当写"0"，不得用符号"——"代替。

（三）汉字大写数字金额如零、壹、贰、叁、肆、伍、陆、柒、捌、玖、拾、佰、仟、万、亿等，一律用正楷或者行书体书写，不得用0、一、二、三、四、五、六、七、八、九、十等简化字代替，不得任意自造简化字。大写金额数字到元或者角为止的，在"元"或者"角"字之后应当写"整"字或者"正"字；大写金额数字有分的，分字后面不写"整"或者"正"字。

（四）大写金额数字前未印有货币名称的，应当加填货币名称，货币名称与金额数字之间不得留有空白。

（五）阿拉伯金额数字中间有"0"时，汉字大写金额要写"零"字；阿拉伯数字金额中间连续有几个"0"时，汉字大写金额中可以只写一个"零"字；阿拉伯金额数字元位是"0"，或者数字中间连续有几个"0"、元位也是"0"但角位不是"0"时，汉字大写金额可以只写一个"零"字，也可以不写"零"字。

第五十三条　实行会计电算化的单位，对于机制记账凭证，要认真审核，做到会计科目使用正确，数字准确无误。打印出的机制记账凭证要加盖制单人员、审核人员、记账人员及会计机构负责人、会计主管人员印章或者签字。

第五十四条　各单位会计凭证的传递程序应当科学、合理，具体办法由各单位根据会计业务需要自行规定。

第五十五条　会计机构、会计人员要妥善保管会计凭证。

（一）会计凭证应当及时传递，不得积压。

（二）会计凭证登记完毕后，应当按照分类和编号顺序保管，不得散乱丢失。

（三）记账凭证应当连同所附的原始凭证或者原始凭证汇总表，按照编号顺序，折叠整齐，按期装订成册，并加具封面，注明单位名称、年度、月份和起讫日期、凭证种类、起讫号码，由装订人在装订线封签外签名或者盖章。

对于数量过多的原始凭证，可以单独装订保管，在封面上注明记账凭证日期、编号、种类，同时在记账凭证上注明"附件另订"和原始凭证名称及编号。

各种经济合同、存出保证金收据以及涉外文件等重要原始凭证，应当另编目录，单独登记保管，并在有关的记账凭证和原始凭证上相互注明日期和编号。

（四）原始凭证不得外借，其他单位如因特殊原因需要使用原始凭证时，经本单位会计机构负责人、会计主管人员批准，可以复制。向外单位提供的原始凭证复制件，应当在专设的登记簿上登记，并由提供人员和收取人员共同签名或者盖章。

（五）从外单位取得的原始凭证如有遗失，应当取得原开出单位盖有公章的证明，并注明原来凭证的号码、金额和内容等，由经办单位会计机构负责人、会计主管人员和单位领导人批准后，才能代作原始凭证。如果确实无法取得证明的，如火车、轮船、飞机票等凭证，由当事人写出详细情况，由经办单位会计机构负责人、会计主管人员和单位领导人批准后，代作原始凭证。

第三节 登记会计账簿

第五十六条 各单位应当按照国家统一会计制度的规定和会计业务的需要设置会计账簿。会计账簿包括总账、明细账、日记账和其他辅助性账簿。

第五十七条 现金日记账和银行存款日记账必须采用订本式账簿。不得用银行对账单或者其他方法代替日记账。

第五十八条 实行会计电算化的单位，用计算机打印的会计账簿必须连续编号，经审核无误后装订成册，并由记账人员和会计机构负责人、会计主管人员签字或者盖章。

第五十九条 启用会计账簿时，应当在账簿封面上写明单位名称和账簿名称。在账簿扉页上应当附启用表，内容包括：启用日期、账簿页数、记账人员和会计机构负责人、会计主管人员姓名，并加盖公章和单位公章。记账人员或者会计机构负责人、会计主管人员调动工作时，应当注明交接日期、接办人员或者监交人员姓名，并由交接双方人员签名或者盖章。

启用订本式账簿，应当从第一页到最后一页顺序编定页数，不得跳页、缺号。使用活页式账页，应当按账户顺序编号，并须定期装订成册。装订后再接实际使用的账页顺序编定页码。另加目录，记明每个账户的名称和页次。

第六十条 会计人员应当根据审核无误的会计凭证登记会计账簿。登记账簿的基本要求是：

（一）登记会计账簿时，应当将会计凭证日期、编号、业务内容摘要、金额和其他有关资料逐项记入账内；做到数字准确、摘要清楚、登记及时、字迹工整。

（二）登记完毕后，要在记账凭证上签名或者盖章，并注明已经登账的符号，表示已经记账。

（三）账簿中书写的文字和数字上面要留有适当空格，不要写满格；一般应占格距的二分之一。

（四）登记账簿要用蓝黑墨水或者碳素墨水书写，不得使用圆珠笔（银行的复写账簿除外）或者铅笔书写。

（五）下列情况，可以用红色墨水记账：

1. 按照红字冲账的记账凭证，冲销错误记录；
2. 在不设借贷等栏的多栏式账页中，登记减少数；
3. 在三栏式账户的余额栏前，如未印明余额方面的，在余额栏内登记负数余额；
4. 根据国家统一会计制度的规定可以用红字登记的其他会计记录。

（六）各种账簿按页次顺序连续登记，不得跳行、隔页。如果发生跳行、隔页，应当将空行、空页划线注销，或者注明"此行空白"、"此页空白"字样，并由记账人员签名或者盖章。

（七）凡需要结出余额的账户，结出余额后。应当在"借或贷"等栏内写明"借"或者"贷,"等字样。没有余额的账户，应当在"借或贷"等栏内写"平"字，并在余额栏内用"Q"表示。

现金日记账和银行存款日记账必须逐日结出余额。

（八）每一账页登记完毕结转下页时，应当结出本页合计数及余额，写在本页最后一行和下页第一行有关栏内，并在摘要栏内注明"过次页"和"承前页"字样；也可以将本页合计数及金额只写在下页第一行有关栏内，并在摘要栏内注明"承前页"字样。

对需要结计本月发生额的账户，结计"过次页"的本页合计数应当为自本月初起至本页未止的发生额合计数；对需要结计本年累计发生额的账户，结计"过次页"的本页合计数应当为自年初起至本页未止的累计数；对既不需要结计本月发生额也不需要结计本年累计发生额的账户，可以只将每页未的余额结转次页。

第六十一条 实行会计电算化的单位，总账和明细账应当定期打印。

发生收款和付款业务的，在输入收款凭证和付款凭证的当天必须打印出现金日记账和银行存款日记账，并与库存现金核对无误。

第六十二条 账簿记录发生错误，不准涂改、挖补、刮擦或者用药水消除字迹，不准重新抄写，必须按照下列方法进行更正：

（一）登记账簿时发生错误，应当将错误的文字或者数字划红线注销，但必须使原有字迹仍可辨认；然后在划线上方填写正确的文字或者数字，并由记账人员在更正处盖章。对于错误的数字，应当全部划红线更正，不得只更正其中的错误数字。对于文字错误，可只划去错误的部分。

（二）由于记账凭证错误而使账簿记录发生错误，应当按更正的记账凭证登记账簿。

第六十三条 各单位应当定期对会计账簿记录的有关数字与库存实物、货币资金、有价证券、往来单位或者个人等进行相互核对，保证账证相符、账账相符、账实相符。对账工作每年至少进行一次。

（一）账证核对。核对会计账簿记录与原始凭证、记账凭证的时间、凭证字号、内容、金额是否一致，记账方向是否相符。

（二）账账核对。核对不同会计账簿之间的账簿记录是否相符，包括：总账有关账户的余额核对，总账与明细账核对，总账与日记账核对，会计部门的财产物资明细账与财产物资保管和使用部门的有关明细账核对等。

（三）账实核对。核对会计账簿记录与财产等实有数额是否相符。包括：现金日记账账面余额与现金实际库存数相核对；银行存款日记账账面余额定期与银行对账单相核对；各种财物明细账账面余额与财物实存数额相核对；各种应收、应付款明细账账面余额与有关债务、债权单位或者个人核对等。

第六十四条 各单位应当按照规定定期结账。

（一）结账前，必须将本期内所发生的各项经济业务全部登记入账。

（二）结账时，应当结出每个账户的期末余额。需要结出当月发生额的，应当在摘要栏内注明"本月合计"字样，并在下面通栏划单红线。需要结出本年累计发生额的，应当在摘要栏内注明"本年累计"字样，并在下面通栏划单红线；12月末的"本年累计"就是全年累计发生额。全年累计发生额下面应当通栏划双红线。年度终了结账时，所有总账账户都应当结出全年发生额和年末余额。

（三）年度终了，要把各账户的余额结转到下一会计年度，并在摘要栏注明"结转下年"字样；在下一会计年度新建有关会计账簿的第一行余额栏内填写上年结转的余额，并在摘要栏注明"上年结转"字样。

第四节 编制财务报告

第六十五条 各单位必须按照国家统一会计制度的规定，定期编制财务报告。

财务报告包括会计报表及其说明。会计报表包括会计报表主表、会计报表附表、会计报表附注。

第六十六条 各单位对外报送的财务报告应当根据国家统一会计制度规定的格式和要求编制。

单位内部使用的财务报告，其格式和要求由各单位自行规定。

第六十七条 会计报表应当根据登记完整、核对无误的会计账簿记录和其他有关资料编制，做到数字真实、计算准确、内容完整、说明清楚。

任何人不得篡改或者授意、指使、强令他人篡改会计报表的有关数字。

第六十八条 会计报表之间、会计报表各项目之间，凡有对应关系的数字，应当相互一致。本期会计报表与上期会计报表之间有关的数字应当相互衔接。如果不同会计年度会计报表中各项目的内容和核算方法有变更的，应当在年度会计报表中加以说明。

第六十九条 各单位应当按照国家统一会计制度的规定认真编写会计报表附注及其说明，做到项目齐全，内容完整。

第七十条 各单位应当按照国家规定的期限对外报送财务报告。

对外报送的财务报告，应当依次编定页码，加具封面，装订成册，加盖公章。封面上应当注明：单位名称，单位地址，财务报告所属年度、季度、月度，送出日期，并由单位领导人、总会计师、会计机构负责人、会计主管人员签名或者盖章。

单位领导人对财务报告的合法性、真实性负法律责任。

第七十一条 根据法律和国家有关规定应当对财务报告进行审计，财务报告编制单位应当先行委托注册会计师进行审计，并将注册会计师出具的审计报告随同财务报告按照规定的期限报送有关部门。

第七十二条 如果发现对外报送的财务报告有错误，应当及时办理更正手续。除更正本单位留存的财务报告外，并应同时通知接受财务报告的单位更正。错误较多的，应当重新编报。

第四章 会计监督

第七十三条 各单位的会计机构、会计人员对本单位的经济活动进行会计监督。

第七十四条 会计机构、会计人员进行会计监督的依据是：

（一）财经法律、法规、规章；

（二）会计法律、法规和国家统一会计制度；

（三）各省、自治区、直辖市财政厅（局）和国务院业务主管部门根据《中华人民共和国会计法》和国家统一会计制度制定的具体实施办法或者补充规定；

（四）各单位根据《中华人民共和国会计法》和国家统一会计制度制定的单位内部会计管理制度；

（五）各单位内部的预算、财务计划、经济计划、业务计划。

第七十五条 会计机构、会计人员应当对原始凭证进行审核和监督。

对不真实、不合法的原始凭证，不予受理。对弄虚作假、严重违法的原始凭证，在不予受理的同时，应当予以扣留，并及时向单位领导人报告，请求查明原因，追究当事人的责任。

对记载不明确、不完整的原始凭证，予以退回，要求经办人员更正、补充。

第七十六条 会计机构、会计人员对伪造、变造、故意毁灭会计账簿或者账外设账行为，应当制止和纠正；制止和纠正无效的，应当向上级主管单位报告，请求作出处理。

第七十七条 会计机构、会计人员应当对实物、款项进行监督，督促建立并严格执行财产清查制度。发现账簿记录与实物、款项不符时，应当按照国家有关规定进行处理。超出会计机构、会计人员职权范围的，应当立即向本单位领导报告，请求查明原因，作出处理。

第七十八条 会计机构、会计人员对指使、强令编造、篡改财务报告行为，应当制止和纠正；制止和纠正无效的，应当向上级主管单位报告，请求处理。

第七十九条 会计机构、会计人员应当对财务收支进行监督。

（一）对审批手续不全的财务收支，应当退回，要求补充、更正。

（二）对违反规定不纳入单位统一会计核算的财务收支，应当制止和纠正。

（三）对违反国家统一的财政、财务、会计制度规定的财务收支，不予办理。

（四）对认为是违反国家统一的财政、财务、会计制度规定的财务收支，应当制止和纠正；制止和纠正无效的，应当向单位领导人提出书面意见请求处理。

单位领导人应当在接到书面意见起十日内作出书面决定，并对决定承担责任。

（五）对违反国家统一的财政、财务、会计制度规定的财务收支，不予制止和纠正，又不向单位领导人提出书面意见的，也应当承担责任。

（六）对严重违反国家利益和社会公众利益的财务收支，应当向主管单位或者财政、审计、税务机关报告。

第八十条 会计机构、会计人员对违反单位内部会计管理制度的经济活动，应当制止和纠正；制止和纠正无效的，向单位领导人报告，请求处理。

第八十一条 会计机构、会计人员应当对单位制定的预算、财务计划、经济计划、业务计划的执行情况进行监督。

第八十二条 各单位必须依照法律和国家有关规定接受财政、审计、税务等机关的监督，如实提供会计凭证、会计账簿、会计报表和其他会计资料以及有关情况，不得拒绝、隐匿、谎报。

第八十三条 按照法律规定应当委托注册会计师进行审计的单位，应当委托注册会计师进行审计，并配合注册会计师的工作，如实提供会计凭证、会计账簿、会计报表和其他会计资料以及有关情况，不得拒绝、隐匿、谎报；不得示意注册会计师出具不当的审计报告。

第五章 内部会计管理制度

第八十四条 各单位应当根据《中华人民共和国会计法》和国家统一会计制度的规定，结合单位类型和内容管理的需要，建立健全相应的内部会计管理制度。

第八十五条 各单位制定内部会计管理制度应当遵循下列原则：

（一）应当执行法律、法规和国家统一的财务会计制度。

（二）应当体现本单位的生产经营、业务管理的特点和要求。

（三）应当全面规范本单位的各项会计工作，建立健全会计基础，保证会计工作的有序进行。

（四）应当科学、合理，便于操作和执行。

（五）应当定期检查执行情况。

（六）应当根据管理需要和执行中的问题不断完善。

第八十六条 各单位应当建立内部会计管理体系。主要内容包括：单位领导人、总会计师对会计工作的领导职责；会计部门及其会计机构负责人、会计主管人员的职责、权限；会计部门与其他职能部门的关系；会计核算的组织形式等。

第八十七条 各单位应当建立会计人员岗位责任制度。主要内容包括：会计人员的工作岗位设置；备会计工作岗位的职责和标准；各会计工作岗位的人员和具体分工；会计工作岗位轮换办法；对各会计工作岗位的考核办法。

第八十八条 各单位应当建立账务处理程序制度。主要内容包括：会计科目及其明细科目的设置和使用；会计凭证的格式、审核要求和传递程序；会计核算方法；会计账簿的设置；编制会计报表的种类和要求；单位会计指标体系。

第八十九条 各单位应当建立内部牵制制度。主要内容包括：内部牵制制度的原则；组织分工；出纳岗位的职责和限制条件；有关岗位的职责和权限。

第九十条 各单位应当建立稽核制度。主要内容包括：稽核工作的组织形式和具体分工；稽核工作的职责、权限；审核会计凭证和复核会计账簿、会计报表的方法。

第九十一条 各单位应当建立原始记录管理制度。主要内容包括：原始记录的内容和填制方法；原始记录的格式；原始记录的审核；原始记录填制人的责任；原始记录签署；传递、汇集要求。

第九十二条 各单位应当建立定额管理制度。主要内容包括：定额管理的范围；制定和修订定额的依据、程序和方法；定额的执行；定额考核和奖惩办法等。

第九十三条 各单位应当建立计量验收制度。主要内容包括：计量检测手段和方法；计量验收管理的要求；计量验收人员的责任和奖惩办法。

第九十四条 各单位应当建立财产清查制度。主要内容包括：财产清查的范围；财产清查的组织；财产清查的期限和方法；对财产清查中发现问题的处理办法；对财产管理人员的奖惩办法。

第九十五条 各单位应当建立财务收支审批制度。主要内容包括：财务收支审批人员和审批权限；财务收支审批程序；财务收支审批人员的责任。

第九十六条 实行成本核算的单位应当建立成本核算制度。主要内容包括：成本核算的对象；成本核算的方法和程序；成本，分析等。

第九十七条 各单位应当建立财务会计分析制度。主要内容包括：财务会计分析的主要内容；财务会计分析的基本要求和组织程序；财务会计分析的具体方法；财务会计分析报告的编写要求等。

第六章 附 则

第九十八条 本规范所称国家统一会计制度，是指由财政部制定、或者财政部与国务院有关部门联合制定、或者经财政部审核批准的在全国范围内统一执行的会计规章、准则、办法等规范性文件。

本规范所称会计主管人员，是指不设置会计机构、只在其他机构中设置专职会计人员的单位行使会计机构负责人职权的人员。

本规范第三章第二节和第三节关于填制会计凭证、登记会计账簿的规定，除特别指出外，一般适用于手工记账。实行会计电算化的单位，填制会计凭证和登记会计账簿的有关要求，应当符合财政部关于会计电算化的有关规定。

第九十九条 各省、自治区、直辖市财政厅（局）、国务院各业务主管部门可以根据本规范的原则，结合本地区、本部门的具体情况，制定具体实施办法，报财政部备案。

第一百条 本规范由财政部负责解释、修改。

第一百零一条 本规范自公布之日起实施。1984年4月24日财政部发布的《会计人员工作规则》同时废止。

附录 C

中华人民共和国会计法

（1985年1月21日第六届全国人民代表大会常务委员会第九次会议通过 根据1993年12月29日第八届全国人民代表大会常务委员会第五次会议《关于修改〈中华人民共和国会计法〉的决定》修正 1999年10月31日第九届全国人民代表大会常务委员会第十二次会议修订 自2000年7月1日起施行）

第一章 总 则

第一条 为了规范会计行为，保证会计资料真实、完整，加强经济管理和财务管理，提高经济效益，维护社会主义市场经济秩序，制定本法。

第二条 国家机关、社会团体、公司、企业、事业单位和其他组织（以下统称单位）必须依照本法办理会计事务。

第三条 各单位必须依法设置会计账簿，并保证其真实、完整。

第四条 单位负责人对本单位的会计工作和会计资料的真实性、完整性负责。

第五条 会计机构、会计人员依照本法规定进行会计核算，实行会计监督。

任何单位或者个人不得以任何方式授意、指使、强令会计机构、会计人员伪造、变造会计凭证、会计账簿和其他会计资料，提供虚假财务会计报告。

任何单位或者个人不得对依法履行职责、抵制违反本法规定行为的会计人员实行打击报复。

第六条 对认真执行本法，忠于职守，坚持原则，做出显著成绩的会计人员，给予精神的或者物质的奖励。

第七条 国务院财政部门主管全国的会计工作。

县级以上地方各级人民政府财政部门管理本行政区域内的会计工作。

第八条 国家实行统一的会计制度。国家统一的会计制度由国务院财政部门根据本法制定并公布。

国务院有关部门可以依照本法和国家统一的会计制度制定对会计核算和会计监督有特殊要求的行业实施国家统一的会计制度的具体办法或者补充规定，报国务院财政部门审核批准。

中国人民解放军总后勤部可以依照本法和国家统一的会计制度制定军队实施国家统一的会计制度的具体办法，报国务院财政部门备案。

第二章 会计核算

第九条 各单位必须根据实际发生的经济业务事项进行会计核算，填制会计凭证，登记会计账簿，编制财务会计报告。

任何单位不得以虚假的经济业务事项或者资料进行会计核算。

第十条　下列经济业务事项，应当办理会计手续，进行会计核算：

（一）款项和有价证券的收付；

（二）财物的收发、增减和使用；

（三）债权债务的发生和结算；

（四）资本、基金的增减；

（五）收入、支出、费用、成本的计算；

（六）财务成果的计算和处理；

（七）需要办理会计手续、进行会计核算的其他事项。

第十一条　会计年度自公历1月1日起至12月31日止。

第十二条　会计核算以人民币为记账本位币。

业务收支以人民币以外的货币为主的单位，可以选定其中一种货币作为记账本位币，但是编报的财务会计报告应当折算为人民币。

第十三条　会计凭证、会计账簿、财务会计报告和其他会计资料，必须符合国家统一的会计制度的规定。

使用电子计算机进行会计核算的，其软件及其生成的会计凭证、会计账簿、财务会计报告和其他会计资料，也必须符合国家统一的会计制度的规定。

任何单位和个人不得伪造、变造会计凭证、会计账簿及其他会计资料，不得提供虚假的财务会计报告。

第十四条　会计凭证包括原始凭证和记账凭证。

办理本法第十条所列的经济业务事项，必须填制或者取得原始凭证并及时送交会计机构。

会计机构、会计人员必须按照国家统一的会计制度的规定对原始凭证进行审核，对不真实、不合法的原始凭证有权不予接受，并向单位负责人报告；对记载不准确、不完整的原始凭证予以退回，并要求按照国家统一的会计制度的规定更正、补充。

原始凭证记载的各项内容均不得涂改；原始凭证有错误的，应当由出具单位重开或者更正，更正处应当加盖出具单位印章。原始凭证金额有错误的，应当由出具单位重开，不得在原始凭证上更正。

记账凭证应当根据经过审核的原始凭证及有关资料编制。

第十五条　会计账簿登记，必须以经过审核的会计凭证为依据，并符合有关法律、行政法规和国家统一的会计制度的规定。会计账簿包括总账、明细账、日记账和其他辅助性账簿。

会计账簿应当按照连续编号的页码顺序登记。会计账簿记录发生错误或者隔页、缺号、跳行的，应当按照国家统一的会计制度规定的方法更正，并由会计人员和会计机构负责人（会计主管人员）在更正处盖章。

使用电子计算机进行会计核算的，其会计账簿的登记、更正，应当符合国家统一的会计制度的规定。

第十六条　各单位发生的各项经济业务事项应当在依法设置的会计账簿上统一登记、核算，不得违反本法和国家统一的会计制度的规定私设会计账簿登记核算。

第十七条　各单位应当定期将会计账簿记录与实物、款项及有关资料相互核对，保证会计账簿记录与实物及款项的实有数额相符、会计账簿记录与会计凭证的有关内容相符、会计账簿之间相对应的记录相符、会计账簿记录与会计报表的有关内容相符。

第十八条　各单位采用的会计处理方法，前后各期应当一致，不得随意变更；确有必要变更的，应当按照国家统一的会计制度的规定变更，并将变更的原情况及影响在财务会计报告中说明。

第十九条　单位提供的担保、未决诉讼等或有关事项，应当按照国家统一的会计制度的规定，在财务会计报告中予以说明。

第二十条　财务会计报告应当根据经过审核的会计账簿记录和有关资料编制，并符合本法和国家统一的会计制度关于财务会计报告的编制要求、提供对象提供期限的规定；其他法律、行政法规另有规定的，从其规定。

财务会计报告由会计报表、会计报表附注和财务情况说明书组成。向不同的会计资料使用者提供的财务会计报告，其编制依据应当一致。有关法律、行政法规规定会计报表、会计报表附注和财务情况说明书须经注册会计师审计的，注册会计师及其所在的会计师事务所出具的审计报告应当随同财务会计报告一并提供。

第二十一条　财务会计报告应当由单位负责人和主管会计工作的负责人、会计机构负责人（会计主管人员）签名并盖章；设置总会计师的单位，还须由总会计师签名并盖章。

单位负责人应当保证财务会计报告真实、完整。

第二十二条　会计记录的文字应当使用中文。在民族自治地方，会计记录可以同时使用当地通用的一种民族文字。在中华人民共和国境内的外商投资企业外国企业和其他外国组织的会计记录可以同时使用一种外国文字。

第二十三条　各单位对会计凭证、会计账簿、财务会计报告和其他会计资料应当建立档案，妥善保管。会计档案的保管期限和销毁办法，由国务院财政部会同有关部门制定。

第三章　公司、企业会计核算的特别规定

第二十四条　公司、企业进行会计核算，除应当遵守本法第二章的规定外，还应当遵守本章规定。

第二十五条　公司、企业必须根据实际发生的经济业务事项，按照国家统一的会计制度的规定确认、计量和记录资产、负债、所有者权益、收入、费用、成本和利润。

第二十六条　公司、企业进行会计核算不得有下列行为：

（一）随意改变资产、负债、所有者权益的确认标准或者计量方法，虚列、多列、不列或者少列资产、负债、所有者权益；

（二）虚列或者隐瞒收入，推迟或者提前确认收入；

（三）随意改变费用、成本的确认标准或者计量方法，虚列、多列、不列或者少列费用、成本；

（四）随意调整利润的计算、分配方法，编造虚假利润或者隐瞒利润；

（五）违反国家统一的会计制度规定的其他行为。

第四章 会计监督

第二十七条 各单位应当建立、健全本单位内部会计监督制度。单位内部会计监督制度应当符合下列要求：

（一）记账人员与经济业务事项和会计事项的审批人员、经办人员、财物保管人员的职责权限应当明确，并相互分离、相互制约；

（二）重大对外投资、资产处置、资金调度和其他重要经济业务事项的决策和执行的相互监督、相互制约程序应当明确；

（三）财产清查的范围、期限和组织程序应当明确；

（四）对会计资料定期进行内部审计的办法和程序应当明确。

第二十八条 单位负责人应当保证会计机构、会计人员依法履行职责，不得授意、指使、强令会计机构、会计人员违法办理会计事项。

会计机构、会计人员对违反本法和国家统一的会计制度规定的会计事项，有权拒绝办理或者按照职权予以纠正。

第二十九条 会计机构、会计人员发现会计账簿记录与实物、款项及有关资料不相符的，按照国家统一的会计制度的规定有权自行处理的，应当及时处理；无权处理的，应当立即向单位负责人报告，请求查明原因，作出处理。

第三十条 任何单位和个人对违反本法和国家统一的会计制度规定的行为，有权检举。收到检举的部门有权处理的，应当依法按照职责分工及时处理；无处理的，应当及时移送有权处理的部门处理。收到检举的部门、负责处理的部门应当为检举人保密，不得将检举人姓名和检举材料转给被检举单位和被检举人个人。

第三十一条 有关法律、行政法规规定，须经注册会计师进行审计的单位，应当向受委托的会计师事务所如实提供会计凭证、会计账簿、财务会计报告和他会计资料以及有关情况。

任何单位或者个人不得以任何方式要求或者示意注册会计师及其所在的会计师事务所出具不实或者不当的审计报告。

财政部门有权对会计师事务所出具审计报告的程序和内容进行监督。

第三十二条 财政部门对各单位的下列情况实施监督：

（一）是否依法设置会计账簿；

（二）会计凭证、会计账簿、财务会计报告和其他会计资料是否真实、完整；

（三）会计核算是否符合本法和国家统一的会计制度的规定；

（四）从事会计工作的人员是否具备从业资格。

在对前款第（二）项所列事项实施监督，发现重大违法嫌疑时，国务院财政部门及其派出机构可以向与被监督单位有经济业务往来的单位和被监督单位开立账户的金融机构查询有关情况，有关单位和金融机构应当给予支持。

第三十三条 财政、审计、税务、人民银行、证券监管、保险监管等部门应当依照有关法律、行政法规规定的职责，对有关单位的会计资料实施监督检查。

前款所列监督检查部门对有关单位的会计资料依法实施监督检查后,应当出具检查结论。有关监督检查部门已经作出的检查结论能够满足其他监督检查部门履行本部门职责需要的,其他监督检查部门应当加以利用,避免重复查账。

第三十四条 依法对有关单位的会计资料实施监督检查的部门及其工作人员对在监督检查中知悉的国家秘密和商业秘密负有保密义务。

第三十五条 各单位必须依照有关法律、行政法规的规定,接受有关监督检查部门依法实施的监督检查,如实提供会计凭证、会计账簿、财务会计报告和他会计资料以及有关情况,不得拒绝、隐匿、谎报。

第五章 会计机构和会计人员

第三十六条 各单位应当根据会计业务的需要,设置会计机构,或者在有关机构中设置会计人员并指定会计主管人员;不具备设置条件的,应当委托经批准设立从事会计代理记账业务的中介机构代理记账。

国有的和国有资产占控股地位或者主导地位的大、中型企业必须设置总会计师。总会计师的任职资格、任免程序、职责权限由国务院规定。

第三十七条 会计机构内部应当建立稽核制度。

出纳人员不得兼任稽核、会计档案保管和收入、支出、费用、债权债务账目的登记工作。

第三十八条 从事会计工作的人员,必须取得会计从业资格证书。

担任单位会计机构负责人(会计主管人员)的,除取得会计从业资格证书外,还应当具备会计师以上专业技术职务资格或者从事会计工作三年以上经历。

会计人员从业资格管理办法由国务院财政部门规定。

第三十九条 会计人员应当遵守职业道德,提高业务素质。对会计人员的教育和培训工作应当加强。

第四十条 因有提供虚假财务会计报告,做假账,隐匿或者故意销毁会计凭证、会计账簿、财务会计报告,贪污,挪用公款,职务侵占等与会计职务有关的违法行为被依法追究刑事责任的人员,不得取得或者重新取得会计从业资格证书。

除前款规定的人员外,因违法违纪行为被吊销会计从业资格证书的人员,自被吊销会计从业资格证书之日起五年内,不得重新取得会计从业资格证书。

第四十一条 会计人员调动工作或者离职,必须与接管人员办清交接手续。

一般会计人员办理交接手续,由会计机构负责人(会计主管人员)监交;会计机构负责人(会计主管人员)办理交接手续,由单位负责人监交,必要时主管单位可以派人会同监交。

第六章 法律责任

第四十二条 违反本法规定,有下列行为之一的,由县级以上人民政府财政部门责令限期改正,可以对单位并处三千元以上五万元以下的罚款;对其直接负责的主管人员和其他直接责任人员,可以处二千元以上二万元以下的罚款;属于国家工作人员的,还应当由其所在单位或者有关单位依法给予行政处分:

（一）不依法设置会计账簿的；
（二）私设会计账簿的；
（三）未按照规定填制、取得原始凭证或者填制、取得的原始凭证不符合规定的；
（四）以未经审核的会计凭证为依据登记会计账簿或者登记会计账簿不符合规定的；
（五）随意变更会计处理方法的；
（六）向不同的会计资料使用者提供的财务会计报告编制依据不一致的；
（七）未按照规定使用会计记录文字或者记账本位币的；
（八）未按照规定保管会计资料，致使会计资料毁损、灭失的；
（九）未按照规定建立并实施单位内部会计监督制度或者拒绝依法实施的监督或者不如实提供有关会计资料及有关情况的；
（十）任用会计人员不符合本法规定的。

有前款所列行为之一，构成犯罪的，依法追究刑事责任。

会计人员有第一款所列行为之一，情节严重的，由县级以上人民政府财政部门吊销会计从业资格证书。

有关法律对第一款所列行为的处罚另有规定的，依照有关法律的规定办理。

第四十三条 伪造、变造会计凭证、会计账簿，编制虚假财务会计报告，构成犯罪的，依法追究刑事责任。

有前款行为，尚不构成犯罪的，由县级以上人民政府财政部门予以通报，可以对单位并处五千元以上十万元以下的罚款；对其直接负责的主管人员和其他直接责任人员，可以处三千元以上五万元以下的罚款；属于国家工作人员的，还应当由其所在单位或者有关单位依法给予撤职直至开除的行政处分；对其中的会计人员，并由县级以上人民政府财政部门吊销会计从业资格证书。

第四十四条 隐匿或者故意销毁依法应当保存的会计凭证、会计账簿、财务会计报告，构成犯罪的，依法追究刑事责任。

有前款行为，尚不构成犯罪的，由县级以上人民政府财政部门予以通报，可以对单位并处五千元以上十万元以下的罚款；对其直接负责的主管人员和其他直接责任人员，可以处三千元以上五万元以下的罚款；属于国家工作人员的，还应当由其所在单位或者有关单位依法给予撤职直至开除的行政处分；对其中的会计人员，并由县级以上人民政府财政部门吊销会计从业资格证书。

第四十五条 授意、指使、强令会计机构、会计人员及其他人员伪造、变造会计凭证、会计账簿，编制虚假财务会计报告或者隐匿、故意销毁依法应当保存的会计凭证、会计账簿、财务会计报告，构成犯罪的，依法追究刑事责任；尚不构成犯罪的，可以处五千元以上五万元以下的罚款；属于国家工作人员的，还应当由其所在单位或者有关单位依法给予降级、撤职、开除的行政处分。

第四十六条 单位负责人对依法履行职责、抵制违反本法规定行为的会计人员以降级、撤职、调离工作岗位、解聘或者开除等方式实行打击报复，构成犯罪的，依法追究刑事责任；

尚不构成犯罪的，由其所在单位或者有关单位依法给予行政处分。对受打击报复的会计人员，应当恢复其名誉和原有职务、级别。

第四十七条 财政部门及有关行政部门的工作人员在实施监督管理中滥用职权、玩忽职守、徇私舞弊或者泄露国家秘密、商业秘密，构成犯罪的，依法追刑事责任；尚不构成犯罪的，依法给予行政处分。

第四十八条 违反本法第三十条规定，将检举人姓名和检举材料转给被检举单位和被检举人个人的，由所在单位或者有关单位依法给予行政处分。

第四十九条 违反本法规定，同时违反其他法律规定的，由有关部门在各自职权范围内依法进行处罚。

第七章 附　则

第五十条 本法下列用语的含义：

单位负责人，是指单位法定代表人或者法律、行政法规规定代表单位行使职权的主要负责人。

国家统一的会计制度，是指国务院财政部门根据本法制定的关于会计核算、会计监督、会计机构和会计人员以及会计工作管理的制度。

第五十一条 个体工商户会计管理的具体办法，由国务院财政部门根据本法的原则另行规定。

第五十二条 本法自2000年7月1日起施行。

附录 D

财政部　税务总局　海关总署公告
2019 年第 39 号

为贯彻落实党中央、国务院决策部署，推进增值税实质性减税，现将 2019 年增值税改革有关事项公告如下

一、增值税一般纳税人（以下称纳税人）发生增值税应税销售行为或者进口货物，原适用 16%税率的，税率调整为 13%；原适用 10%税率的，税率调整为 9%。

二、纳税人购进农产品，原适用 10%扣除率的，扣除率调整为 9%。纳税人进用于生产或者委托加工 13%税率货物的农产品，按照 10%的扣除率计算进项

三、原适用 16%税率且出口退税率为 16%的出口货物劳务，出口退税率调整为 13%原适用 10%税率且出口退税率为 10%的出口货物、跨境应税行为，出口退税率调整为 9%。

2019 年 6 月 30 日前（含 2019 年 4 月 1 日前），纳税人出口前款所涉货物劳务、发生前款所涉跨境应税行为，适用增值税免退税办法的，购进时已按调整前税率征收增值税的，执行调整前的出口退税率购进时已按调整后税率征收增值税的，执行调整后的出口退税率；适用增值税免抵退税办法的，执行调整前的出口退税率，在计算免抵退税时，适用税率低于出口退税率的，适用税率与出口退税率之差视为零参与免抵退税计算。

出口退税率的执行时间及出口货物劳务、发生跨境应税行为的时间，按照以下规定执行：报关出口的货物劳务（保税区及经保税区出口除外），以海关出报关单上注明的出口日期为准；非报关出口的货物劳务、跨境应税行为，以出口发票或普通发票的开具时间为准；保税区及经保税区出口的货物，以货物离境时海关出具的出境货物备案清单上注明的出口日期为准。

四、适用 13%税率的境外旅客购物离境退税物品，退税率为 11%；适用 9%税率的境外旅客购物离境退税物品，退税率为 8%。

2019 年 6 月 30 日前，按调整前税率征收增值税的，执行调整前的退税率：按调整后税率征收增值税的，执行调整后的退税率。

退税率的执行时间，以退税物品增值税普通发票的开具日期为准。

五、自 2019 年 4 月 1 日起，《营业税改征增增值税试点有关事项的规定》（财税（2016）36 号印发）第一条第（四）项第 1 点、第二条第（一）项第 1 点停止执行，纳税人取得不动产或者不动产在建工程的进项税额不再分 2 年抵扣。此前按照上述规定尚未抵扣完毕的待抵扣进项税额，可自 2019 年 4 月税款所属期起从销项税额中抵扣。

六、纳税人购进国内旅客运输服务,其进项税额允许从销项税额中抵扣。

(一)纳税人未取得增值税专用发票的,暂按照以下规定确定进项税额。

1. 取得增值税电子普通发票的,为发票上注明的税额。

2. 取得注明旅客身份信息的航空运输电子客票行程单的,为按照下列公式计算进项税额航空旅客运输进项税额=(票价+燃油附加费)÷(1+9%)×9%。

3. 取得注明旅客身份信息的铁路车票的,为按照下列公式计算的进项税额铁路旅客运输进项税额=票面金额÷(1+9%)×9%。

4. 取得注明旅客身份信息的公路、水路等其他客票的,按照下列公式计算进项税额公路、水路等其他旅客运输进项税额=票面金额÷(1+3%)×3%。

(二)《营业税改征增值税试点实施办法》(财税〔2016〕36号印发)第二十七条第(六)项和《营业税改征增值税试点有关事项的规定》(财税〔2016〕36号印发)第二条第(一)项第5点中"购进的旅客运输服务、贷款服务、餐饮服务、居民日常服务和娱乐服务"修改为"购进的贷款服务、餐饮服务、居民日常服务和娱乐服务"。

七、自2019年4月1日至2021年12月31日,允许生产、生活性服务业纳税人按照当期可抵扣进项税额加计10%,抵减应纳税额(以下称加计抵减政策)。

(一)本公告所称生产、生活性服务业纳税人,是指提供邮政服务、电信服务、现代服务、生活服务(以下称四项服务)取得的销售额占全部销售额的比重超过50%的纳税人。四项服务的具体范围按照《销售服务、无形资产、不动产注释》(财税(2016)36号印发)执行。

2019年3月31日前设立的纳税人,自2018年4月至2019年3月期间的销售额(经营期不满12个月的,按照实际经营期的销售额)符合上述规定条件的自2019年4月1日起适用加计抵减政策。

2019年4月1日后设立的纳税人,自设立之日起3个月的销售额符合上述规定条件的,自登记为一般纳税人之日起适用加计抵减政策。

纳税人确定适用加计抵减政策后,当年内不再调整,以后年度是否适用,根据上年度销售额计算确定。

纳税人可计提但未计提的加计抵减额,可在确定适用加计抵减政策当期一并计提。

(二)纳税人应按照当期可抵扣进项税额的10%计提当期加计抵减额。按照现行规定不得从销项税额中抵扣的进项税额,不得计提加计抵减额;已计提加计抵减额的进项税额,按规定作进项税额转出的,应在进项税额转出当期,相应调减加计抵减额。计算公式如下:

当期计提加计抵减额=当期可抵扣进项税额×10%

当期可抵减加计抵减额=上期未加计抵减额余额+当期计提加计抵减额

当期调减加计抵减额

(三)纳税人应按照现行规定计算一般计税方法下的应纳税额(以下称抵减前的应纳税额)后,区分以下情形加计抵减:

1. 抵减前的应纳税额等于零的,当期可抵减加计抵减额全部结转下期抵减:

2. 抵减前的应纳税额大于零，且大于当期可抵减加计抵减额的，当期可抵减加计抵减额全额从抵减前的应纳税额中抵减；

3. 抵减前的应纳税额大于零，且小于或等于当期可抵减加计抵减额的，以当期可抵减加计抵减额抵减应纳税额至零。未抵减完的当期可抵减加计抵减额，结转下期继续抵减。

（四）纳税人出口货物劳务、发生跨境应税行为不适用加计抵减政策，其对应的进项税额不得计提加计抵减额。

纳税人兼营出口货物劳务、发生跨境应税行为且无法划分不得计提加计抵减额的进项税额按照以下公式计算：

不得计提加计抵减额的进项税额=当期无法划分的全部进项税额×当期出口货物劳务和发生跨境应税行为的销售额÷当期全部销售额

（五）纳税人应单独核算加计抵减额的计提、抵减、调减、结余等变动情况骗取适用加计抵减政策或虚增加计抵减额的，按照《中华人民共和国税收征收管理法》等有关规定处理。

（六）加计抵减政策执行到期后，纳税人不再计提加计抵减额，结余的加计抵减额停止抵减。

八、自 2019 年 4 月 1 日起，试行增值税期末留抵税额退税制度

（一）同时符合以下条件的纳税人，可以向主管税务机关申请退还增量留抵税额：

1. 自 2019 年 4 月税款所属期起，连续六个月（按季纳税的，连续两个季度）增量留抵税额均大于零，且第六个月增量留抵税额不低于 50 万元；

2. 纳税信用等级为 A 级或者 B 级；

3. 申请退税前 36 个月未发生骗取留抵退税、出口退税或虚开增值税专用发票情形的；

4. 申请退税前 36 个月未因偷税被税务机关处罚两次及以上的；

5. 自 2019 年 4 月 1 日起未享受即征即退、先征后返（退）政策的。

（二）本公告所称增量留抵税额，是指与 2019 年 3 月底相比新增加的期末留抵税额。

（三）纳税人当期允许退还的增量留抵税额，按照以下公式计算：

允许退还的增量留抵税额=增量留抵税额×进项构成比例×60%

进项构成比例，为 2019 年 4 月至申请退税前一税款所属期内已抵扣的增值税专用发票（含税控机动车销售统一发票）、海关进口增值税专用缴款书、解缴税款完税凭证注明的增值税额占同期全部已抵扣进项税额的比重。

（四）纳税人应在增值税纳税申报期内，向主管税务机关申请退还留抵税额。

（五）纳税人出口货物劳务、发生跨境应税行为，适用免抵退税办法的，办理免抵退税后，仍符合本公告规定条件的，可以申请退还留抵税额；适用免退税办法的，相关进项税额不得用于退还留抵税额。

（六）纳税人取得退还的留抵税额后，应相应调减当期留抵税额。按照本条规定再次满足退税条件的，可以继续向主管税务机关申请退还留抵税额，但本条第（一）项第 1 点规定的连续期间，不得重复计算。

（七）以虚增进项、虚假申报或其他欺骗手段，取留抵退税款的，由税务机关追缴其骗取的退税款，并按照《中华人民共和国税收征收管理法》等有关规定处理。

（八）退还的增量留抵税额中央、地方分担机制另行通知。

九、本公告自 2019 年 4 月 1 日起执行。

特此公告

财政部　税务总局　海关总署
2019 年 3 月 20 日

参考文献

[1] 中华人民共和国财政部. 企业会计准则[M]. 北京：经济科学出版，2006.
[2] 葛文芳. 基础会计[M]. 北京：清华大学出版社，2008.
[3] 王明吉，高景霄. 会计学原理[M]. 北京：清华大学出版，2012.
[4] 程淮中. 基础会计[M]. 北京：高等教育出版社，2012.
[5] 刘建胜，王珍. 会计学原理[M]. 南京：南京大学出版社，2011.
[6] 贵州省从业考试辅导教材编写组. 会计基础[M]. 北京：人民出版社，2013.
[7] 杨明海，夏喆. 基础会计学[M]. 南京：南京大学出版社，2014.
[8] 刘峰，潘琰，林斌. 会计学基础[M]. 北京：高等教育出版社，2006.
[9] 吴水澎. 会计学原理[M]. 北京：经济科学出版社，2011.
[10] 高建宁. 基础会计学[M]. 北京：清华大学出版社，2009.
[11] 陈国辉. 会计学原理[M]. 北京：北京邮电大学出版社，2011.
[12] 郝振平. 会计学原理[M]. 北京：清华大学出版社，2013.
[13] 葛军. 会计学原理[M]. 北京：高等教育出版社，2011.
[14] 杨明海.基础会计学[M]. 南京：南京大学出版社，2014.